nderstanding the Psychology of Romantic Love

nderstanding the Psychology of Romantic Love

nderstanding the Psychology of Romantic Love

Understanding the Psychology of Romantic Love

We

로맨틱 러브에 대한 융 심리학적 이해

We

2008년 4월 5일 초판 1쇄 발행
2026년 1월 29일 초판 5쇄 발행

지은이 로버트A. 존슨
옮긴이 고혜경

펴낸이 김영호
펴낸곳 도서출판 동연

등 록 제1-1383호
주 소 서울특별시 마포구 월드컵로 163-3
전 화 (02)335-2630 팩 스 (02)335-2640
이메일 yh4321@gmail.com

ISBN 978-89-85467-63-6   03180

로맨틱 러브에 대한 융 심리학적 이해

We

로버트 A. 존슨 지음 | 고혜경 옮김

도서

들어가는 말

서구인들의 정신에서 가장 커다란 에너지 체계를 지니는 것이 로맨틱 러브romantic love이다. 오늘날 서구 문화에서 로맨틱 러브가 삶의 의미나 초월성, 온전성wholeness 그리고 황홀경을 추구한다는 점에서 종교를 대신하고 있다고 말할 수 있다.

대중적 현상으로 나타나는 로맨틱 러브는 서양에서만 관찰되는 독특한 것이다. 서양인들은 혼인이나 모든 사랑하는 관계에 토대가 되는 유일한 형태의 사랑이 로맨틱 러브라는 믿음이나 가정을 지닌 채 살아가는 데 너무나 익숙해져 있다. 오로지 로맨틱 러브만이 '진정한 사랑'이라고 생각한다. 그러나 이에 관해 서구인들은 동양으로부터 배울 것이 많다. 인도나 일본 같은 동양 문화에서는 혼인한 부부가 서로를 대단히 따뜻하게 사랑하고, 종종 서구인들이 수치스럽게 생각하는, 안정감과 헌신을 간직한 채 서로를 사랑하는 부부들을 발견할 수 있다. 그러나 동양의 이런 사랑은 로맨틱 러브가 아니다. 동양인들은 서양인들과는 달리 관계에 있어서 각자가 지니는 이상을 상대에게 부과하지 않을 뿐더러, 서양인들 같은 요구나 기대를 상대방에게 하지 않는다.

로맨틱 러브는 '사랑'의 한 형태이다. 신념과 이상과 태도와 기대가 전부 결합되어 있는 심리학적 꾸러미인 것이다. 이 안에는 종종 무의식의 상호 모순되는 것들이 공존하고, 우리가 미처 깨닫지도 못한 상태에서 우리 자신의 행동이나 반응을 지배한다. 우리는 연인 관계는 어떠해야 하며, 어떻게 느껴야 되고, 또 이를 통해 무엇을 얻어야만 할지에 대해 선택권 없는 가설을 가지고 있는 셈이다.

로맨틱 러브는 단지 누군가를 사랑한다는 의미가 아니라 사랑에 빠져 있다는 말이다. 이것은 아주 특별한 심리학적 현상이다. 사랑에 빠졌을 때 우리는 삶의 궁극적인 의미를 발견했다고 생각한다. 그리고 그 의미가 상대를 통해서 드러났다고 믿는다. 드디어 잃어버린 반쪽을 찾은 듯하고 삶이 완전해졌다고 느낀다. 갑자기 평범하던 삶이 높이 고양되어서 온전해진 듯하다. 초인적인 강렬함도 맛본다. 이러한 느낌이 들 때, '진정한 사랑'을 하고 있다는 확신을 하게 된다. 우리가 지닌 심리학적 꾸러미 속에는 사랑하는 연인이나 배우자는 언제나 이런 황홀경과 열렬함을 제공해야 한다는 무의식적 요구도 포함되어 있다.

우리가 지닌 '사랑'의 개념, 즉 로맨틱 러브가 최고의 사랑이라고 추정하는 것은 전형적인 서구인들의 독선이다. 서구인들은 로맨틱 러브와 비교해서, 연인이나 배우자 사이에 드러나는 다른 종류의 사랑에 대해, 그 어떤 것이든 무조건 냉정하고 덜 중요한 사랑이라고 추정한다. 그러나 서구인들이 진정으로 스스로에게 솔직해진다면 서구인의 방식으로 로맨틱 러브에 접근하는 게 현실에서는 잘 적용되지 않는다는 사실도 인정해야 한다.

사랑에 빠졌을 때 황홀경을 맛본다 할지라도, 우리는 대부분의 시간은 진정한 사랑을 할 수 없다는 것과 헌신적인 관계를 맺지 못한다는 데 대한 짙은 외로움과 소외감과 좌절감을 느끼면서 살아간다. 우리는 대체로 우리가 실패한 것에 대해 상대방을 비난한다. 상대방이나 관계 자체에 부가하고 있는 요구 또는 기대 같은 무의식적인 태도를 바꾸어야 하는 사람은 바로 나 자신이라는 것에는 생각이 미치지 않는다.

이것이 서구인의 정신에 난 커다란 상처이고, 서양 문화에서 가장 주요한 심리학적 문제이다. 우리가 개개인이나 집단의 심리학적 상처를 찾아 낸다면 의식의 길도 찾게 될 것이라고 융C. G. Jung 박사가 말한 바 있다. 왜냐하면 심리학적 상처를 치유하는 과정에서 우리 자신을 알게 되기 때문이다. 만일 우리가 진실하게 로맨틱 러브를 삶에서 실현한다면 이것이 우리 의식의 길을 열게 될 것이다. 또한 거의 자동적으로 하게 되는 무의식적인 추정이나 기대에서 벗어날 수 있다면, 관계에 대한 새로운 깨달음을 얻을 수 있을 뿐 아니라 자기 자신에 대한 통찰도 새로 얻게 될 것이다.

로맨틱 러브는 여러 문화권에서 존재했었다. 고대 그리스와 로마제국 그리고 고대 페르시아, 봉건적인 일본의 문학작품에서 로맨틱 러브를 찾을 수 있다. 그러나 역사적으로 현대의 서구 사회만이 유일하게 로맨틱 러브를 대중문화 현상으로 경험하고 있다. 로맨스를 모든 결혼과 사랑하는 관계의 토대로 삼고, '진정한 사랑'이라는 문화적 이상으로 간주하는 유일한 사회가 바로 현대의 서구 사회이다.

로맨틱 러브에 대한 이상은 중세 서양에서 탄생했다. 맨 처음 '트리스탄Tristan과 이졸데Iseult'의 신화로 서구 문학에 등장하게 되었다. 뒤를 이어 음유시인들이 연시나 노래로 발전시켰다. 흔히 말하는 '코틀리 러브courtly love'*가 바로 그것이다. '코틀리 러브'는 용감한 기사가 아름다운 여인을 통해 고상하고 영성적이고 세련되고 숭고한 정신으로 나아가게 된다는 믿으므로, 상대 여인을 자신의 이상이자 영감이며 모든 아

---

* 중세 기사들이 이상적인 여인을 자신의 영적인 영감과 완전함과 미의 상징으로 숭배한 사랑의 형태. 로맨틱 러브의 초기 형태라 할 수 있으며, 흠모하는 여인과 영성적 사랑을 추구하였을 뿐 섹스나 혼인은 연류되지 않았다.

름다움과 완전함의 상징으로 섬기는 것이다. 그러나 현대에는 '코틀리 러브'와 섹스, 혼인이 뒤죽박죽 섞여 있다. 이러한 현상이 드러남에도 불구하고 우리는 아직 중세의 신념을 일부 간직하고 있다. 진정한 사랑이란 상대방이 완전함의 이미지를 지니고 있어야 하고, 이런 상대를 황홀감으로 흠모해야 한다는 식이다.

융 박사는 거대한 심리학적 현상이 갑자기 개인의 삶에 등장할 때, 이는 무의식의 엄청난 잠재력이 의식으로 탄생하고 있음을 나타낸다고 밝혀 주었다. 이런 현상은 문화에서도 마찬가지이다. 역사적으로 보면 어떤 특정 시기에 새로운 가능성이 집단 무의식으로부터 터져 나온다. 이는 새로운 견해, 새로운 가치, 혹은 우주를 새롭고 바르게 보는 길일 수도 있다. 만일 이것이 의식으로 통합될 수 있다면 엄청난 잠재적인 선善을 뜻하게 된다. 그러나 등장 초기에는 압도적이고 파괴적이기까지 하다.

로맨틱 러브는 서양사에 등장한, 진실로 압도적인 심리학적 현상 중 하나이다. 우리의 집단 심리를 지배해 왔고 세상을 보는 시각을 영구히 바꾸어 왔다. 집단으로서 우리는 아직은 로맨틱 러브의 엄청난 힘을 다루는 법을 배우지 못했다. 우리는 로맨틱 러브를 지속되는 인간관계로 전환하기보다는 아주 빈번하게 비극으로 끝내게 됨으로써 소외감만 가중시켜 왔다. 그러나 남성과 여성이 로맨틱 러브의 이면에 있는 심리학적 동력을 이해한다면, 그리고 의식적으로 로맨틱 러브를 다루는 방식을 배울 수 있다면 관계에서 새로운 가능성을 찾게 될 것이다. 이는 상대방과의 관계만 말하는 게 아니라 자기 자신과의 관계도 포함한다.

트리스탄과 이졸데 신화는 이러한 로맨틱 러브를 탐구하기 위한 매개체로 좋은 자료이다. 위대한 서사 문학 중에서 이 신화가 가장 감동적이고 비극적이고 아름답다. 그리고 서양 문학에서 맨 처음으로 로맨틱 러브를 다룬 것도 바로 이 신화이다. 여기서부터 모든 로맨틱 문학이 태동하는데, 로미오와 줄리엣뿐 아니라 소극장에서 상영되는 수많은 러브 스토리들까지도 여기서 비롯되었다. 이 책에서는 융 심리학의 원칙을 적용해서 신화의 상징을 해석하려 한다. 로맨틱 러브의 기원과 특질과 의미에 관해 신화가 우리에게 가르치려는 바를 배우게 될 것이다.

파르시팔Parsifal*처럼 트리스탄과 이졸데 신화는 '남성신화'이다. 이 신화는 트리스탄의 짧은 생애를 묘사한다. 트리스탄이 고상하고 이타적인 영웅으로 성장하는 과정과 그 뒤에 아름다운 이졸데 여왕에 대한 열정으로 압도당하는 그의 경험까지 만나게 될 것이다. 이 신화는 남성 개개인의 의식 발달 과정에 대한 생생한 그림을 드러내 주는 상징적인 태피스트리

---

* 로버트 A. 존슨Robert A. Johnson, 《He : 신화로 읽는 남성성》 참조.

tapestry이다. 한 남성이 먼저 남성성을 얻기 위해 분투하고, 여성성을 의식화하려 애쓰고, 사랑과 관계를 다루고자 고뇌한다. 기쁨과 열정과 로맨스의 고통으로 타들어가는 남성 내면에서 일어나는 충성과 갈등의 힘들을 보게 되고, 내면의 갈등 사이에서 찢겨지고 있는 남성을 그려 준다.

그럼에도 불구하고 여성들에게도 이 신화는 커다란 가치와 흥미를 유발한다. 왜냐하면 트리스탄이 남성과 여성 둘 모두에게 공통적으로 등장하는 로맨틱 러브의 보편적인 동력을 드러내 주기 때문이다(여성은 '여성들을 위한 주석'을 반드시 읽기 바란다). 서구인의 심리학적 여정으로 보다 깊이 들어가기 위한 방법으로 이 신화를 자세히 들여다보는 이 방식이 여성들에게 도움이 될 것이다. 여성들이 일생 동안 만나게 되는 남성들을 더 잘 이해할 수 있을 뿐 아니라, 그녀 자신 안에 작용하는 신비로운 힘을 더욱 명확히 볼 수 있을 것이다.

진솔한 마음으로 로맨틱 러브를 깊이 성찰하는 행위는 남성과 여성 모두를 위해서 분명 영웅적인 여정이 될 것이다. 이는 우리로 하여금 로맨틱 러브의 아름다움과 잠재력을 이해할 수 있게 할 뿐 아니라, 우리가 무의식적 차원에서 간직하고 있는 모순이나 그릇된 이해도 바라보게 만들 것이다. 영웅의 여정에는 언제나 어두운 골짜기로 인도되어 어려움을 직면하는 과정이 포함된다. 우리가 이를 인내한다면 새로운 의식의 가능성을 찾게 될 것이다.

신화의 번역과 원전에 관한 주석

이 책은 '트리스탄과 이졸데 신화'의 융 심리학적 해석이다. 신화를 문학작품으로서 학술적으로 연구하려는 의도가 아니라, 신화를 통해 심리학적 통찰을 얻으려는 시도이다. 특히 신화 가운데에서도 상징에 초점을 맞추었다.

책읽기의 부드러운 흐름을 유지하기 위해서, 원전을 명확히 밝히려고 사용하는 각주를 피하였다. 중세 문학을 탐구하는 학생들이나 학자들은 이미 원전에 관한 정보를 알고 있을 것이고, 이 분야를 전공하지 않는 사람들을 위해서도 학술적인 양식을 모방하지 않는 편이 오히려 이 책을 쓴 진정한 목적에 부합될 것이라 생각하기 때문이다.

각 쪽마다 신화 이야기와 신화에 대한 해설이 곁들여지는데, 독자들 중 더러는 필자의 설명을 접하기 전에 신화 전체를 읽어 보고 싶어할 수도 있으리라 생각한다.

　신화 판본은 잘 알려진 베디어Bedier의 채록을 주로 사용했다. 베디어가 기술한 신화는 시간이 지나 힐라이어 벨록Hilaire Belloc과 폴 로젠펠드Paul Rosenfeld가 영어로 번역했다. 본문에서는 필요에 따라 신화 내용을 요약하기도 했는데, 그 약술한 부분에서도 신화 본래의 힘과 에너지가 묻어 나온다. 벨록/로젠펠드Belloc/Rosenfeld 영역본에서 신화와 대화를 직접 인용한 부분이 있는데, 이 대목은 사체(이탤릭)로 처리했다. 그 예로 신화의 마지막 장면에 여왕 이졸데가 배에서 내려 트리스탄을 보려고 서두르는 대목이 있는데, '여왕이 궁으로 뛰어 올라가는데 그녀의 외투자락이 마구 펄럭인다⋯⋯. (She went up to the palace, following the way, and her cloak was random and wild⋯⋯.)' 이 대목은 영어로 쓰인 가장 아름다운 수사 중 하나이다. 전공자이든 아니든 모두 다 이 장엄한 신화 번역의 전문을 읽어 보기를 권한다. 이 번역본은 진귀한 예술 작품이라고 생각하기 때문이다. 고대 영어의 장엄한 단순성과 시적이고 수사적인 표현은 간직하되, 이러한 공을 허사로 만들어 버리는 자의식이나 미사여구는 피하고 있다.

　이 책에서 신화의 한 대목을 베디어의 채록에서 옮겨온 것과 함께 트리스탄과 이졸데 신화를 맨 처음 노래한 시인 베로울Beroul의 판본도 이용했는데, 그 부분은 '사랑의 묘약'의 마술적인 힘이 두 연인에게 영향을 미치는 삼 년간을 기술하는

대목이다. 베로울의 판본을 사용한 이유는 그것이 맨 처음에
신화가 움튼, 흔히 말하는 '원형적인 토양'에 더 가깝게 느껴
지기 때문이다.

여성들을 위한 주석

여성들은 트리스탄과 이졸데 신화를 통해, 로맨틱 러브에 빠지게 될 때 남성과 여성 모두에게 작용하는, 거대한 힘에 관한 상징적 그림들을 생생하게 발견하게 될 것이다.

이 신화는 남성 심리에서 일어나는 로맨틱 러브의 동력을 기록한 것이다. 그렇지만 우리 문화에 있는 여성성의 운명도 함께 반영하고 있다. 이 신화는 가부장적 사고체계로 인해 여성성의 가치인 감정feeling과 관계성relatedness과 영혼이 실질적으로 어떻게 우리 문화에서 폐기되었는가를 보여 준다. 이 신화를 통해서 여성들이 얻을 수 있는 대단히 중요한 통찰 하나를 들자면, 대다수 남성들은 무의식적으로 자신들이 잃어버린 여성성을 찾으며, 삶 안에서 여성성의 가치를 추구하고 있다는 사실이다. 또한 여기서 놓칠 수 없는 점은 남성들이 실현하지 못한 자신의 여성성을 상대방 여성에게서 발견하려 든다는 것이다.

　반면 가부장적인 시각으로 세상을 이해하고 수용하는 것이 남성들에게만 국한되는 현상은 아니다. 여성들도 여성성을 대가로 지불하며 남성성의 가치만을 이상화하도록 교육을 받아 왔다. 자연히 상당수 여성들은 지속적으로 열등감을 느끼면서 살아간다. '여성스럽다'라는 것은 언제나 차선이라고 느끼기 때문이다. 지금까지 여성들도 남성성에 속하는 활동이나 사고, 힘이나 성취만이 진정으로 가치가 있다는 식으로 교육을 받아 왔다. 따라서 서양 여성들은 자기들이 서양 남성과 같은 심리학적인 딜레마를 가지고 있다는 사실을 알게 된다. 이는 여성들이 여성성을 대가로 지불하면서 편향적으로 남성성의 특질만을 경쟁적으로 숙련해 온 데에서 기인한다.

　비록 신화적으로 로맨틱 러브를 들여다보는 것이 남성의 시각으로 이야기되고 남성의 관점으로 성찰되었지만 여성들도 이 책에서 자신의 경험을 상당수 발견하게 될 것이다. 그렇다고 해서 이 신화가 항상 여성의 심리만을 반영하지는 않으며, 여성들의 독특한 방식으로 로맨틱 러브를 경험하는 것이 아닐 수도 있다는 사실을 명심해야 한다. 여성의 시각으로 이야기되는 '여성신화'도 있는데 '에로스와 프시케' 신화가 그 예이다(《She : 신화로 읽는 여성성》 참조). 분명 '여성신화'가 여성 심리의 내부 구조에 대해 훨씬 정확한 그림을 제공해 준다.

심리학적 기질 면에서 남성과 여성은 뚜렷한 차이를 드러낸다. 만일 우리가 '남성신화'를 통해 여성의 심리를 전반적으로 설명하려 든다면 불가피하게 여성의 심리구조에 관해 왜곡된 견해를 제공하게 될 것이다. 이는 특히 로맨틱 러브에서도 분명히 드러나는데, 여성의 감정적인 측면은 남성의 그것과 다르게 발달할 뿐만 아니라 관계에 대한 여성의 경험은 남성보다 훨씬 미묘한 뉘앙스를 지닌다. 로맨틱 러브에 빠져 있을 때 여성은 남성과 다른 방식으로 이를 경험한다.

대다수의 여성은 사랑하는 관계를 유지하려고, 또 거의 이해할 수 없어 보이는 남성의 감정이나 견해나 반응을 다루려고 엄청난 에너지를 허비한다. 트리스탄과 이졸데 신화를 통해 여성들이 각자 자신의 여정을 떠남으로써 각자의 삶에서 만나는 '트리스탄'을 더 잘 이해하게 될 것이고, 상대 남성에게서 어떻게 남성의 최선을 끌어낼지도 알게 될 것이다. 그러나 이것만큼이나 중요한 다른 시사점도 있다. 이는 여성이 지금까지 모르고 있던 자기 자신에 대해 훨씬 더 명쾌한 시각을 갖게 될 것이라는 점이다.

신화에 관하여

주님, 사랑에 관한 그리고 또 죽음에 관한 장엄한 이야기를 듣고 싶으시면, 여기 트리스탄과 이졸데 여왕의 이야기가 있습니다. 서로를 사랑하게 되어 이들이 어떻게 온전한 기쁨을 누렸는지 또 어떤 슬픔을 겪어야 했는지, 마침내 어떻게 사랑 때문에 여왕은 트리스탄 곁에서, 그리고 트리스탄은 여왕 옆에서 한날 함께 죽게 되었는지…….

트리스탄과 이졸데의 엄청난 이야기는 이렇게 시작된다. 중세의 음유시인들과 방랑시인들은 이런 식으로 시작하는 사랑과 모험의 경이로운 이야기를 들려주기 위하여 신사, 숙녀, 기사와 민중들을 전부 불러 모았다. 사람들은 트리스탄과 이졸데 여왕의 숭고한 운명적 사랑 이야기를 들으려 커다란 성이나 영주의 대저택 안에 있는 널따란 홀과 장작불 앞으로 모여들었다.

역사를 통틀어 인류가 지닌 가장 위대한 신화 중 하나가 '트리스탄과 이졸데' 신화이다. 이 신화는 길가메시Gilgamesh, 베어울프Beowulf, 그리고 아이슬란드의 민담에 버금가는 힘과 위엄을 지니고 있다. 이러한 신화들은 우리를 전율하게 만들고 정신을 고양시킨다. 우리를 자아에 머물러 있는 협소함에서 끌어내어 숭고한 업적이나 천상적 열정, 그리고 마술이 가능한 영역으로 우리 정신의 터전을 확장시킨다. 그러나 이것이 신화가 우리에게 하는 역할의 전부는 아니다. 우리에게 듣는 귀만 열려 있다면 신화는 아주 특별한 심리학적 정보를 제공한다. 그리고 정신의 심오한 진리에 대한 가르침을 준다.

여러 해 전 어느 초등학교 교실에서 일어난 일로서, 내가 잘 아는 가정의 아이에 관한 일화를 듣게 되었다. 선생님이 어린이들에게 질문을 했다. "신화가 무엇이지?" 그 중 한 소년이 답한다. "신화는 내면세계에서는 진짜인데 바깥 세계에서는 진짜가 아닌 거예요." 불행하게도 선생님은 이 답을 이해하지 못했다. 종종 어린이가 어른보다 더 깊은 심리학적 지혜를 가지고 있다. 신화는 진실을 말하나 그 진실은 외부세계 즉 물리적인 감각으로는 진실하지 않다. 그렇지만 신화는 심리학적 상황이나 내적인 정신의 상태에 대해서는 정확하게 진실을 말해 준다.

신화는 꿈과 같다. 꿈은 무의식이 보내는 전령이다. 무의식은 꿈을 통해 의식의 관심사나, 무의식이 지니고 있는 내용에 대해 말 걸기를 시도한다. 꿈의 상징적인 언어를 배우면 무의식적인 차원에서 무슨 일이 진행되고 있는지, 또 무의식적으로 진행되는 일에 대해 의식적인 차원에서 필요로 하는 것이 무엇인지 알 수 있다. 칼 융은 신화도 무의식의 상징적인 표현이라는 것을 발견했다. 꿈은 각자의 내면에서 일어나는 동력을 표현하는 데 반해, 신화는 전체 사회, 문화, 민족의 집단적인 동력을 표현한다.

신화는 역사적으로 특정한 시기에 민족 전체가 꾸는 집단적인 꿈이다. 마치 인류 전체가 함께 꿈을 꾼 것처럼 집단의 꿈인 신화는 시와 노래와 이야기의 형태로 등장한다. 그렇다고 신화가 문학이나 상상력 안에만 머물러 있는 것은 아니다. 즉각적으로 문화 안에서 표현양식을 찾음으로써 인간의 행동이나 태도로 신화가 드러나게 된다. 실질적으로 신화는 일상에서 사람들에게 요구되는 표현의 길을 찾아 준다.

트리스탄과 이졸데 신화는 서구인의 정신에 관한 심오한 표현이다. 이 신화는 인류가 새로운 전기를 시작하는 데 대해 많은 것을 이야기해 주며, 지난 천 년간의 역사에서 서구인들의 무의식에 작용하는 심리학적 힘에 관해 개관적인 전망을 생생하게 보여 준다. 로맨틱 러브에 대해 이 신화는 고통스러울 정도로 정확한 그림을 제공한다. 왜 로맨틱 러브가 우리 문화로 유입될 수밖에 없었는지, 로맨틱 러브가 도대체 무엇인지, 그리고 로맨틱 러브는 왜 잘 성사되지 않는지 등을 보여 준다.

이 신화는 서구인들의 정신이 진화하기 위해서 필연적으로 로맨틱 러브가 필요하다는 사실을 드러내 준다. 로맨틱 러브를 의식적으로 살아내는 법을 배울 때만 의식 진화의 한 단계를 넘어가게 될 것이고, 온전성을 획득하게 될 것이다. 이것이 심리학적으로 로맨틱 러브가 제공하려는 교훈이자 힘이다. 의식의 진화에서는, 우리를 가장 머리 아프게 만드는 것이 언제나 최고로 풍요로운 기회가 된다.

선불교에서는 내적 성장은 항상 '뜨겁게 달군 석탄을 목구멍으로 삼키는' 경험을 수반한다고 가르친다. 발달 과정에서는 단계마다 불가피하게 문제나 걸림돌 들을 맞닥뜨리게 된다. 이 골치 아픈 문제는 굉장히 크고 감당하기도 어려워서 그냥 삼킬 수도 없고 그렇다고 뱉어 낼 수도 없다. 따라서 이 표현이 서구인들이 로맨틱 러브를 감당하는 방식을 가장 적절하게 묘사해 준다. 우리는 로맨틱 러브를 감당해 내지도 못하지만, 그렇다고 로맨틱 러브 없이 살 수도 없다. 삼킬 수도 뱉어 낼 수도 없는 것이다! 그러나 목구멍에 들어 있는 이 '뜨거운 석탄'은 우리에게 가공할 만한 '진화의 잠재력이 지금 막 그 자태를 드러내려 하고 있다'고 경고한다.

칼 융은 다년간 풍요로운 정신의 세계에 살면서 정신세계의 법칙을 배우고 나서, '정신의 우주' 안에 존재하는 엄청난 진화의 힘을 알게 되었다. 융은 인간의 정신은 언제나 전일성을 향해 매진하고, 의식을 더 크게 확장하려 하고, 이를 완성하려 한다는 사실을 관찰했다. 무의식은 그 안에 담긴 내용물들을 의식으로 이동시키기를 추구하는데, 무의식의 내용물들이 의식에서 훨씬 완전하고, 의식적인 개성으로 동화됨으로써 실질적이 될 수 있기 때문이다. 개개인의 정신은 무의식의 내용을 통합하고 성장하려는 진화적인 충동을 선천적으로 지니고 있다. 그리고 우리 개개인은 온전한 전체에서 잃어버린 부분 모두를 완전하고 온전하고 의식적인 자기로 통합하려는 충동을 가지고 있다.

융이 가르치기를 무의식은 원천 즉 태초의 물질인데, 이로부터 의식과 자아의 개성이 진화해 나왔다고 한다. 우리 의식 안에서 개성을 발하는 모든 가치, 견해, 감정, 능력, 태도가 야성의 근원적인 무의식으로부터 발전한 것이다.

이에 대해 좀 더 분명한 개념을 얻기 위해 바다 속에서 점차적으로 발전하고 융기한 산호섬의 이미지를 연상해 볼 수 있다. 바다는 서서히 바다 속에 있는 물질들을 이용해 산호섬을 만들어 낸다. 그런 다음 마침내 햇빛을 만날 수 있도록 바다가 이 섬을 물 위로 밀어 낸다. 수세기가 지나 토층이 형성되고, 거기서 식물이 자라나고 뒤이어 짐승과 사람이 출현한다. 이 작은 섬이 인간의 삶이나 의식세계의 조그마한 중심이 된다. 광활한 바다처럼, 집단 무의식도 이러한 방식으로 작은 의식의 섬을 탄생시킨다. 이 섬이 의식인 자아이고, '나'의 세계이다. 그러나 의식인 이 섬은 나의 전부가 아니라 내가 깨닫고 있는 나의 일부이다.

광활한 무의식의 바다에 에워싸인 이 조그마한 자아의 섬은 숭고하고 고상한 임무, 즉 특별히 살아내야 할 운명을 지니고 있다. 진화에서 자아의 역할이란 의식이 진정으로 온전한 자기를 반영할 때까지 점점 더 많은 무의식을 의식으로 통합하는 것이다.

전 인류가 이 거대한 진화의 힘의 손바닥에 놓여 있다. 이 진화 과정에서 집단 무의식이 새로운 단계를 시작하려 할 때 무의식은 방해가 되는 것을 참아주지 않는다. 새로운 이상이나 가능성을 사람들의 의식으로 밀어 내고자 무의식은 사회를 전복할 것이고, 십자군 전쟁을 시작하고, 새로운 종교를 만들고, 제국을 뒤흔들어 파편으로 만들어 버릴 것이다.

이런 정신 진화의 비전은 우리가 이 신화를 이해하기 위해서도, 또 로맨틱 러브를 보는 바른 시각을 지니기 위해서도 결정적이다. 로맨틱 러브의 출현은 이 우주적인 진화의 드라마에 중대한 새 장을 여는 것이다. 로맨틱 러브는 가면이고, 그 이면에는 새로운 가능성들이 강력하게 포진되어 숨겨져 있다. 이 가능성들은 의식으로 통합되기를 기다리고 있다. 거대한 집단적인 융기로 시작되는 정신의 에너지는 개개인의 차원에서 완성되어야 한다. 이 임무를 완전하게 만드는 것은 언제나 우리 각자의 몫이다. 신의 계획을 우리 각자의 영혼이라는 소우주 안에서 풍요로운 결실로 맺어야 한다. 충동과 가능성이 혼란스럽게 뒤섞여 있는 로맨틱 러브라는 날것의 무의식적 에너지를 깨달음과 관계성으로 전환하는 수확은 우리 각자의 몫으로 남겨져 있다.

위대한 신화는 모든 사람의 삶에서 진행되고 있는 단계별 성장에 대한 상징적 기록이다. 이런 강력한 신화들이 왜 우리를 이다지도 완전하게 사로잡아 아주 깊은 감정의 바닥까지 들어가게 만드는지에 대한 설명이 주어진다. 트리스탄과 이졸데 신화는 심리학적 발달단계에서 중요한 전환점에 서 있는 서양 정신의 상징적 청사진이다. 이 신화는 상황에 내재되어 있는 갈등이나 환상뿐 아니라 잠재력까지 드러내 준다.

이제 우리는 '사랑과 죽음의 숭고한 이야기'를 듣게 될 것이다. 이야기를 듣는 동안 청사진의 상징적인 언어를 읽는 법을 배우기 위해서 중간에 잠깐씩 멈추게 될 것이다. 또 신화가 우리에게 제공하는 지혜를 얻는 법을 배우기 위해서도 잠깐씩 숨고르기를 하게 될 것이다.

I 부

트리스탄, 탄생부터 위대한 기사로 자라기까지

"나의 아가야, 너의 첫날을 슬픔으로 맞았구나."
트리스탄은 슬픔의 아이로 태어난다. 훌륭한 기사로 성장하지만 남성성의 가치만 중시
하는 환경에서 남성성만 발달한 채 편향되게 성장한다.

트리스탄, 탄생부터 위대한 기사로 자라기까지

오래 전 아더 왕이 살던 시절, 콘월Cornwall에는 마크Mark 라는 왕이 있었다. 왕은 정의롭고 덕망이 높아 만백성의 사랑을 받았다. 그러나 이 시기는 사악한 기운이 성하던 때였다. 무자비한 적들이 마크 왕의 영토를 에워싸고 호시탐탐 영토를 침범했다. 한번은 마크 왕이 적의 침공으로 심각한 위기에 처하게 되었다. 이때 프랑스의 리오네스Lyonesse에서 리바론 Rivalon 왕이 군대를 이끌고 달려와 도움을 주어, 전쟁은 마크 왕의 대승으로 막을 내렸다. 리바론 왕의 도움과 의리에 감격한 마크 왕은 변치 않는 우정과 두 왕국간의 동맹의 표시로 하나뿐인 여동생 블랑시플레르Blanchefleur와 리바론 왕의 결혼을 제안했다. 블랑시플레르란 이름은 '하얀 꽃'을 뜻한다.

이름처럼 블랑시플레르는 가냘프고 섬세하고 예뻤다. 틴타겔 Tintagel 성에서 두 왕국의 혼인이 성대하게 치러졌다. 블랑시플레르는 곧 임신을 했다. 지금부터 이 아기에 관해 많은 것을 이야기할 것이다. 이 아이가 바로 트리스탄Tristan이다.

신혼의 단꿈은 오래가지 않았다. 리오네스에서 예기치 못한 소식이 날아들었기 때문이다. 리오네스에 있는 리바론 왕의 도시들이 반역자 몰간Morgan 공작의 손아귀로 넘어갔다는 비보였다. 왕은 반역자를 무찌르기 위해 군대를 이끌고 왕비 블랑시플레르와 함께 서둘러 프랑스로 항해를 시작한다. 전쟁은 여러 달 지속되었다. 치열한 전투가 계속되던 어느 날 왕이 매복한 반란군에 잡혀 잔인하게 살해된다.

소식을 들은 블랑시플레르는 얼굴이 백지장처럼 창백해지더니 정신을 잃고 만다. 이 순간 블랑시플레르의 몸에서 생명의 기운이 달아나 버린다. 블랑시플레르는 더 이상 이 지상에서 살아갈 의욕을 상실해 버리고, 이미 이 세상 사람이 아닌 왕과 함께하기만을 원한다. 이때 여왕은 만삭의 몸이었다. 남편이 죽었다는 소식을 듣고 사흘 밤낮을 눈물로 지새우면서 죽기만을 바라던 블랑시플레르는 나흘째 되던 날 아기를 출산한다. 블랑시플레르가 갓 태어난 아기를 품에 안고 얼굴을 보며 말한다.

"아가야! 세상 모든 여인들처럼 나도 네가 태어나기를 기다렸단다. 지금껏 여인들이 잉태했던 어떤 아기보다 더 예쁜

나의 아가야……. 내가 슬픔에 젖어 있단다. 그리고 슬픔 가운데 너를 낳았어. 너의 첫날을 슬픔으로 맞았구나. 슬픔 속에서 세상으로 왔으니 '슬픔의 아이'란 뜻으로 네 이름을 트리스탄이라 부르겠어."

블랑시플레르는 아들의 이름을 지어 주고, 키스를 한 번 하고는 죽는다.

리바론 왕에게는 로할트Rohalt라는 충성스런 부하가 있었다. 전쟁에 패색이 짙어지자 로할트 경은 몰간 공작에게 성을 내어 준다. 이로써 리오네스의 전 영토가 몰간 공작의 폭재 아래 놓이는데, 로할트 경은 몰간 공작이 트리스탄을 살해하는 것을 방지하기 위해 몰래 자기 아들들 틈에 끼워 키운다.

트리스탄은 자기 신분을 모르는 채 건강하고 씩씩하게 자란다. 그리고 자기가 로할트 경의 아들임을 믿어 의심치 않는다. 트리스탄은 충직한 종자들에게서 전술과 관련된 모든 것을 익힌다.

창과 검,
방패와 화살,
돌팔매질,
도랑 뛰어넘기,
거짓과 범죄 멀리하기,
약속 준수하기,

하프와 노래하기,

사냥기술 익히기…….

트리스탄은 특히 말을 잘 탔는데, 말을 탈 때면 마치 말과 한 몸이 된 듯 자유자재로 말을 부릴 수 있었다. 나이는 어리지만 충성스럽고 용감했다. 장성한 기사들처럼 칼도 잘 다루었다. 모든 사람이 로할트 경의 이 아들을 칭송했다. 그러나 로할트는 트리스탄이 자신의 군주임을 한 번도 잊은 적이 없었다.

그러던 어느 날 해안에 노르웨이에서 온 해적선이 당도한다. 상선으로 가장한 해적들은 트리스탄을 유혹해서 배에 태우는 데 성공한다. 잘 생긴 젊은이를 멀리 데려가서 노예로 팔면 값을 톡톡히 받을 수 있기 때문이다. 해적들에게 붙잡힌 트리스탄은 사자새끼처럼 격렬히 싸우지만 결국 포박당한다. 그러나 바다는 해적들의 음모를 눈감아 주지 않는다. 격렬한 폭풍이 휘몰아쳐 거대한 파도가 갑판을 덮친다. 해적들은 바다의 신이 자기들의 행동에 분노하고 있다는 사실을 알아챘다. 하는 수 없이 트리스탄을 풀어 준다. 트리스탄을 보트에 태워 보내자 그 즉시 바다는 잠잠해진다. 한동안 항해를 하던 트리스탄의 눈앞에 육지가 펼쳐진다. 기꺼운 마음으로 뭍으로 뛰어 올라 보트를 끌어올린다. 해안은 온통 푸르름으로 덮여 있다. 이곳은 콘월의 영토로 트리스탄의 외삼촌인 마크 왕이 다

스리고 있다.

해안을 거닐던 왕의 사냥꾼이 우연히 트리스탄을 발견한다. 트리스탄의 용모와 솜씨에 감탄하여 왕에게 데려간다. 트리스탄을 만나자마자 마크 왕의 가슴에는 잔잔한 파문이 인다. 트리스탄을 대하는 왕의 태도는 왠지 모르게 부드러워진다. 아무도 그 이유를 알지 못하지만 핏줄이 서로를 당기고 있었던 것일까. 왕은 트리스탄에게서 사랑하는 여동생의 모습을 떠올릴 수 있었는지도 모른다.

저녁을 먹고 나자 트리스탄이 하프를 연주하며 옛 노래를 부른다. 트리스탄의 노래 소리는 그 자리에 있는 모든 이의 심금을 파고든다. 사람들은 어느새 눈물을 훔친다. 노래가 끝나자 왕이 말한다.

"자네에게 하프를 가르친 그 스승을 찬미하고 신을 경배하네. 신은 감동의 노래를 부르는 자를 사랑하시나니……. 우리 궁전에 기쁨을 가져다주려고 자네가 여기 와 주었구려. 오래도록 우리와 함께 지내세, 친구여!"

트리스탄이 답한다. "왕이시여, 이곳에 머물면서 당신의 충복으로 성심껏 살겠나이다." 트리스탄은 이날부터 삼 년간 틴타겔 성에 머문다. 왕은 트리스탄에게 아버지 역할을 하고 둘 사이의 애정은 돈독해져 간다.

삼 년이 지나갈 무렵, 충성스런 부하 로할트 경이 수년 간 트리스탄을 찾아 여러 땅을 두루 헤매다가 드디어 콘월에 당도한다. 그리고 마침내 트리스탄은 자신이 누구인지 알게 된다. 그는 마크 왕의 조카이자, 리바론 왕의 아들이며, 리오네스의 왕위 계승자이다. 트리스탄은 기사들을 거느리고 바다를 건너 리오네스로 돌아간다. 백성들이 용기를 얻어 독재자 몰간 공작에 대항해 일어나고, 트리스탄은 이들과 함께 몰간에 맞서 싸운다. 결국 트리스탄과 몰간 공작이 전장에서 마주친다. 트리스탄은 단칼에 몰간의 목을 베어버림으로써 몰간의 반역을 응징하고 아버지의 원수를 갚는다. 리오네스는 정의를 되찾는다.

트리스탄은 로할트 경을 리오네스의 왕좌에 앉힌다. "내가 이곳의 왕이고 나는 이 땅을 사랑한다. 하지만 내 가슴은 관대한 마크 왕과 함께 있다. 이제 독재자가 죽었으니, 친애하는 로할트 경! 내 대신 이 땅을 다스려 주시오. 나는 돌아가 마크 왕을 섬기겠소."

트리스탄이 리오네스에 남아 통치해 주길 고대하던 신하들은 애통의 눈물을 흘린다. 그러나 그들의 입에서는 "우리의 왕이시여! 뜻대로 하소서."라는 말이 흘러나온다.

당시 아일랜드는 막강한 왕국이었다. 아일랜드의 왕은 엄청난 조공을 바치도록 콘월을 옥죄고 있었다. 콘월 백성들은 분하고 원통해서 치를 떨며 살고 있었다. 사 년마다 소년 삼백 명과 소녀 삼백 명을 아일랜드에 노예로 바쳐야 했다. 지금까지 노예생활에서 살아남아 콘월로 되돌아온 사람은 한 명도 없었다. 마크 왕은 십오 년간이나 아일랜드에 조공 바치기를 거부하고 있었는데, 이를 아일랜드 여왕이 좌시하고만 있을 턱이 없었다. 아일랜드의 여왕은 위대한 마법사였다. 여왕에게는 몰홀트Morholt라는 동생이 있는데 어마어마한 거인이었다. 장대한 키에서 뿜어 나오는 힘도 가공할 만했다. 몰홀트의 무시무시한 힘에 대해서는 소문이 자자했다. 가장 용감한 기사들 다섯 명이 한꺼번에 대적을 해도 이 거인에게는 상대가 되지 않는다고 했다.

어느 날, 이 몰홀트가 기사단을 이끌고 콘월 땅에 상륙한다. 소년 소녀의 조공을 요구하러 온 것이다. 몰홀트는 "하지만,"이라고 단서를 붙이면서 말한다. "만일 콘월의 기사 중 그 누구라도 나한테 대적해 온다면, 아일랜드 여왕이 요구하는 조공이 정당한지 아닌지 판가름해 볼 수는 있겠지. 만일 신이 승리의 잔을 나한테 넘겨주신다면 이는 여왕의 요구가 정당하다는 사실이 증명될 테니."

몰홀트는 콘월 궁정, 귀족들이 모두 참석한 자리에서 한판 싸움으로 하늘의 뜻을 밝혀 보자고 으름장을 놓는다. 이 형국은 마치 참새들이 사는 새장 안으로 매 한 마리가 날아든 꼴이다. 콘월의 귀족들은 사시나무 떨듯 하면서 머리만 조아리고 있다. 이 상태가 사흘간 지속된다. 셋째 날이 되자 한 청년이 마크 왕 앞으로 나와 무릎을 꿇는다. "왕이시여! 제가 나가 싸우겠나이다. 허락해 주소서." 이 청년이 바로 트리스탄이다.

트리스탄은 바닷가에 위치한 작은 섬을 싸움터로 정한다. 싸움 당일 백성들이 물밀듯이 해변으로 몰려든다. 콘월의 귀족들은 수치심에 눈물을 떨어뜨리면서 이를 간다. 트리스탄이 지닌 용기가 자신들에게는 없었으므로 스스로에 대한 수치심과 부끄러움으로 눈물을 흘리면서, 트리스탄에 대한 연민의 정도 느낀다. 해변으로 모여든 백성들은 트리스탄의 뒤를 따라 걸으면서 울부짖으며 기도한다. 그리고 백성들은, 어떤 절망적인 상황에서든 인간의 가슴 속에는 희망이라는 씨앗이 자랄 수 있기에, 절대 희망의 끈을 놓지 않는다.

격전지에 당도하자 트리스탄이 보트에서 뛰어내린다. 그러고는 뒤돌아서서 자신이 타고 온 보트를 파도에 실어 밀어 보낸다. 순간 몰홀트에게 당혹한 기색이 드러난다. 트리스탄은 "우리 둘 중 한 사람만 이 섬에서 살아 나갈 수 있다. 보트는 하나면 충분하지."라고 말한다.

해안에 모여서 가슴을 조이던 백성들은 섬 쪽에서 들려 오는 세 차례의 괴성을 듣는다. 몰홀트의 기사들은 승리를 자신하며 의기양양하다. 그들은 소리 내어 웃으며 환호성을 지른다. 반면 콘월의 여자들은 안타까워 울부짖는다. 여인들은 탄식을 하면서 의례를 행하는데, 해안에 일렬로 서서 한마음으로 손뼉을 친다. 통곡의 박수 행렬이 바닷가에 부딪치는 파도처럼 멀리멀리 퍼져 나간다.

정오경이 되었다. 저 멀리서 몰홀트의 보트가 수평선 위로 점같이 떠오른다. 곧 갑판 위에 펄럭이는 아일랜드 귀족들의 보라색 깃발이 눈에 들어온다. 순간 백성들이 부여잡고 있던 가느다란 희망의 끈이 끊어져 버린다. 절망의 탄식과 통곡이 절로 터져 나온다. 그 와중에 보트는 점점 가까이 다가오고, 놀랍게도 뱃머리에 우뚝 서 있는 트리스탄의 모습이 눈에 들어온다. 검 두 개를 높이 치켜들고 있다. 햇빛이 검에 비쳐 눈이 부시다. 일제히 백성들의 환호성이 울려 퍼진다. 청년들은 트리스탄을 맞으려 떼를 지어 물로 뛰어든다. 보트가 뭍으로 끌어 올려지자 트리스탄이 땅으로 내려온다. 그리고는 몰홀트의 기사들에게 외친다.

"친애하는 아일랜드 인들이여. 몰홀트는 용감하게 싸웠다. 여기를 봐라. 내 검이 부러진 자국이다. 부러진 조각은 몰홀트의 머리에 수직으로 꽂혀 있다. 이 파편을 가지고 너희들 땅으로 돌아가라. 이것이 바로 콘월이 아일랜드로 보내는 조공이다."

상처에서는 피가 흘러내리고 있었지만, 트리스탄은 틴타겔의 도시를 가로지르며 성을 향해 걸어 올라간다. 군중들이 그가 지나는 길목으로 모여든다. 손에 손에 푸른 가지를 흔들며 영웅을 향해 환호한다. 트리스탄이 발길을 옮기는 자리마다 꽃이 뿌려져 거리는 삽시간에 꽃길로 치장된다. 콘월의 대기는 신을 찬미하는 노래 소리로 채워진다. 집집마다 창가에 화려한 천들이 내걸리고 기쁨의 종소리가 왕국에 울려 퍼진다. 백성들이 승리의 트럼펫 소리에 발맞춰 트리스탄과 함께 행진한다. 환호와 갈채 속에 성 앞에 당도한 트리스탄은 마크 왕의 품 안에 쓰러져 의식을 잃는다.

트리스탄의 상처는 날로 악화된다. 몰홀트의 검에 찔릴 때 독 묻은 가시가 트리스탄의 몸을 파고들었기 때문이다. 온몸으로 독이 퍼지자 트리스탄은 나날이 더 창백해지고 기력도 쇠진해 간다. 콘월에서는 의사든 마법사든 그 누구도 트리스탄을 치유할 방책을 찾지 못한다. 지상에 살아 있는 사람 중에서 단 두 사람만이 트리스탄의 몸에 퍼져 있는 독을 해독하는 주문을 알고 있다. 그 두 사람은 아일랜드에 있는 마법사 여왕과 여왕의 딸 아름다운 이졸데이다. 그러나 이들은 아일랜드에 살고 있다. 이때는 아일랜드 인이라면 누구나 밤낮으로 몰홀트의 시체를 들여다보면서 리오네스 출신의 트리스탄이란 자를 저주하며 복수를 다짐하고 있던 시기다.

자신을 치유할 방책이 콘월 땅에는 없다는 사실을 트리스탄도 알게 된다. 이때 트리스탄의 가슴 밑바닥에서 '바다'라는 소리가 들려온다. "죽음의 길이 될지, 치유의 길이 될지 모르지만 아무튼 바다로 가야 해."라는 말이 트리스탄의 입에서 새어 나온다.

그리고 왕에게 말하기를,

"온갖 가능성이 다 열려 있는 '바다'를 한 번 시도해 봐야겠어요. 저의 운명을 바다에 내맡기렵니다. 상처를 치유할 수만 있다면 그곳이 어디든 상관없어요. 언젠가 다시 한 번 하프 연주자

로, 사냥 몰이꾼으로, 충직한 신하로 사랑하는 삼촌을 모시고 싶
어요."

사람들이 트리스탄의 몸을 배로 옮겨 눕힌다. 돛도 노도
없다. 검도 싣지 않는다. 더 이상 트리스탄에게 유용한 무기가
될 수 없기 때문이다. 배에서 트리스탄과 함께하는 것은 오직
하프뿐이다. 항해하는 동안 음악이 위안이 되어 주리라 믿는
다. 백성들의 눈물이 바다를 적신다. 백성들은 무거운 가슴으
로, 트리스탄이 누워 있는 보트를 먼 바다를 향해 밀어 보낸
다. 트리스탄의 운명을 신의 손에 내맡기는 것이다. 트리스탄
이 탄 배는 파도에 밀려 점점 뭍에서 멀어져 간다.

일곱 날 일곱 밤을 물 위에 누워 떠다니던 트리스탄의 배
가 마침내 해안 가까이에 밀려 든다. 밤바다의 어두움을 뚫고
가늘지만 부드러운 멜로디가 바람에 실려 온다. 새벽녘에 한
어부가 이 보트를 발견한다. 숨이 다해 가는 트리스탄이 그 안
에 누워 있다. 침묵하는 하프 위에 생기 잃은 손이 미동도 없
이 멈추어 있다. 어부는 트리스탄을 뭍으로 끌어올린 뒤, 촌각
도 지체하지 않고 치유의 힘을 지닌 그들의 여인에게 달려가
소식을 전한다.

이 여인이 바로 아름다운 이졸데이다. 이졸데의 어머니는
아일랜드의 여왕이며, 유명한 마법사로 알려져 있다. 바다에
이끌려 트리스탄이 당도한 이 항구는 다름 아닌 몰홀트의 무
덤이 안치된 화이트 헤븐White Heaven이다. 이곳에 사는 한 어

부가 숨이 넘어가고 있는 트리스탄을 발견해 아름다운 이졸데
에게로 데려오는데, 이 세상의 수많은 여인들 중에서 트리스
탄을 치유할 수 있는 사람은 오직 이 여인뿐이다. 그렇지만 세
상의 수많은 여인들 가운데 트리스탄이 죽기를 가장 바라는
여인도 바로 이 아름다운 이졸데이다.

1. 블랑시플레르

아일랜드에 당도한 트리스탄은 그곳에 남겨 두고, 여기서 잠시 이야기를 멈추어 보자. 이제는 이 신화의 상징적인 언어를 살펴보면서 신화가 가르치려는 내용으로 들어가 보려 한다.

만인의 영웅 트리스탄의 탄생은 슬픔으로 가득하다. 트리스탄의 어머니는 트리스탄이 지상에서 삶을 시작하던 첫날 유명을 달리한다. 이 비극적인 아이가 대체 누구란 말인가? 어머니의 죽음이 의미하는 바는 또 무엇인가?

트리스탄은 현대 서양 남성의 원형prototype으로 볼 수 있기에, 어머니를 잃은 트리스탄의 경험은 트리스탄이라는 한 개인에게만 국한되는 것이 아니다. 트리스탄은 '현대인' 이라는 신인간의 시조라고 할 수 있다. 트리스탄의 마음이 곧 현대인의 마음이고, 트리스탄의 세계는 우리 현대인의 세계이며, 트리스탄의 문제는 곧 우리의 문제이다. 따라서 트리스탄의 상실은 우리 현대인의 상실을 뜻한다.

심리학적으로 현대는 트리스탄이 탄생한, 또 이 신화가 탄생한 12세기에서 비롯된다. 인류 역사상 12세기는 중요한 분수령이었다. 현대인의 마음의 씨앗이 이때쯤 뿌려졌고, 현재 우리가 지닌 태도나 가치, 갈등과 이상 등은 이 씨앗으로부터 싹이 터 자라온 것이다. 한 그루의 나무가 거목이 되려면 오랜 시간에 걸쳐 친친히 조금씩 지리야 하듯, 집단의 심리도 세기를 거듭하는 동안 서서히 성장한다. 괄목하리만치 진화하는 집단의 정신을 이야기할 때, 천 년이란 세월은 과히 긴 시간이라고 말할 수 없다.

트리스탄은 인류 역사에 새롭게 탄생한 신인간이다. 중세에 태어나 현대 서양인으로 자라기까지 대략 천 년이 걸렸다. 트리스탄의 부모인 블랑시플레르와 리바론 왕이 상징하는 바는 구질서와 고대 유럽의 정신이다. 그러나 이 둘은 모두 죽어버렸다. 이들 사이에서 아이가 하나 태어나는데, 이 아이가 바로 트리스탄이다. 곧 트리스탄은 서구 현대인의 시조이자 신인류의 상징으로 볼 수 있다.

블랑시플레르의 비극적인 죽음은 트리스탄에게 슬프고도 왜곡된 세계를 남긴다. 그에게서 여성성의 흔적을 깡그리 앗아가 버린 것이다. 블랑시플레르는 또 내면의 여성으로도 볼 수 있다. 우리 현대인에게도 트리스탄과 마찬가지로 이 왜곡된 세계가 상속되었다. 블랑시플레르를 서양 남성의 영혼인 내면의 여성을 체화한 존재로 볼 수 있는데, 이렇게 볼 때 블랑시플레르가 상징하는 바는 그 이전 오랜 기간 동안 인류에게 살아 있었던 여성성의 가치를 뜻한다. 역사적인 차원에서 블랑시플레르가 죽은 날에 대해 깊은 애도가 필요하다. 이날은 가부장적인 가치관으로 인해 개개인의 심리에서뿐만 아니라 우리 문화에서 여성성이 완전히 근절된 날을 상징하기 때문이다.

트리스탄은 '전장의 예술'인 병법을 익히면서 성장한다. 검이나 창, 화살을 들고 싸움을 하고, 군마를 타고 골짜기를 타고 넘으며 사냥을 한다. 도대체 이것들이 다 무엇이란 말인가? 트리스탄의 세계는 삶에서 남성성적인 면에만 그 중심을 두고 있다. 전쟁을 하기 위해 훈련을 하고, 힘을 기르고, 힘으로 굴복시키고, 영토를 수호하고……. 이것들이 영웅에게는 반드시 필요한 기술임을 부인할 수 없다. 그렇지만 이런 측면들은 인간 본성의 절반만을 이야기할 뿐이다. 트리스탄에게 명백하게 드러나는 이런 경향이 이 시기의 사회문화 전반에 팽배해 있는데, 집단을 대표하는 왕도 예외는 아니다. 마크 왕에게는 왕비가 없고, 하나뿐인 여동생 블랑시플레르도 죽어버린다. 이 말은 삶에서 여성성을 대변하는 사랑, 정서적인 관계, 내면화, 직관, 서정적인 경험이 소멸되었다는 뜻이다. 콘월에서도 리오네스에서도 여성성을 대변하는 측면은 찾아볼 수 없다. 트리스탄에게 남아 있는 것 중에서 유일하게 여성성적 측면을 대변하는 것이 하프이다. 이미 앞부분의 신화에서 읽었듯, 온몸에 치명적인 독이 퍼져가는 트리스탄의 생명을 구한 것이 바로 이 하프이다.

'여성성'이 뜻하는 바를 명확하게 인식한다면, 우리가 이 신화를 이해하는 데 훨씬 도움이 될 것이다.

심리학자 칼 융은 인간 정신psyche은 양성적이라는 사실을 발견했다. 인간은 예외 없이 여성성과 남성성을 간직하고 있다. 따라서 모든 남성과 모든 여성은 양면의 풍요로움과 양면의 특질과 양면의 가능성과 양면의 힘을 내포하는 온전한 심리학적 구조를 타고난다. 인간의 정신은 자연히 상보적相補的인 두 대극으로 나뉘어져 있는데, 이 두 극이 바로 여성성과 남성성이다. 따라서 정신은 남성성−여성성의 연합인 것이다. 이 온전한 정신에서 어떤 특질은 '남성적'으로, 그 반대 특질은 '여성적'으로 간주한다. 고대 중국의 음양 철학처럼 이 상보적인 대극이 균형을 이룰 뿐 아니라 하나가 다른 하나를 완전하게 만든다. 어떤 인간의 가치와 특질도 한 가지 측면만으로는 완전하지 않다. 반드시 여성성과 남성성이 '짝'을 이루어야 한다. 인간이 균형 있게 성장하고 또 온전해지려면, 의식적으로 이 둘의 결혼이 이루어져야만 한다.

대체로 관계를 맺고 사랑을 나누는 인간의 능력을 '여성성'의 특질로 간주한다. 이와 대조적으로 남성성의 특질로는 힘을 행세하고 상황을 통제하고 영토를 수호하는 능력 등을 꼽는다. 이상적인 남성이나 이상적인 여성이 되기 위해서는 정신의 양면을 두루 개발해야 한다. 우리는 삶의 매 순간마다 힘과 사랑 이 둘 모두와 친해야 하고, 억제력과 동시에 자발적인 내맡김 둘 다를 적절하게 수용하고 적용해야만 한다.

이런 차원에서 '여성성'은 여성만의 특질이 아니라 남성과 여성 모두의 내면에 존재하는 심리학적 특질을 말한다. 만일 남성이 자기 내면에 있는 여성성의 힘을 계발한다면, 이는 실질적으로 자신의 남성성을 완성시키는 길이 된다. 힘 있는 남성은 저녁에 집에 돌아오면 자녀에게 진실한 사랑을 표현하고, 낮 시간에는 자신의 전쟁터인 비즈니스 세계에서 치열하게 싸움을 한다. 한 남성이 관계를 맺고 자신의 애정과 감정을 표현하는 여성성을 계발하고 수용할 때, 오히려 자기의 남성성은 강화되고 조화를 이루게 된다.

우리 각자의 내면에는 서로 갈등을 일으키는 이 두 가지 특질을 통합할 수 있는 능력을 지니고 있다. 따라서 우리 모두는 전일성wholeness을 획득할 잠재력을 가지고 있다. 각자의 온전한 전체를 표현할 수 있는 용어를 융은 '자기self'라고 했다.

자기self란 우리 각자가 진정으로 고유한 개개인으로 살아낼 힘이나 에너지의 총합을 말한다. 자기는 존재의 중심에서 균형과 조화를 이루는 대칭적인 결합을 뜻한다. 우리는 각자 자신의 내면으로부터 이를 감지할 수 있다. 그렇지만 의식적으로 자기를 경험하는 경우는 아주 드물다. 대개 우리는 일정 정도 의식적으로, 일정 정도 무의식적으로, 동시에 여러 방향으로 잡아당기는 산발적인 가치, 욕구, 이상, 가능성 등으로 갈등을 겪는 혼돈체로서의 자신을 느낀다.

'깨달음'에 이르는 길이란, 우리 내면에 이렇게 분리되고 갈등하는 부분들을 의식화하고, 이 부분 부분들을 하나로 아우르는 원시적인 통합을 일깨우는 것이다. 자기self라는 온전한 통합은 심리학적 진화의 원대한 목표이자 우리의 가장 심오한 바람이다. 이런 가능성이 바로 여성성―남성성이라는 정신의 이중적인 특질로 드러난다.

신화에 등장하는 상징에서도 자기는 종종 여성성―남성성의 쌍으로 표현된다. 왕과 왕비, 오누이 신들, 여신과 남신 등이 그것이다. 이러한 신화적인 쌍을 통해서 우리가 경험하는 것은, 비록 이들이 상반되어 보이는 '둘'일지라도 본래 정신은 하나라는 것이다. 이는 또 반드시 우리는 두 대극적인 인간 본성의 '결혼'이나 신성한 합일을 이루어야 한다는 사실도 말해 준다. 음양의 조화를 의미하는 용처럼, 우리 각자의 내면에 존재하는 왕과 여왕은 영원히 계속되는 우주의 춤을 추며, 남성성과 여성성이라는 각각의 에너지를 통해 이 세상을 창조해 내고 있다.

그러나 트리스탄이 사는 세계에는 왕비가 없다! 왕만 있는 것이다. 마크 왕은 있지만 왕비 블랑시플레르는 오래 전에 죽었다.

삶에 의미를 부여하는 것은 여성성의 특질이다. 타인과의 관계성, 사랑으로 힘을 부드럽게 만드는 능력, 내면의 감정이나 가치를 깨닫는 것, 땅의 삶에 대한 존중, 아름다움에 대한 경탄, 그리고 내면의 지혜를 찾는 탐구 등 이 모든 것이 여성성의 특질이다. 우리가 이러한 특질을 간과한다면 삶의 별다른 의미를 찾지 못할 것이다. 칼과 창으로 제국을 건설할 수는 있지만, 그런 행위가 우리에게 삶의 의미나 목표를 주지는 않는다.

그렇다고 블랑시플레르의 죽음으로 여성성의 특질을 영원히 상실한 것은 아니다. 신화나 꿈에서 죽음이란, 무엇인가가 의식적 측면의 마음을 떠났음을 의미한다. 그러나 이 떠난 부분은 사라지는 것이 아니라 무의식에 거주하다가 다시 의식으로 탄생하기를 기다린다. 오늘날 블랑시플레르를 의식으로 다시 불러내려는 사람들을 만나게 된다. 자신의 감정을 표현하는 법을 배우려 하고, 애정을 표하고, 직관적인 면을 일깨우려 한다. 때로 이런 노력은 불발로 끝난다. 일시적으로 열중하다 말거나 실패로 끝이 나서 자의식의 수용이나 강요된 자발성 정도로 축소되긴 하지만, 그럼에도 불구하고 사람들은 최소한 블랑시플레르를 찾으려 애쓰고는 있다.

왜 블랑시플레르가 죽었을까? 서양인들은 왜 사랑하고 느끼고 관계를 형성하는 능력을 이 지경이 되도록 상실해 버렸을까?

블랑시플레르를 보라! 그녀의 온 사방이 전쟁으로 에워싸여 있다. 전쟁을 도와주었던 동맹국의 왕과 혼인을 하고, 남편은 다른 전쟁으로 삶을 소진하다가 결국 전쟁터에서 살해된다. 이로써 블랑시플레르의 삶의 의지도 꺾이고 마는데, 그녀는 전쟁터를 따라다니면서 군인과 전투, 동맹과 죽음의 세계에만 노출된다. 우리 문화에서 우리 내면세계의 여성의 운명도 블랑시플레르의 운명과 비슷하다. 우리 내면의 여성도 언제나 군영을 따라 이동한다. 힘의 충동에 휘말려 들어 전쟁터에서 숨이 막힐 지경이다. 우리는 자신이 눈멀고 귀먹었다는 사실도 망각한 채 강철 같은 힘에 충돌한다.

블랑시플레르가 죽어 서늘한 기운이 감도는 리오네스처럼, 서양인에게서 여성성의 영혼이 빠져 나간다. 그녀는 아일랜드나 다른 신비의 땅을 찾아 떠난다. 그리고 무의식의 땅으로 들어가서 언젠가는 인간의 삶으로 되돌아올 적기를 기다리고 있다.

2. 슬픔의 아들

"내가 슬픔에 젖어 있단다.

슬픔 가운데 너를 낳았어.

너의 첫날을 슬픔으로 맞았구나.

슬픔 속에서 세상으로 왔으니,

슬픔의 아이란 뜻으로

네 이름을 트리스탄이라 부르겠어."

마크 왕과 리바론 왕 그리고 몰간 공작의 세계가 상징하는
바는 명백히 가부장적 가치관이다. 가부장적인 편견에 우리가
어느 정도나 지배를 받고 있는지는 그 누구도 정확하게 알지
못한다. 남성적인 힘이나 생산 목표, 특권 혹은 성취가 우리
영혼을 어느 정도나 황폐하게 만드는지, 이런 환경이 우리의
삶에서 여성성의 가치를 어떻게 앗아가 버리는지, 그 누구도

모른다.

　트리스탄처럼 우리는 모두 슬픔의 자식들이다. 비록 외견상 현대인은 모든 것을 다 누리는 듯이 보이지만 내적으로는 곤궁의 자녀들이다. 인류 역사상 현대인만큼 외로움과 소외감으로 고통을 겪고 가치에 대한 혼란을 겪는 신경증적인 사람들은 존재한 적이 없었을 것이다. 우리는 모루채 같은 강한 힘과 전자 크기 정도의 미세한 정밀함으로 자연을 지배해 왔다. 역사상 선례가 없는 엄청난 부를 축적했지만, 우리 가운데 자기 자신과 평화를 유지하면서, 인간관계에서 안전함을 느끼고 사랑에 만족하면서 자신이 사는 세상을 편안한 곳으로 느끼는 사람들은 아주 극소수이다. 대다수의 우리는 삶의 의미와 가치를 찾아, 그리고 사랑과 관계를 찾아 떠다니고 있다.

　우리가 겪고 있는 이 슬픔은 우리가 훼손했고 집단적으로 배격해 왔던 여성성의 가치를 상실한 데서 비롯된다. 블랑시플레르는 힘과 경쟁, 성취와 획득, 일등과 일류만 중시하는 문화에서는 살 수 없다. 이 신화의 도입 부분은 우리의 현주소를 자명하게 비추어 준다. 우리가 이제껏 건설해 온 세상이 어떠한 것이며, 트리스탄이 태어난 세상의 상황이 어떠한지 이야기해 주고 있다. 끝없이 전쟁이 발발한다. 제국의 건설이나 부의 획득, 영토의 확장이나 환경을 지배하기 위해서라면 어떠한 대가도 기꺼이 지불한다. 우리는 이런 것들을 진보라고 불러 왔다. 그렇지만 지불해야만 했던 대가는 실로 엄청나다. 이렇게 균형을 잃은 가치관이 리바론과 블랑시플레르를 죽이고 트리스탄을 고아로 만들었다.

블랑시플레르와 리바론 왕의 결혼은 가부장적 사고방식을 지닌 채 무엇인가를 화합해 보려는 이들 방식의 시도였다. 그렇지만 이러한 시도는 '여성성의 가치는 언제나 힘을 추구하는 남성성의 요구에 조력해야 한다' 는 가정 하에 성립된 것이라서 결코 생존할 수 없다. 이런 취약한 화합은 가부장적 태도의 극단적 산물이라 할 수 있는 몰간 공작의 등장으로 인해 실패한다. 몰간 공작은 왕과 왕비조차 살해한다.

이런 사회에서 블랑시플레르는 마땅한 자기 자리를 찾을 수 없다. 그녀가 대변하는 가치가 그 자체로 존중된 적이 없다. 마크 왕은 여동생을 사랑하긴 하지만, 영토를 수호하는 데 도움이 된 자에게 보답하고, 그와의 동맹을 유지하기 위해 여동생을 내준다. 이는 필요에 따른 거래이다. 블랑시플레르는 일종의 재산인 것이다. 남성성의 자아가 힘을 추구하는 욕구에 적합하다고 생각되면 언제든지 이용한다. 우리가 깨어 있는 눈으로 세상을 바라본다면 이런 현상을 일상에서 쉽게 관찰할 수 있다. 남성은 여성을 지배하기 위해 여성의 감정을 이용한다. 무엇인가 팔고자 할 때 친구를 사귄다. 텔레비전 광고는 우리가 '진정으로 자식을 사랑한다면' 이 물건을 꼭 사야 한다고 떠든다. 이 모든 것이 힘과 이윤을 위해서 냉소적으로 사랑과 감정을 이용하고 있다. 사회 전체가 계속해서 블랑시플레르를 거부하고 있는 것이다.

몰간 공작은 가부장적 가치관의 궁극적인 극단, 즉 최악의 타락을 상징하는 인물이다. 그는 리바론 왕이 자기 영토로 돌아가자 왕을 공격하는데, 그 방법도 몰래 매복하고 있다가 잔인하게 살해하는 것이다. 긍정적인 것은 하나도 이룩하지 못한 채 몰간은 그저 약탈만 일삼는다. 몰간 공작은 정신의 반쪽인 남성성만 있는 인물이다. 내면의 여성성과의 접촉은 완전히 실패했다. 내면의 균형을 유지할 수 있는 사랑과 감정과 인간의 가치를 잃어버렸다. 힘을 장악하기 위해 미쳐 날뛰는 사람이다. 힘을 추구하느라 인간적이고 부드러운 것은 모조리 파괴하는, 잔인함밖에 남지 않은 안타까운 인간이다.

현시대에 몰간 공작 같은 자를 만나려 한다면 그리 멀리 찾아 나서지 않아도 된다. 몰간 공작 같은 이가 정치를 하고 대기업에서 일하고 심지어 가정 안에도 있다. 우리가 자신에게 솔직해진다면, 우리 내면세계에서도 몰간 공작의 자취를 찾을 수 있다. 몰간은 이 사회에 보편적으로 산재해 있는 인물들의 전형이기 때문이다. 누구든 내면의 여성을 모욕하고, 그녀가 상징하는 가치와 단절될 때 몰간 공작처럼 된다. 그저 온종일 어떻게 하면 앞으로 나아갈까, 어떻게 하면 이기게 될까, 어떻게 하면 회사나 사회에서 윗자리를 차지할까, 어떻게 가족이나 친구들이 내가 원하는 것을 정확하게 하도록 만들까 하는 생각을 하며 나날을 보낸다. 자연히 어떻게 하면 자신이 지니고 있는 가치에 진실하고, 자기 내면의 소리에 솔직할 수 있을까, 어떻게 하면 사랑하는 사람들에게 정직할까 등의 질문은 완전히 잊고 살아가게 된다.

몰간 공작 같은 괴물은 우리에게 심오한 심리학적 실체를 깨우쳐 준다. 인간 정신은 상보적인 두 극이 균형을 이루지 않는 한 건강하게 살 수 없다. 남성성의 마음이, 여성성이라는 다른 대극 없이 살아보려 애쓴다면 이런 남성은 균형을 잃는다. 병이 들어 결국은 괴물같이 변할 것이다. 사랑 없는 힘에는 잔인함만 남는다. 역으로 남성성의 힘이 없는 감정은 야만적인 감상주의가 된다.

편향적인 특질을 지닌 채 다른 쪽과 조화를 이루려 노력하지 않는다면, 이는 자기 영혼에 대해 독재를 하는 것이다. 몰간 공작이 바로 이런 인물이다. 다른 한 쪽을 무의식에 몰아넣게 되는데, 이 다른 쪽이 바로 블랑시플레르다. 그러나 무의식은 결코 이런 불균형을 참고 있지만은 않는다. 이미 배웠듯이, 인간 정신에서 가장 강한 힘을 지니는 부분이 완전함과 전일성과 균형을 추구하려는 욕구이다. 저 너머에 이졸데가 기다리고 있다. 자족적인 가부장제 사회에 이졸데가 당도한다면 그 순간부터는 절대 이전과 같을 수 없다.

그래서 슬픔의 아들에게도 희망이 있는 것이다. 트리스탄은 결국 희망의 아들이기도 하다. 상징적으로 어린이는 언제나 새로운 가능성을 뜻하는데, 이 가능성이란 인간에게 탄생

할 새로운 의식을 의미한다. 슬픈 세상이 트리스탄에게 상속
되었다. 그렇지만 내면의 강인함과 신세계를 만들고 이해할
잠재력 또한 물려받았다. 트리스탄은 분명 영웅이다. 몰간 공
작과 대적해서 그를 물리치고 생득권을 재탈환한다. 그리고
이졸데를 찾아내서 블랑시플레르가 부활하도록 만들 것이다.
이런 의미에서도 우리 현대인은 모두 트리스탄인데, 우리 각
자의 내면에 트리스탄이 존재하기 때문이다. 우리는 트리스탄
의 슬픔을 간직하고 있고, 트리스탄의 도전과 희망 또한 지니
고 있다.

3. 의식의 섬, 신의 바다

돛을 앞으로 – 오직 심해를 향하여,

아, 탐험하는 무모한 영혼! 나는 너와 함께, 너는 나와 함께.

우리는 뱃사람이 감히 가려조차 않는 그곳에 사로잡혀서

배도 우리도 그리고 모든 것을 위험에 빠뜨리더라도

오로지 그곳으로 가리.

아, 내 용감한 영혼!

멀리 더 멀리 항해하라!

무모한 기쁨, 그러나 무사히!

이들은 모두 바다의 신들은 아니런가?

오, 멀리, 멀리, 더 멀리 항해하라!

– 월트 휘트만Walt Whitman, 〈인도를 향한 항해Passage to India〉

전 인류, 전 세대를 통해 바다는 무의식의 상징이었다. 바다 건너에 있는 섬, 이국적인 왕국이나 머나먼 땅은 미지를 뜻했다. 신비와 마술과 하늘을 나는 카펫과 지니Genie를 향한 식지 않는 열망은 심오한 내적 의미를 지니고 있다. 이는 인간 정신에서 아직 우리가 탐험해 보지 못한 신비로운 심연에 대한 향수이자, 각자의 영혼 안에 감추어져 있는 잠재력에 대한 향수이다. 지금까지 알지 못했고 살아보지 못했고 상상해 보지 못한 세계에 대한 동경이다.

트리스탄의 시대에는 세계가 그다지 넓지 않았다. 바다 건너 머나먼 미지의 땅은 곧 아일랜드를 뜻했고, 이곳에서는 마술사 여왕과 전설적인 공주와 거인 들을 만날 수 있었다. 월트 휘트만의 시대에는 무의식의 땅이자 아직 인간이 탐험해 보지 못한 신비의 땅은 곧 인도를 뜻했다. 인도를 향한 항해는 뱃사람들이 이제껏 감히 시도해 보지 못한 무의식을 향한 영웅적인 여정이었던 것이다. 우리 시대에는 다른 신화, 다른 상징을 가지고 있는데, 우주인과 우주선이 선조들의 아일랜드와 인도를 대신한다. 다른 행성이나 다른 은하에 사는, 인류보다 훨씬 문명화되고 지적인 외계인이 우주선을 타고 와서 지구인에게 새로운 지식과 놀라운 것들을 가르친다.

이런 신화적 지도는 각각 인간 정신을 묘사한다. 자아는 콘월이라는 작은 섬에 있다. 이 섬은 광대한 심리학적 우주에서 볼 때 아주 미미한 부분이다. 그렇지만 거대한 바다나 무의식을 건너가면 다른 곳에 당도하게 되는데, 이곳은 다른 의식의 섬이다. 이 섬들은 나름의 고유한 가치와 힘과 관점을 지니고 있는데, 자아는 이런 각각의 의식의 중심들을 통합할 필요가 있다.

콘월이라는 자아의 섬에는 남성적 가부장적인 태도가 우세하다. 반면 아일랜드는 마법사 여왕이 통치하는 무의식적인 세계이다. 모계의 땅이고 여성의 섬이다. 이 둘은 상보적이다. 한쪽 없이 다른 쪽이 단독으로는 존재할 수 없다. 콘월이 아일랜드로 가지 않는다면 아일랜드가 콘월로 오게 될 것이다.

무의식은 끊임없이 트리스탄을 아일랜드로 끌어당긴다. 왜냐하면 트리스탄은 영웅이고 필히 이 두 섬을 연결해야 하는 임무를 타고난 자이기 때문이다. 그는 뱃사람들이 감히 가려고 상상조차 해 보지 못한 신들의 섬으로 나아가야 하는 운명을 지니고 있다.

심지어 해적들조차 트리스탄이 이런 방향으로 움직이도록 일조를 하고 있다. 자아가 전일성을 향해 여정을 시작하려 할 때는 이상하고 역설적으로 보이는 일들이 마구 일어나게 된다. 운명이 이상야릇한 밀사를 고용해서 트리스탄을 이 방향으로 몰아붙인다. 물론 해적들에게 납치당하는 것은 끔찍한 비극이다. 그렇지만 점차 나이가 들어감에 따라, 우리는 삶에서 닥치는 커다란 비극들이 종종 무의식이 이끄는 비상한 조화로 판명난다는 사실을 이해하게 된다. 자아ego의 세계가 전혀 생소한 자기self를 경험하도록 몰고 간다. 그러므로 운명은 럼주와 피로 뒤범벅이 된 초췌한 해적들로 위장하면서까지 트리스탄을 바다로 끌어들인다. 이것은 진화의 단계로 볼 때 다음 장으로 의식 탐험을 시작하도록 만드는 것이다.

당연히 콘월과 아일랜드 사이에는 전투가 발발한다. 통합을 위한 내적 시도는 언제나 갈등이 불가피하기 때문이다. 그래서 신화에서 맨 처음 아일랜드라는 말이 등장하는 순간 조공이라는 표현이 동시에 나타나는 것이다. 소년 삼백 명과 소녀 삼백 명을 바치는 조공이란 실로 끔찍하고 잔인한 것이다. 그런데 조공이 의미하는 속뜻은 과연 무엇일까?

남성이든 여성이든 지배적인 가부장적 태도에만 매달려 내면의 여성과 평화를 유지하려는 노력을 하지 않는다면, 내면의 여성은 조공을 요구한다. 무의식으로부터 나오는 강력한 잠재력을 의식적으로 통합하길 거부할 때 무의식은 어떻게든 조공을 바치게 만드는데, 조공의 형태는 신경증이나 강박적 무드, 우울증, 강박관념, 상상의 각종 질병, 마비성 우울증 등으로 나타난다. 칼 융의 책에서 명백한 사례를 찾아볼 수 있는데, 융의 환자 중 대단히 지적인 과학자가 있었다. 이 과학자는 자기 삶에서 감정이나 정서적인 관계, 종교적인 측면은 아예 존재하지 않는 듯 살아왔다. 그런데 이 사람이 갑자기 위암에 걸렸다는 강박적 믿음을 갖게 되었는데, 실제 암에 걸리지는 않았지만 그는 죽음의 공포로 신음하게 된다. 강박장애로 거의 마비상태에 이른 이 사람은 직장생활까지 엉망이 되었다. 과학자의 질서정연하고 이성적인 태도로는 도저히 이 문제를 풀 수가 없었다. 고통을 겪던 과학자는 이미 오래 전에 포기했던 자신의 여성성적인 측면의 가치나 영성적인 가치를 통합하려고 노력할 때만 위안을 얻을 수 있다는 사실을 알게 되었다. 이런 것이 바로 몰홀트이다! 칼을 들이대며 위협하는 몰홀트의 가혹한 조공인 것이다.

우리는 여성성을 존중하기 시작할 때만, 달리 말해 아일랜드로 가는 법을 알고 있을 때만 평화로울 수 있다! 대체로 우리 대다수는 충동적이고 무의식적인 방식으로 삶에서 여성성의 면을 살아내려 애쓴다! 우리는 이유도 모르면서 폭식과 폭음을 하고 무드에 사로잡히기도 하고 두통을 앓는다. 만일 우리가 훨씬 의식적으로 여성성의 측면을 살아낸다면 아스피린의 판매량은 현격히 떨어질 것이다. 우리는 햇살을 맞으며 걷는 법을 배울 필요가 있고, 흙 색깔을 보고 냄새를 맡는 법을 배울 필요가 있다. 우리 몸을 사랑하는 법을 배울 필요가 있고, 음악에 눈뜨고, 꿈을 들여다보고, 사랑하는 사람들에게 감정을 표현하는 법을 배울 필요가 있다. 이렇게 하면 평화를 얻을 수 있다. 우리는 문 앞에 몰홀트가 도사리고 있는 모습을 더 이상 보지 않게 될 것이며, 목에 칼이 들어오는 상황을 겪지 않을 것이다.

그러나 콘월의 안전을 지키기 위한 행동이 가부장적인 자세에 기반을 둔 채 시도되어서는 안 된다. 우리 내면세계에서 지금까지 거의 손길이 닿은 적이 없는 부분, 거의 모르고 있었던 부분을 탐험해야 한다. 온갖 위험이 도사리고 있는, 그렇지만 이상하리만치 안전한 깊은 신의 바다를 향해 노 저어 가야 한다.

4. 검과 하프

트리스탄을 서양인들의 자아라고 볼 수 있다. 그러면 지금까지도 여전히 이 신화를 살아가고 있는 우리 자신을 바로 트리스탄이라 할 수 있다. 또한 서양인들 사이에서 자아는 영웅적이어야 한다는 믿음을 가지고 있으므로 우리 개개인에게 이것은 중요한 의미를 지닌다. 우리의 중심을 협소한 자아로부터 한층 고양시키고, 더 높은 이상을 향해 나아가도록 진화를 위한 채비를 하게 만드는 것이 다름 아닌 영웅정신이다.

영웅의 임무는 언제나 구체적이다. 내면의 여정을 수행하여 거기서 용과 거인을 대면하고 싸워 이겨, 그 안에 숨겨진 보물을 찾아오는 것이다. 우리 시대에 와서는 영웅들이 하는 외적인 역할은 별 호소력이 없어 보인다. 성을 공격하고, 용을 살해할 기회가 대다수 사람에게는 주어지지도 않는다. 그러나 어떠한 환경이 주어지는 것과 상관없이, 최고의 영웅적인 임무는 누구라도 수행할 수 있도록 공평하게 기회가 돌아간다. 자신의 내면으로의 여정은 누구라도 행할 수 있으며, 온전함을 얻기 위해서 져야 할 짐 역시 누구나 질 수 있기 때문이다.

영웅에게는 두 가지가 필요하다. 그 하나는 칼이요, 다른 하나는 하프이다. 이 신화 전체를 트리스탄 내면에 있는 칼의 힘과 하프의 힘 사이에서 일어나는 상호작용이라고 말할 수 있다. 트리스탄은 싸우기 위해서 검이 필요하다. 맨 처음에는 몰간 공작과 전투를 해야 하고 그 다음에는 잔혹한 몰홀트와 싸워야 한다. 칼은 남성성의 힘 중에서 날카롭고 공격적인 면을 상징한다. 영웅은 검을 들고 공격적으로 세상에 나아가 상황을 통제하고 힘 있는 위치를 점하며 어려움을 극복한다. 내적인 차원에서 검이란 분할하고, 분석하고, 구분하는 지성이다. 말 그대로 지식의 칼은 문제나 아이디어를 '관통'한다. 논리적이고 비판적인 요소를 식별하는 것이 칼의 상징이다.

그렇지만 몰홀트와 싸우다가 치명적인 상처를 입은 트리스탄에게 검은 무용지물이다. 이때는 검 대신에 하프를 잡는데, 물 위의 여정을 바로 하프의 힘으로 하게 된다. 하프는 음유적, 감정적 측면을 나타내고, 내면의 여성과 조응한다. 트리스탄이 가지고 있는 하프의 힘이 그에게 정서를 드러내고 사랑을 표현하고 관계를 맺도록 한다. 삼촌의 사랑을 일깨운 것도 바로 하프이다. 트리스탄이 연주하는 하프 소리를 듣자 마크 왕이 눈물을 흘린다. "우리 궁전에 기쁨을 가져다주려고 자네가 여기 와 주었구려. 오래도록 우리와 함께 지내세, 친구여!"라고 토로하게 만든다.

하프는 삶의 가치에 대한 감각을 계발하게 하는 힘을 나타낸다. 또 선한 것과 진실한 것이 무엇인지 확인하게 만들고 아름다움과 존엄에 대한 감각을 길러준다. 하프는 영웅으로 하여금 숭고한 이상을 섬기기 위해 칼을 내려놓도록 만든다. 이 신화에서는 무의식의 바다를 항해할 수 있도록 해 주는 것이 바로 하프이다.

완전한 영웅이 되기 위해서는 반드시 이 두 가지를 겸비해야 한다. 칼 없는 하프는 무력하다. 그렇지만 하프 없는 칼은 자아가 지배하는 잔혹한 힘으로 둔갑한다. 우리는 빈번히 인간관계에서 이 두 힘을 혼동한다. 우리는 남녀가 언쟁을 하거나 서로를 비난할 때, 논리를 내세워 상대방의 주장에서 문제점을 찾아내어 지적하거나, 사소한 것을 따져서 무엇인가를 '바로잡으려는' 경우를 종종 경험한다. 이런 식으로 행동하면서 관계에서 따스한 느낌이나 자연스런 사랑의 감정이 왜 사라져 버렸는지 의아해한다. 자세히 보면 이런 식의 관계 맺기에는 언제나 '칼'의 활동이 우세하고, 대화 역시 '칼의 언어'로 진행되고 있음을 관찰할 수 있다.

그러나 칼로는 관계를 만들어 가지 못한다. 칼은 무엇인가를 자리 잡게 만들지도, 서로를 묶어 주지도 못한다. 칼은 자르고 쪼개기만 한다. 만일 기존의 체제를 치유하려 하거나 새로이 관계를 형성하려 한다면, 반드시 하프의 언어를 사용해야 한다. 사랑, 감정이나 헌신을 서로 표현함으로써 타인과의 관계를 굳건히 할 수 있는데 이는 절대불변의 법칙이다. 하프는 치유하고 서로를 연결한다. 반면 칼은 상처를 내고 조각조각 분할한다.

몰홀트와 싸워 승리하는 장면에서 트리스탄은 칼을 바르게 사용하는 방식에 대한 가르침을 준다. 이 대목에 주의를 기울일 필요가 있다. 몰홀트는 가공되지 않는 잔혹한 원시적인 힘을 상징한다. 흔히 남성들의 자아는 무의식의 에너지를 잘라 버리고 무의식과의 단절을 시도한다. 그런데 이런 자아적인 시도에 반하여, 몰홀트에게서는 무의식에 있는 여성성의 힘이 걸러지지 않고 그대로 풀려나온다. 신화에서는 몰홀트가 등장하자 구혼 기간이 끝나고 죽음의 전쟁이 시작된다. 무의식적 여성은 남성의 삶에 자신의 자리를 요구할 뿐만 아니라 절대적인 자신의 통제도 강제한다. 트리스탄에게 조공을 바치라고 요구하고, 트리스탄을 자신의 주술 아래 두려 한다.

바로 이 지점에서 반대 극으로의 전환이 일어난다. 대단히 편향된 가부장적 태도가 똑같은 정도로 균형을 상실한 극단적인 여성성으로 돌변하는 것이다. 그렇다고 이런 반전을 여성성과 남성성의 결합이나 통합이라고 말할 수는 없다. 이는 가부장제의 반대쪽 극인 여성성의 통제 아래로 떨어지는 것이며, 무의식적 여성의 노예상태로 전락하는 것이다. 만일 남성이 이 싸움에 패배해서 조공을 바치거나 몰홀트와의 전투에서 자아가 파괴되어 버린다면, 이 남성은 자신의 남성성을 잃어버리고 여성성의 노예가 된다.

한 남자가 성장하는 과정의 어떤 시기에 이러한 경향을 관찰할 수 있다. 늘 거칠고 공격적이며 폭력적 성향을 띠는 남자가 갑자기 억눌러만 두었던 여성성의 공격을 받는다. 이럴 때는 병이나 우울, 혹은 삶 전반에 흥미를 잃는 등 다양한 양상이 나타날 수 있다. 갑자기 무드에 사로잡히고 지나치게 감정적이 되거나 어떤 결정도 내리지 못하고 우왕좌왕한다. 이런 경우에는 무드에 휩싸이고, 우울증으로 떨어진 남편을 대신해서 아내가 결정을 내려야 한다.

이 지점에서 우리는 신화가 제공하는 엄청난 역설을 직면하게 되는데, 남성의 자아는 여성성과 평화를 유지하기 전에, 그리고 여성성과 남성성이 혼인을 하기 전에, 먼저 몰홀트와 전투부터 해야 된다. 남성은 먼저 내면의 여성이 일으키는 원시적인 힘에 대항해 자신을 지켜내야 하는 것이다. 남성성의 자아를 충분히 계발하고 나서야 강력한 내면의 여성성에 접근할 수 있다.

동양의 종교나 철학에 사로잡혀 있는 서양 남성들은 대개 그릇된 이상화에 빠지는 경향이 있다. 마치 자아를 없애야만 한다는 식이다. 그렇지만 자아는 절대적으로 필요하다는 사실을 인식해야 한다. 의식 진화라는 위대한 드라마에서 자아는 중요한 역할을 하기 때문이다. 자아의 특별한 임무는 내면의 아일랜드로 향한 항해를 하는 것이다. 내면의 아일랜드는 정신이라는 광대한 우주에서 다양한 중심을 지닌 의식들을 통합하는 자리를 뜻하는데, 이 임무를 수행하기 위해서 남성의 자아는 트리스탄처럼 영웅이 될 필요가 있다. 그리고 영웅의 첫 번째 임무는 자신의 남성성부터 강화하는 것이다.

이것이 바로 남성이 칼을 바르게 사용하는 길이다. 남성은 의식적인 삶을 방어할 칼의 힘을 지녀야 한다. 그리고 또 무의식의 여정을 행할 하프의 힘도 지녀야 한다.

몰홀트와의 싸움에서 영웅적인 승리를 거둔 뒤에 트리스탄에게는 커다란 기쁨이 주어진다. 백성들은 좋아서 날뛰고 환호성을 지른다. 콘월의 대기에 승리의 종소리가 울려 퍼지는 장면이 기억날 것이다. 이것이 바로 몰홀트를 물리치고 자신의 남성성이 승리를 쟁취했을 때 남성 내면에서 일어나는 기쁨이다. 자신을 나약하고 의존적으로 만들던 힘으로부터 승리감과 해방감을 맛보게 된다. 그러나 겉으로 환호성을 지르고 기쁨에 넘쳐 보이지만 트리스탄도 패배했다. 독가시가 몸 안에 남아 있기 때문이다.

잔인한 운명의 장난이다! 부정의에 대항해 올바른 승리를 쟁취했다. 트리스탄은 힘과 용기로 조공으로 바쳐질 어린이들을 구원했다. 그렇지만 자신은 독가시에 찔려 온몸에 독이 퍼지는 잔인한 운명의 희생물이 된다. 하지만 이로 인해 트리스탄이 아일랜드로 향하게 된다. 독가시에 찔리지 않았던들 트리스탄이 아름다운 이졸데에게 갈 이유가 없다. 가시에 찔리지 않았다면 트리스탄은 콘월의 편향적인 가부장적 정신상태로 돌아가 자신의 남성적 우월감을 축하하며 여성성과는 접촉할 생각도 하지 않았을 것이다. 독이 묻은 가시는 결국 내면의 여성과의 싸움에서 완전한 승리란 있을 수 없다는 것을 의미한다. 매번 승리할 때마다 그 안에 독 묻은 가시가 존재할 것이다. 남성이 승리를 자축할지라도 독은 그의 정맥을 통해 퍼진다. 이 독은 남성으로 하여금 자만에 빠지지 못하도록 하고, 자발적으로 여성성을 향해 다가가도록 만든다.

트리스탄은 우리에게 적절한 시기에 올바른 방식으로 복종하는 법을 보여 준다. 그는 칼을 해안에 두고 돛도 노도 없이 빈 배에 올라 하프만 가슴에 안고 파도에 운명을 내맡긴다.

살아가면서 남성의 자아로는 답이 전혀 없는 상황에 맞닥뜨린다. 상황을 충분히 이해하지도 못하고 사면초가의 상황을 타개할 어떤 해결책도 없다. 트리스탄이 치료받길 소원하지만 콘월에는 어느 누구도 이 문제를 해결할 방책이 없다. 이럴 때 남성은 의지로 밀고 나가는 기존의 방식을 포기해야 된다. 트리스탄이 말한다. "어떤 땅이든 상관없어, 그저 나의 상처를 치유하기만 한다면……." 트리스탄은 자신을 무의식에 온전히 내맡기고 새로운 의식의 섬을 발견할 때까지 그저 표류한다.

　내면의 여성이 갖는 힘 중에서 가장 중요한 것 하나를 들라면 자신을 온전히 내어 맡기는 힘이다. 상황이나 사람을 조정하려던 시도를 중단하고 자아가 하려는 통제도 포기한다. 운명이 상황을 이끌어 가도록 맡기고 우주의 순리를 기다리는 능력이다. 돛과 노를 포기한다는 뜻은 자신이 스스로를 통제하는 것이 아니라 자신을 신의 손에 맡긴다는 것이다. 콘월의 해안에 칼을 남겨두는 것은 지식이나 논리로 이해하려는 것을 멈추고, 또 자신을 밀어붙이는 태도를 중단한다는 의미이다. 칼을 놓는 대신 하프를 취하는 의미는 인내하고 기다리면서 부드러운 내면의 음성에 귀 기울인다는 뜻인데, 진정한 지혜는 논리나 행위를 통해 오는 것이 아니라 감정이나 직관 같은 비이성적이고 서정적인 것으로부터 오기 때문이다.

　우리는 트리스탄이 자신을 바다에 내맡기는 것을 보았다. 파도 위로 하프 선율이 일렁인다. 이 방식으로 마침내 트리스탄이 아일랜드에 당도한다. 자아가 이해할 수 있는 것보다 훨씬 심오한, 인간이 계획할 수 있는 것보다 훨씬 큰 어떤 힘에 의해 인도된 것이다. 이곳에 트리스탄을 기다리는 이졸데가 있다.

Ⅱ부

사랑의 와인에 취한 트리스탄

"사랑만 마신 게 아니라 사랑과 죽음을 칵테일해서 마신 거야."
사랑의 묘약에 취한 두 남녀는 죽음조차 두렵지 않다. 황홀경에 도취되어 전혀 새로운 세계가 펼쳐지는데, 이 세계는 인간의 사랑과 천상의 사랑이 연금술사의 용기 안에서 혼합된 상태이다.

사랑의 와인에 취한 트리스탄

앞에서 트리스탄이 아일랜드에 도착한 지점에서 이야기를 멈추었다. 다시 트리스탄에게로 돌아가 보자.

어부가 파도에 밀려온 보트 안에서 트리스탄을 발견한다. 보트를 뭍으로 끌어올리고 그 즉시 트리스탄을 아름다운 이졸데의 궁전으로 데려간다. 몸에 퍼지는 독과 고열로 인해 행색은 초췌하지만 공주는 트리스탄이 고귀한 태생이며 인물 또한 수려하다는 걸 한눈에 알아본다. 트리스탄이 잠들어 있는 동안 아름다운 이졸데와 마법사 여왕이 비밀의 약초를 상처에 바르고 몸에 퍼진 독을 해독한다. 트리스탄은 점차 자기 몸이 회복되고 있다는 사실을 깨닫는다. 독이 퍼지면서 몸이 많이 상한 탓에 몰홀트의 기사들 중 트리스탄을 알아보는 자는 아

때문이다. 배는 화이트 헤븐에 도착했고 트리스탄은 상인으로 가장한다. 아름다운 이졸데를 만나러 갈 기회만 엿보고 있다. 그러던 어느 날, 잔인한 용 한 마리가 해안에 나타나서 아일랜드의 해안 도시들을 쑥대밭으로 만들고 있었다. 아일랜드 여왕이 전국에 선포하기를, 용을 물리치는 자가 있다면 자신의 딸 아름다운 이졸데와 혼인을 맺게 해 주겠다는 것이다. 이 소식을 들은 트리스탄은 촌각도 지체하지 않는다. 즉시 무장을 하고서 자신의 말에 올라타 용을 무찌르러 간다.

과연 용은 잔혹하고 힘도 가공할 만했다. 싸움이 격렬해지며 트리스탄의 창이 부러지고 불타는 용의 입김에 트리스탄의 명마가 숨을 거둔다. 이때 트리스탄은 재빨리 용의 목 아랫부분, 비늘이 덮여 있지 않은 보드라운 곳에 자신의 검을 깊숙이 찔러 넣는다. 마침내 용은 죽는다. 그러나 트리스탄도 용이 내뿜는 화염으로 치명적인 상처를 입고 몸 전체로 독이 퍼지기 시작해 또 다시 이졸데에게로 옮겨진다. 다시 한 번 이졸데는 치유의 약초로 목숨이 경각에 달린 트리스탄을 치료한다.

어느 날 이졸데와 시종들이 따뜻한 물에 약초를 띄우고 트리스탄을 목욕시킨다. 트리스탄은 욕조에 몸을 담그고 있고, 아름다운 이졸데는 트리스탄의 칼을 닦고 있다. 그의 검에서 용의 피를 씻어내고 광을 내는데, 이것은 여인이 자기 손님에게 해야 하는 의무를 행하는 것이다. 그녀는 검에서 깨어진 자국을 발견한다. 그 자국이 삼촌의 머리에서 뽑아 낸 금속 자국과 유사하다는 사실을 눈치 채고는, 그때까지 유물함에 보관하고 있던 삼촌 머리에서 빼낸 칼 조각을 꺼내 맞추어 보자 정확하게 트리스탄의 칼에 난 자국과 일치한다. 칼을 빼든 이졸데는 당장이라도 트리스탄에게 내리칠 기세이다. "당신이 바로 삼촌을 살해한 트리스탄이었어!"라고 울부짖는다. 순간 사랑의 기대와 복수의 맹세 사이에서 흔들리며 이졸데가 멈춘다. 이때 차분하고 부드러운 음성으로 트리스탄이 답한다.

"여왕의 딸이시여! 어느 날 제비 두 마리가 틴타겔로 날아왔는데 당신의 빛나는 황금빛 머리카락을 물고 있었다오. 즉시 그 머리카락이 내게 행운과 평화를 가져다 줄 것이라 믿게 되었고, 그래서 바다 건너 당신을 만나러 이곳까지 왔다오. 무서운 용에 맞서고 온몸에 퍼지는 독을 극복할 용기도 그 때문에 가능했다오. 내 코트를 봐요. 금색 실 사이로 당신의 머리카락을 수놓았소. 금실은 이미 바랬지만, 당신의 빛나는 머리카락은 여전히 반짝이고 있다오."

이졸데가 머리 위로 치켜든 검을 서서히 내려놓는다. 트리스탄의 코트를 살피자 거기 자신의 금빛 머리카락이 수놓아져 있다. 한동안 그녀는 아무 말도 하지 않는다. 그리곤 트리스탄의 입술에 키스를 한다.

며칠 뒤 트리스탄은 아일랜드의 여왕과 온 신하들 앞에서 자신이 누구인지 밝힌다. 마크 왕이 보낸 어마어마한 선물을 내어 놓으면서 몰홀트가 흘린 피의 대가로 용을 죽였다고 말한다. 그는 아름다운 이졸데가 마크 왕과 결혼하여 콘월의 왕비가 된다면 두 왕국 사이에 영원한 동맹이 이루어지고 전쟁은 종식될 것이라고 선언한다. 아일랜드의 여왕과 신하들은 그의 제안에 만족하며 기꺼이 선물을 받으면서 이졸데 공주를 칭송한다.

그러나 아름다운 이졸데는 남몰래 수치심과 모욕감으로 치를 떤다. 트리스탄은 이졸데를 얻었으나 그녀를 모욕했다. 새가 물어다 준 황금빛 머리카락에 관한 아름다운 이야기는 거짓이었을 뿐이다. 이 모든 것은 다른 사람에게 그녀를 바치기 위한 계략이다. 트리스탄은 마크 왕에 대한 사랑 때문에 속임수를 쓰고 아름다운 이졸데를 힘으로 정복한 것이다.

트리스탄은 아일랜드로 왔다. 그리고 그는 파괴자가 된다. 속임수를 써서 아름다운 이졸데를 그의 어머니에게서 또 모국에서 떼어 놓는다. 사랑을 위해 이졸데와의 관계를 시도한 게 아니라 이졸데를 전리품으로 적국으로 데려가는 것이다.

마법사 여왕은 아일랜드 산천에서 채취한 특별한 꽃과 잎사귀와 뿌리를 모아 포도주에 담근 후 주문을 외운다. 누구든 이것을 함께 마시면 온 감각과 온 생각이 상대와 사랑에 빠지게 될 것이다. 이 사랑의 묘약의 힘은 삼 년 간 지속되며, 삼 년이 지나면 서서히 약해진다. 여왕은 이 묘약을 은밀하게 이졸데의 하녀 브랑긴Brangien에게 준다. 그리고 결혼식 날 밤 연회가 끝나고 왕과 왕비 둘만 남으면 마법의 와인을 그들에게 주라고 지시한다.

모든 준비가 완료되고 아름다운 이졸데도 트리스탄의 배에 오른다. 항해가 시작되었지만 바다에는 바람 한 점 없다. 할 수 없이 이들은 작은 섬에 배를 정박한다. 그리고 트리스탄과 이졸데와 어린 시종은 섬에 상륙한다.

트리스탄은 갑판 위에 쳐 놓은 텐트 속에서 이졸데가 고향을 잃은 슬픔으로 애통해하며 홀로 울고 있는 소리를 듣는다. 그래서 트리스탄은 이졸데에게 다가가 위로를 하려고 부드러운 음성으로 말을 건넨다. 이졸데는 트리스탄에게서 얼굴을 돌린 채 묻는 말에만 한두 마디로 간단히 대답할 뿐이다.

태양이 타오르듯 이글거리고 있다. 둘은 무엇인가 마실 것을 좀 내오라고 명한다. 어린 하녀가 이리저리 뒤져 은밀한 곳에 있는 시원한 와인 한 병을 찾아내서 이들 앞에 가져온다. 한참 목이 마르던 차라 둘은 시원하게 들이킨다.

몇 시간이 지나 브랑긴이 트리스탄과 이졸데를 보게 된다. 갑판 위 텐트에서 서로 상대의 눈만 응시한 채 마법에 걸린 듯, 둘 다 넋이 나가 보인다. 그들 앞에 놓인 와인 병을 보는 순간 브랑긴은 온몸에 퍼지는 날카로운 통증을 느낀다. 이 와인은 바로 여왕이 만든 사랑의 묘약이었기 때문이다.

이틀째 되는 날, 트리스탄의 정맥에 사랑의 묘약이 흐른다. 트리스탄은 사랑의 아픔으로 신음한다. 마치 날카로운 가시에 찔린 듯 달콤한 꽃향기에 취한 듯, 이졸데의 이미지가 눈앞을 떠나지 않는다. 사흘째가 되자 트리스탄이 갑판에 있는 이졸데의 텐트로 찾아간다.

"어서 오세요. 주인님." 이졸데가 기다렸다는 듯 트리스탄을 맞는다.

트리스탄이 말한다. "왜 저를 주인님이라고 부르시나요? 당신이 진정한 나의 여왕인데요."

이어 이졸데가 답한다. "아니에요. 내 의지와 상관없이 당신이 나의 주인이고 정복자라는 걸 모르세요? 저는 당신의 노예랍니다. 당신이 우리 해안으로 오지 않았던들! 당신을 치료하지 말고 죽도록 내버려만 두었던들! 그때는 알지 못했어요. 당신에 대한 생각 때문에 밤낮으로 내가 고통을 받을지 그땐 몰랐어요."

트리스탄이 이졸데를 바라보는 눈은 마치 종교적인 신비한 비전vision* 앞에 노출되어 있는 듯하다. "이졸데! 대체 무엇을 모르세요? 무엇이 당신을 그토록 고통스럽게 하나요?"

"님을 향한 사랑."이라고 이졸데가 대답하자, 트리스탄이 이졸데의 입술에 키스를 한다. 둘은 마치 한 몸으로 붙어 버린 듯이 단단하게 포옹하고 있다. 이 둘을 바라보는 브랑긴의 눈망울에 눈물이 맺힌다.

---

* 무의식에서 주어지는 이미지로써, '환상'이라는 번역이 일반적이다. 그러나 꿈, 백일몽, 기도나 명상 중에 떠오르는 이미지 모두를 포함하는 포괄적인 개념으로 이해하기 위해 이 책에서는 '비전'이라고 그대로 사용한다.

"여기서 멈추고 시간을 되돌릴 수만 있다면……. 아! 결코 돌아갈 수 없는 이 길. 벌써 둘을 삼켜 버린 사랑과, 그 사랑의 힘으로 인해 이들은 이 순간부터 영원히 고통 없이는 기쁨을 알지 못하리……. 둘이 나눈 그 잔으로 사랑만 마신 게 아니라 사랑과 죽음을 칵테일해서 마신 거야."

브랑긴의 이 말에 트리스탄은 이졸데를 안아 올린다. 지상의 인간이 감당하기에는 너무나 거대한 열정으로 불타고 있는 트리스탄이 말한다. "그렇다면, 죽음이여 오라!"

트리스탄이 이 말을 내뱉자 신선한 바람이 인다. 돛이 올라가고 항해가 시작되고 바다 위로 거품이 인다. 밤새도록 콘월의 해안을 향해 배가 돌진한다. 이 둘은 자기를 포기한다. 사랑을 위해서.

5. 사랑의 묘약을 맛보다

트리스탄과 이졸데가 사랑의 묘약을 마시는 순간, 우리 삶에 로맨틱 러브가 영구히 정착하게 된다. 왜냐하면 트리스탄은 원형적인 서양 남성이고 그의 삶이 바로 로맨틱 러브에 대한 우리의 보편적인 경험이기 때문이다. 거의 천 년 전, 마법의 와인으로 인해 트리스탄에게 일어난 이 특별한 체험은 인류 전체에게도 역사적 의미를 지니는데, 기존 인류에 존재하지 않던 무엇인가가 의식으로 새롭게 태어난 순간이기 때문이다. 우리 문화에 팽배해 있는 로맨스에 대한 숭배가 바로 이 순간에 탄생한 것이다. 그리고 이때부터 서서히 진화가 이루어져서 수세기를 거치는 동안 현대인들이 사랑에 대한 개념을 형성하는 데 초석이 되어 왔다.

이제, 여기서 사랑의 묘약에 대한 접근을 새로운 방식으로 시도해 보려 한다. 누구나 예외 없이 그 맛을 알고 있고 취해 본 경험도 있을 것이다. 그러나 이제는 사랑의 묘약을 의식적으로 들여다볼 필요가 있다. 이 와인은 감당하기 어려울 정도로 강렬하기 때문에 신중하게 다가가는 게 최선이다. 그래서 여기서 잠시 멈추자. 우선 우리가 '로맨틱 러브'라는 표현을 어떤 개념으로 쓰고 있는지부터 이해를 시도할 필요가 있다.

우리 문화에서는 남녀 사이에 발생하는 매력을 언급할 때 차이점을 가리지 않고 일반적으로 '로맨틱 러브'라는 단어를 사용한다. 예를 들어, 한 쌍의 남녀가 성적으로 연관되어 있을 때 사람들은 흔히 이 커플을 '로맨틱한 관계'라고 말한다. 또 다른 커플의 경우 서로 사랑하여 결혼을 고려하는 단계에 있다면, 이 관계의 바탕이 '로맨스romance'가 아니더라도 '로맨스'라는 표현을 붙인다. 그러나 실제 이들의 관계는 단순히 '사랑'일 수 있으며 '로맨스'와는 상관이 없을 수도 있다. 또 아내가 '남편이 조금만 더 로맨틱하다면…….'이라고 말할 때 실제 아내가 바라는 것은 남편이 자기에게 좀 더 관심을 가져 주고 배려해 주고 애정 표현을 좀 더 적극적으로 해 주길 바라는 것이다. 현대인들은 로맨틱 러브만이 '진정한 사랑'이라는 관념에 사로잡혀 있다. 그래서 이 표현을 '로맨스'와는 상관없는 것에도 함부로 사용한다. 사랑한다면 이는 당연히 '로맨스'여야 하고, 로맨스가 있으면 관계는 곧 '사랑'이라고 추측한다.

우리는 흔히 '사랑'을 '로맨스'라고 하는데, 바로 이런 표현은 이면에 존재하는 심리학적 혼돈을 그대로 드러내 준다. 언어 습관상의 혼동이 시사한 바는, 우리는 사랑이 무엇인지, 로맨스가 무엇인지, 이 둘 사이의 차이를 의식하지 못한다는 사실이다. 우리 내면에 존재하는 거대한 두 심리학적 체계에 혼돈이 일어나고 있고, 이는 우리가 삶이나 관계를 맺는 데 있어서 크나큰 유리를 초래한다.

우리는 혼인한 부부들 중에서, 두 사람의 사랑이 '로맨틱'한 단계를 거친 적이 없는 부부를 볼 수 있다. 아마도 친구로 만나 오랜 기간 친하게 지낸 이들이라면 '로맨틱'한 결속은 없었을 수도 있다. 단순히 둘은 서로 사랑했고 혼인을 하기로 결심했다. 때로는 우리가 질풍노도 같은 로맨스로 관계를 시작하기도 하지만, 나중에는 그저 평범한 사람으로 상대를 받아들이는 경우도 보게 된다. 이들은 초기에 꿈꾸던 완전함에 대한 기대를 포기하고, 서서히 관계에서 로맨틱한 황홀경을 추구하기보다 서로를 향한 인간적인 관계로 발전한다.

로맨스가 사라진 뒤에도 사랑이 존재하는가? 그렇다면 어떤 사랑이 이런 가치 있는 단계에 머물게 하는가? 이런 것을 상상한다는 게 현대인에게는 쉽지 않다. 그렇지만 종종 로맨틱한 관계에서는 결핍된 무엇인가가 있을 수 있는데, 사랑, 관계, 안정감, 약속 같은 단어들이다. 우리는 다양한 로망스 romans를 경험한다. 사랑에 빠지고, 사랑이 깨지고, 수많은 드라마를 겪는다. 로맨스의 불이 당겨지면 황홀경으로 타오른다. 그러나 로맨스가 식어 가면 절망으로 고뇌한다. 자신의 경우뿐만 아니라 주변을 돌아보면 로맨스가 반드시 사랑이나 지속적인 관계나 약속으로 연결되는 것은 아니라는 사실을 어렵잖게 찾을 수 있다. 로맨스는 무엇인가 독특하고 무엇인가 현실적이지 않은, 그 나름의 고유한 실체이다.

여기가 바로 우리가 탐험을 시작하는 출발점이다. 로맨틱 러브는 사랑이 아니라 사랑에 관한 복잡다단한 태도인데, 순전히 비자발적인 감정과 관념과 반응 들로 채워져 있는 것이다. 우리는 트리스탄처럼 사랑의 묘약을 마시고 나서야 우리가 사로잡혔다는 사실을 알게 된다. 이때는 저절로 올라오는 강렬한 반응과 감정들로 인해 마치 종교적인 비전 앞에 노출된 것 같은 열렬함이 지속된다.

로맨틱 러브에 관한 서양인들의 이상은 12세기에 등장하는데, 이때가 트리스탄이 사랑의 묘약을 들이킨 시점이다. 처음에는 이런 문화적 현상을 코르테지아courtezia, 영어로는 '코틀리 러브'라고 불렀다. 코틀리 러브는 사랑 자체나 사랑하는 관계에 있어서 전혀 새로운 관점을 토대로 형성되었다. 이 시기에는 종교적 이상의 영향을 받아서 남녀 간의 사랑이 영성적인 관계로 이상화되었다. 트리스탄의 세계에서는 코틀리 러브가 가부장적 태도에 대한 해독제 역할을 했다. 이는 여성성을 이상화하는 것으로써, 실제 트리스탄 같은 거친 기사들에게 자신이 섬기고 숭배하는 아름다운 여성을 통해서 상징적으로 우주적인 여성을 숭배하도록 가르쳤다. 마법의 와인을 마시자마자 트리스탄이 보여 주는 것이 바로 이러한 숭배이다. 트리스탄이 응시하는 것은 이졸데가 아니라, 트리스탄에게 상징적인 어떤 신적이고 우주적이고 초월적인 것을 체현한 한 여인이다.

코틀리 러브의 규칙에 따라 개개의 기사들은 사랑에 관한 한 모든 면에서 상대 여성에게 복종한다. 사랑과 관계, 예의와 기호 등 모든 면에서 그렇다. 상대 여성 쪽에서는 자신이 남성의 불멸의 연인이자 한 남자의 여왕이 된다.

코틀리 러브에는 세 가지 특징이 있다. 먼저, 기사와 상대 여성은 절대 성적인 관계를 맺지 않는다. 이 관계는 영성적인 것으로 이상화되어, 정제된 감정과 영성을 키우기 위해 고안된 것으로써, 관련된 두 사람 다 육체적인 측면을 넘어 그 이상의 차원으로 고양되어야 한다. 두 번째는 서로 혼인을 하지 않는 것이다. 실제로 대부분 기사들의 연인들은 이미 혼인을 한 상태이다. 기사는 상대 여성을 숭배하고 여성에게 봉사한다. 관계의 초점은 영적인 영감과 이상으로 상대 여성을 간주하는 것이지, 상대 여성과 친밀한 관계를 맺으려는 것이 아니다. 친밀해지려면 상대를 평범한 한 인간으로 보아야 한다. 그러나 코틀리 러브에서는 상대 여성을 신격화한다. 상대 여성이 남성의 영혼 안에 거주하는 영원한 여성의 상징이기 때문이다. 세 번째, 코틀리 러브에 연루된 두 사람은 타오르는 열정을 상대가 꺼뜨리지 않고 유지할 수 있도록 해야 한다. 자연히 이들은 서로를 향한 강렬한 욕망 때문에 고통을 겪는다. 그렇지만 상대 여성을 원형 세계의 신적인 존재로 바라보기에 절대 결혼이나 섹스가 연관된 평범한 관계로 축소시키지는 않는다.

코틀리 러브는 서양인의 상상력을 사로잡아 수많은 시와 노래, 러브 스토리, 희곡 등이 쏟아져 나오는 동인이 되었다. 프랑스식으로 러브 스토리를 로망스라 하고 영어식으로는 로맨스가 된다. 이 로맨스가 바로 엄청난 로맨틱 문학의 바탕이 된 주제이다. 기사는 아름다운 연인을 보고 그녀의 아름다움과 선함에 압도당한다. 이 순간부터 기사에게는 여인이 자기 내면에 있는 영원한 여성의 이상이 되고 여인을 내면의 비전이 육화된 존재로 흠숭한다. 여인을 향한 숭고한 열정으로 불타오르지만 절대 여인의 몸에 손을 대지는 않는다. 기사들은 험난한 탐색의 여정에 오르는데, 여인에게서 받는 영감으로 힘든 여정 내내 고결한 느낌으로 살아나게 된다. 남성들에게 이런 여인은 일상에서 만날 수 있는 평범한 인간이 아니다. 이 여인은 블랑시플레르이고, 아름다운 이졸데이고, 프시케Psyche이고, 베아트리체Beatrice이고, 줄리엣Juliet이다. 신성을 지닌 원형적 여인인 것이다.

로맨틱이란 단어와 우리가 지니고 있는 로맨틱한 이상이

더해져 내려오는 과정에서 우리가 생각하는 로맨스가 되었다. 하지만 로맨틱 러브는 '이야기 책'에나 등장하는 사랑이다. 그럼에도 우리는 살아 있는 동안 각자의 방식으로, 지상의 인간들과의 관계를 통해 이런 이야기를 살고 싶어 한다. 성의 혁명에도 불구하고, 모든 남녀관계를 성적으로 규정하려 드는 현대인들의 경향에도 불구하고, 우리는 여전히 로망스의 근본적인 심리학적 패턴을 갈구하고 있다. 상대 여성에게서 그 여성보다 훨씬 크고 완전하고 신적인 어떤 상징을 바라고 있는 것이다. 육체적인 매력과 일상의 사랑을 넘어 모든 열정의 영감이 되는 숭배의 대상이기를 꿈꾼다. 로맨스에서는 영성적인 세계의 열렬함과 경이감 그리고 감내하기 어려운 찢기는 이별의 아픔을 추구한다. 마치 중세의 기사라도 된 양, 사랑을 통해 우리를 고양하고 세련되게 만들어 주고, 삶에 새롭고 특별한 의미를 부여해 주는 독특한 느낌을 기대한다. 블랑시플레르가 떠났을 때 상실했던 의미를 아름다운 이졸데의 등장으로 다시 염원하는 것이다.

우리는 혼외의 사랑에 대한 동경 같은 걸 꿈꾸어 볼 수도 있다. 혼외에서 일어나는 열정적인 관계를 부추기고, 거기서 영속적이고 초인적인 강도를 지닌 영성적인 관계를 추구해 볼 수도 있다. 그러나 이런 관계는 결혼 생활을 대단히 취약하게 만들 뿐 아니라 인간관계라는 측면에서도 대단히 위험한 접근 방식이다. 그럼에도 불구하고, 오늘날까지도 우리가 구애를 하거나 혼인을 할 때 그 기저에 깔려 있는 이상이 바로 로맨스다. 이런 이상이 우리로 하여금 절대 찾을 수 없는 완전함에 대해 목매게 만들어 끊임없는 불만족 상태로 남겨지도록 하는 씨를 뿌리게 된다. 이 불만족이 현대의 거의 모든 관계에 잿빛을 드리우며 신기루처럼 결코 가 닿을 수 없는 세계를 잡으려고 애타게 만든다. 이러한 태도는 우리를 '지금 이 자리'의 세계에서 취할 수 있는 기쁨과 아름다움에 대해 영구적으로 눈멀게 만든다.

이런 거대하고 끔찍한 문화적 신념체계가 우리에게 상속된 것이다. 어느 날 우리는 마치 무엇인가에 홀린 듯 통제가 전혀 불가능한 상태에 놓여 있다는 사실을 깨닫는다. 이럴 때 우리에게는 선택권이 주어지지 않는다. 마치 소설이나 영화 속으로 빨려 들어가거나 우리를 둘러싼 심리학적인 공기에 함몰된 것 같다. 이 공기가 우리 신체의 일부가 되고 몸 안에서 세포 하나하나로 녹아들어간 듯하다. 이 순간 우리는 확실히 사랑에 빠져 있다. 이럴 때 두 사람의 관계는 분명 로맨스에 근거하는 것으로 보인다. 남자들은 이런 관계에서 어떻게 느껴야 할지를 알고 있고, 자기 여자 친구나 아내가 요구하는 것이 무엇인지도 안다. 무의식의 어느 층위에 이 모든 것이 세부사항까지 모두 각인되어 있는 듯하다. 이런 것이 '로맨스'이다.

그렇지만, 우리가 아무리 로맨틱 러브에 대해 잘못 이해하고 있고 또 선조들의 이상을 잘못 적용하고 있을지라도 로맨틱 러브에는 어떤 진실과 실체가 담겨 있다. 숭고한 로맨틱 러브 스토리는 우리를 전율케 한다. 중세 기사들의 고상한 행위에서 수많은 진실을 찾아볼 수 있는데, 사랑하는 연인들의 아름다움과 선함, 희생과 존중, 탐색의 여정, 목숨을 건 신념 등이 그러한 것들이다. 로맨틱 러브의 영감 안에는 우리 영혼에 울림이 되는 심리학적 진실이 숨어 있으며, 우리 인간이 최상이면 어떠한 상태일지, 우리가 온전함을 획득하면 어떠할지에 대한 감각을 자극해 준다. 얼음같이 차가운 사람이 아니라면 누구든 이런 고대의 로맨스를 듣고 감동을 받지 않을 사람이 없을 것이다. 이 사랑에는 우리 각자의 내면에 있는 가장 고상하고 사랑스럽고 숭고하고 의존할 만한 그 무엇이 들어 있기 때문이다.

로맨틱 러브에서 무엇이 잘못되어 왔는지 살펴보기 전에 로맨틱 러브의 긍정적인 면을 좀 더 들여다보자.

로맨틱 러브는 우리 내면의 위대한 힘을 가장 순수한 형태로 표현하는 우리의 이상이다. 그런데 이러한 인간의 이상에는 언제나 심오한 진실이 내포되어 있으며, 이는 꿈꾸어 봄직한 이상일 뿐만 아니라, 우리가 경험할 수 있고 또 그렇게 존재할 수 있는 것들이다. 로맨틱 러브의 이상은 영혼을 향해 나 있는 창으로써, 우리 각자의 내면에 살아 있는 실질적인 실체에 관해 말해 준다. 우리는 이상에 간직된 진실을 잘못 받아들일 수 있고, 그릇되게 그 진실을 살아가려 애쓰거나 엉뚱한 곳에서 찾으려 할 수 있다. 그렇지만 우리를 충만하게 만들고 온전함으로 더 가까이 다가가도록 해 주는 진실이 그 안에 있다는 점을 기억해야 한다. 우리의 임무는 로맨틱 러브에서 진실을 찾는 것이다. 그리고 찾아낸 진실에서 우리가 삶으로 살아낼 수 있는 차원을 발견하는 것이다.

로맨스에서 객관성을 찾기는 쉽지 않다. 그뿐 아니라, 우리는 사랑의 실체를 파악하는 것 자체를 두려워한다. 실체를 알고 나면 삶이 냉랭해지거나 쓸쓸해질 것이라 믿기 때문이다. 그러나 현대인들에게 가장 필요한 것 하나를 들라면, 인간관계의 토대가 되는 인간들 사이의 사랑과 내면세계로의 여정인 로맨틱 러브의 차이를 배우는 것이다. 로맨틱 러브에 관한 우리의 믿음이 상처받는다고 해서 우리가 고통을 겪는 게 아니라, 사랑과 로맨스를 구분함으로써 사랑이 오히려 다른 차원으로 고양된다.

과거에 융은 중세 연금술을 인용하면서 '일단 분리된 것들만이 적절히 결합될 수 있다.'라고 말했다. 두 가지가 서로 범벅이 되어 뒤섞여 있는 상태에서는 이 둘을 풀어내어 분리해서 구분할 필요가 있다. 그래야 나중에 이 둘이 감당할 수 있는 차원으로 재통합될 수 있다. 심리학에서 말하는 바른 의미의 '분석'이란 이런 것이다. 분석한다는 것은 내면의 삶에서 혼동된 가치, 이상, 위엄, 감정 등 뒤얽혀 있는 실타래를 풀어내어서 구분해 내는 것이다. 그런 다음 이런 것들이 다시 새로운 방식으로 통합될 수 있다.

우리가 분석하는 것은 로맨틱 러브이다. 이는 로맨틱 러브를 파괴하는 데 목표가 있는 것이 아니라, 로맨틱 러브의 정체가 무엇이고, 도대체 우리 삶에서 어디에 속하는 것인지 이해를 시도하려는 의도이다. 분석은 언제나 삶에 도움이 되는 통합을 위한 것이어야 한다. 분리된 것은 다시 합해져야 한다.

마법사 여왕은 진기하고 놀라운 약초를 와인에 섞어 사랑의 묘약을 만든다. 묘약의 내용물은 비밀의 약초와 마법의 주문과 천상적인 힘이다. 심지어 브랑긴은 이 묘약을 두고 '사랑만이 아니라 사랑과 함께 죽음을' 이라고까지 언급한다. 우리는 누구나 예외 없이 이 묘약을 맛보았고, 사랑의 묘약에 취해 전혀 다른 세계를 탐험해 본 적이 있다. 이전에 우리는 사랑에 빠진 연인들이었으나 이제는 연금술사가 되어야 한다. 와인을 분석해서 약초와 주술을 증류해 낼 것이다. 그 다음에, 우리 각자의 내면에 혼합되어 있는 놀라운 힘은 어떤 것인지, 인간의 사랑과 동시에 신적인 사랑의 가능성을 드러내는 이 힘이 도대체 무엇인지를 이해하게 될 것이다.

6. 마법의 와인

당신은 언제나 내 존재의 이유였습니다.

당신을 흠모하는 것이 내게는 종교였습니다…….

한 사랑 이야기였습니다.

평등이란 존재하지 않는 듯,

그로 인해 알게 되었습니다.

모든 좋은 것과 나쁜 것을…….

내 삶에 빛을 비추어 주었습니다.

시간이 지난 다음에서야

그것을 구분하게 되는 것…….

아! 삶이란 얼마나 어두움 천지인지요!

전 당신 사랑 없이는 살 수 없을 겁니다.

– 칼로스 알마란Carlos Almaran, 〈사랑 이야기Historia de un amor〉 –

사랑의 묘약을 마시기 전까지 트리스탄은 마크 왕을 위해서 충실하게 임무를 수행한다고 믿었던 기사였을 뿐이다. 그는 먼 나라로 이졸데를 찾아가 공주의 마음을 사로잡아서는 왕에게 데려오려 한다. 그로 인해 이전보다 명성이 더 높아지고 존경도 더 많이 받게 되기를 기대한다. 그러나 마법의 와인을 마시는 순간부터 모든 것이 달라진다. 마치 영혼이 이 세상을 떠난 사람처럼 황홀경에 취해 이졸데의 눈만을 뚫어지게 응시하고 있다. 기존의 트리스탄 세계는 완전히 전복된다. 마치 물구나무를 서서 세상을 바라보듯 이전에 트리스탄에게 중요했던 가치들이 이제는 아무 의미도 없다. 이제껏 트리스탄은 왕에게 충성을 다해 왔지만, 지금은 열정의 열기로 인해서 임무를 수행하려는 감각들은 모조리 타서 소멸되어 버린 듯하다. 이제까지 트리스탄의 야망은 콘월에서 가장 유명한 기사가 되는 것이었지만, 지금은 이졸데 품에서 하루를 지낼 수만 있다면 무엇이든 할 수 있을 것처럼 보인다. 심지어 자기 자신을 팔 준비까지 되어 있다. 이때 브랑긴이 트리스탄에게 경고한다. "이 길엔 죽음이 따를 거예요!" 그러나 온몸과 온 마음으로 열정의 노예가 된 트리스탄은 답한다. "그렇다면, 죽음이여 오라!"

이졸데는 어떠한가? 사랑의 묘약을 마시기 전, 이졸데는 트리스탄을 혐오했다. 트리스탄은 삼촌의 살해자다. 더욱이 그는 이졸데의 자존심을 짓밟았다. 이졸데를 공략해서 마음을 얻고는 곧바로 배신했다. 그러나 마법의 와인이 정맥을 따라 온몸으로 퍼지고 있는 이졸데의 입에서는 이런 말이 흘러나온다. "당신은 나의 주인이고 정복자라는 걸 모르세요? 저는 당신의 노예랍니다."

이 장면이 완전히 낯설게만 여겨지지는 않는다. 이런 경험이 무엇인지 우리도 잘 알고 있기 때문이다. 그러나 이런 순간과 이 때의 느낌을 우리가 이해한다고 하더라도 이 그림에는 무엇인가 석연치 않은 점이 있다. 트리스탄과 이졸데는 분명 '사랑에 빠져 있다.' 그런데 이들은 서로 상대방과 사랑에 빠진 것인가? 이 점을 묻지 않을 수 없다. 이 둘은 지금 트랜스 trans* 상태다. 최면에 걸려 있고 신비적인 비전과 사랑에 빠져 있다. 무엇인가 자기 자신이 아닌 정체가 모호한 마법에 취해 서로를 보고 있다. 이 둘의 사랑은 상대를 알아가면서 서서히 찾아오는 평범한 인간들의 사랑과는 분명 다르다. 이들은 마법적이고 초자연적인 단계의 사랑에 빠져 있는 것이며, 이 사랑은 개인적이지도 자의적이지도 않다. 마치 사랑이 바깥에서 연인들을 찾아와 둘의 의지와는 상관없이 둘을 완전히 포로로 만들어 버리는 듯하다. 이들을 보노라면 흔히 말하는 '사랑과 사랑에 빠져 있다'라는 표현이 떠오른다.

신화는 로맨틱 러브와 여왕이 만든 사랑의 묘약에 동일한

---

* 의례 중인 무당의 의식 상태를 표현하는 용어. 평상시 의식 상태가 아닌 초월적으로 변환된 상태를 의미하며 황홀경과는 구분된다.

특질이 들어 있다는 점을 암시해 준다. 우선 사랑의 묘약을 살펴보면 이 묘약은 자연적임과 동시에 초자연적임을 알 수 있다. 부분적으로는 지상에서 나는 와인과 약초를 원료로 만들었으므로 자연적이다. 이것은 로맨틱 러브가 지니는 평범한 인간적인 면을 상징한다. 그러나 이 묘약에는 마법의 주술과 마술이 들어 있기도 하다. 그렇다면 이 부분이 상징하는 바는 무엇일까?

로맨스에는 설명할 수 없는 무엇인가가 존재한다는 사실을 우리는 알 수 있다. 격렬히 흔들리며 날뛰는 감정을 들여다볼 때, 이는 단순히 동반자적인 사랑이나 성적인 매력과는 다르다는 걸 알게 된다. 흔히 로맨틱하다고 불리지 않는, 안정된 관계나 편안한 결혼 생활에서 보이는 조용하고 헌신적인 사랑과도 분명 차이가 있다. 로맨틱 러브에는 일반적으로 말하는 사랑 이상의 무엇인가가 있고, 또 다른 어떤 면들이 더 담겨 있다.

사랑에 빠져 있을 때 우리는 마치 잃어버린 반쪽을 되찾은 듯 완전해지는 느낌을 받는다. 갑자기 일상의 세계 그 너머의 차원으로 들어올려진 듯 삶이 한층 고양된 느낌을 받는다. 모든 것이 강렬하고 초월적이고 장엄하다. 황홀경도 맛본다. 로맨틱 러브에서 우리는 사랑의 노예가 되고, 사랑하는 사람 안에서 삶의 궁극적 의미와 충만함을 찾기를 갈망한다. 결국 사랑을 통해 온전함을 체험하기를 소망하게 된다.

그러면 여기서 잠시 눈을 돌려 우리가 언제 어떤 곳에서 위에 나열된 면들을 추구하는지 자문해 보자. 이 질문에 대한 답은 충격적이고도 놀랍다! 우리가 말하는 이런 면들은 종교적 체험과 너무도 유사하기 때문이다. 자아의 세계보다 더 큰 무언가를 찾아 헤맬 때, 완전함에 대한 비전과 내면의 온전함과 통합에 대한 감각을 추구할 때, 부분적이고 제한된 우리 자신에서 벗어나 비범하고 무한한 무엇인가를 찾으려 할 때, 우리는 이 모든 것을 영성적인 세계의 영감을 통해 경험할 수 있다.

우리는 여기서 곤혹스러운 역설을 직면한다. 로맨틱 러브가 영성적인 영감과 연결되어 있다는 사실을 발견한다는 것은 실로 놀라운 일이다. 그러나 이미 수세기 전, 코틀리 러브 초기에는 로맨틱 러브를 영성적인 사랑으로 간주했다. 사랑의 여정을 통해 기사와 기사의 여인은 일상의 삶을 넘어 영적으로 고양되는 초월적인 경험, 즉 영과 영혼의 세계를 체험했다. 로맨틱 러브는 시작부터 영성적인 영감을 얻는 여정 중의 하나에서 비롯되었고, 오늘날의 우리는 무의식적으로나마 같은 길을 추구하고 있는 것이다.

'사랑의 묘약' 상징에서 우리는 갑자기 현대 서양인들의 삶이 지닌 가장 역설적이고 심오한 신비를 맞닥뜨리게 된다. 우리가 그토록 목말라하는 로맨틱 러브에 대한 환상 이면에는 인간적 사랑의 그 이상, 그리고 인간관계에서 추구하는 그 너머의 무엇인가가 더 있다. 바로 우리가 그토록 갈구하던 영적 체험, 즉 온전함의 비전이 사랑의 묘약 안에 마법과 요술과 초인적인 의미로 내포되어 있는 것이다.

우리가 의식하고 있는 자아의 세계 너머에 또 다른 세계가 존재한다. 이 세계는 정신의 영역이고 무의식의 차원이다. 바로 이곳에 영과 영혼이 거주한다. 이 영역은 서양인들의 의식적인 마음에 미지의 세계로 남겨져 있다. 그런데 우리의 영과 영혼은 심리학적인 실체이다. 우리가 인식하지 못한다 할지라도 우리의 영과 영혼은 우리 정신에 존재한다.

그리고 신의 의미가 무엇이든지 간에 각자의 무의식 안에는 신이 거주한다. 무의식의 영역에 거주하는 것 전부가 자아의 관점으로 보면 자연적인 인간의 영역 밖에 있는 것으로 인식된다. 따라서 이들이 마술적이고 초자연적으로 보이는 것이다. 이와 함께 자아를 넘어서 다른 세계를 경험하는 것이 소위 말하는 종교적 체험과 다르지 않다. 종교적인 목마름과 영성적인 영감은 바로 우리 삶의 전체성 즉 온전한 자기에 대한 갈망을 뜻하는데, 이는 자아세계를 넘어선 광활한 무의식과 상징세계를 통해 찾아볼 수 있다.

우리 신화에 등장하는 상징들의 의미가 바로 이것이다. 그리고 로맨틱 러브의 신비를 여는 비밀의 열쇠 또한 이것이다.

이제 트리스탄의 배로 돌아가 보자. 뜨거운 태양이 이글거리는 갑판 위에서 와인의 열기로 타들어 가고 있는 트리스탄을 만날 수 있다. 대체 그의 눈에서 타오르는 이 불길의 정체는 무엇인가? 트리스탄 곁에는 이졸데가 서 있다. 그러나 트리스탄의 눈은 어딘가 먼 곳을 응시하고 있다. 두 사람 눈의 초점은 무한에 맞추어져 있다. 트리스탄이 바라보는 것은 이졸데가 아니라 비전이기 때문이다! 트리스탄의 온몸을 떨게 만드는 이 에너지의 정체가 과연 무엇인가? 이런 눈은 십자가의 성 요한의 동굴에 들어간다면 만나게 될 것이다. 신비적 명상으로 깊은 곳에 몰입된 눈. 바다 건너 인도에 있는 사원으로 공간 이동을 해 본다면 시바신의 제단 앞에서 황홀경에 취해 전율하고 있는 은수자들에게서도 이 눈을 볼 수 있을 것이다. 모두 다 같은 본능이고 같은 강도의 열기를 뿜어 내는데, 이들이 보여 주는 한결같은 공통점은 바로 초월의 세계이다.

불가해하게도 로맨틱 러브는 언제나 영성적인 영감과 연결되어 있다. 너무도 명백해서 언급할 필요조차 없어 보이지만 정작 눈을 다른 데 팔고 있는 우리는 이 명백한 사실을 놓치고 있다. 너무 가까이 있어서 볼 수 없는 진실이 이런 것인가 보다. 낭만주의 시기에 탄생한 러브 스토리, 연시, 연가를 한번 자세히 살펴볼 필요가 있다. 이런 작품에서 공통적으로 관찰되는 것이 사랑에 빠진 남성은 상대 여성을 어떤 보편적이고 내면적인, 그러면서 영원하고 초월적인 상징으로 바라본다는 사실이다. 사랑에 빠진 남성은 상대 여성을 자신이 누군지 깨달을 것 같은 느낌을 부여해 주는 존재로 바라본다. 이럴 때 남성들은 삶의 모든 의미를 새롭게 받아들인다. 삶은 고상하고 세련되고 고양되어 영성적으로 완전해진 느낌이 든다. 완전히 새롭고 자신은 전인적인 사람으로 변모된 느낌이다.

위대한 낭만주의 시인들은 이 사실을 숨기지 않고 공포했다. 트리스탄이 살던 당시 음유시인과 기사들은 이를 공개적으로 드러냈다. 이는 스스로를 대단히 현학적이라고 생각하는 현대인들과는 다른 태도이다. 이들은 로맨틱 러브를 통해서 자기들이 추구하는 것이 무엇인지 앎으로써 우리 현대인들에 비해 온전히 의식적이었다. 이들은 자신이 만나는 여성을 그저 평범한 한 여인으로 본 것이 아니라, 불멸의 여인, 자신의 영혼, 신의 사랑, 영성적 우아함과 전일성의 상징으로 간주했다. 여기서 우리는 몇 가지 질문을 해 볼 수 있다. 이런 시각이 과연 상대 여성에게는 바람직한 것인지, 또 남성의 이런 시각이 여성을 특별한 존재로 만들어 주는지, 상대 여성을 본래의 자신으로서가 아니라 어떤 다른 상징으로 바라볼 때 이 사실이 상대 여성을 격하시키는 것은 아닌지, 여성을 아이콘으로 만들어 놓고 남성은 낭만적이게도 영원에 관한 자신의 꿈을 탐닉하고만 있지는 않은지 등 이 모든 것이 논쟁거리이다. 하지만 이 시점에서는 단순히 드러난 현상만을 바라볼 필요가 있다.

문두에 인용한 멕시코 연가에는 두세 줄의 단순한 언어로 로맨틱 러브에 빠진 상태를 집약해서 잘 묘사하고 있다. 음유시인은 진솔한 고백 톤으로 우리가 평상시에 잘 인정하지 않는 것들을 말한다.'당신은 언제나 내 존재의 이유였습니다. 당신을 흠모하는 것이 내게는 종교였습니다.' 한 인간을 이 정도로까지 흠모 대상으로 여기고 있을 때, 사랑하는 사람이 한 사람의 삶에 빛을 던져 주기도 하고 또 빛을 꺼뜨려 버릴 수도 있다. 사실은 이럴 때 우리는 신의 이미지나 상징을 사랑하는 사람에게 적용하고 있는 것이다.

이것이 바로 로맨틱 러브가 무엇인지에 대해 가장 단순하고 직접적으로 설명해 주는 대목이다. 로맨틱 러브에 숨겨진 실체는 영성적인 영감의 문제이다. 서양의 남성이 로맨틱 러브에서 무의식적이고 비자발적으로 추구하는 진실은 바로 자기 자신의 영혼에 있는 내면의 진실이었다. 의식적으로 깨닫지는 못했을지라도 서양인들은 온전함에 관한 탐색에 현혹되어 있었다. 자신들의 의지에 반하여 보편적이고 영원한 비전에 끌렸던 것이다. 실제 서양 남성은 로맨틱 러브라는 렌즈를 통해 자기 탐색과 비전을 상대 여성의 이미지에서 찾으려 자기 자신을 투사했던 것이다.

현대인들은 왜 우리 선조들이 공개적으로 선언하고 이상화까지 했던 사실을 인정하려조차 들지 않는 것일까? 이는 의식적으로 우리 삶에 영성적인 영감을 위한 자리를 마련하려 들지 않기 때문이다. 영성세계란 이미 구시대 유물이고 지금은 그게 무엇인지도 잘 모른다. 존재한다는 사실조차 인정하려 들지 않는다. 온전한 자기를 발견하는 것이 현대인의 관심 대상이 아니다. 그저 힘이나 생산, 통제나 지배에만 흥미를 보이고, 영과 영혼을 믿지 않는 대신 물리적이고 성적인 것을 믿는다. 그렇지만 의식적으로는 이렇다 할지라도, 우리 영혼의 갈망은 저절로 자기 길을 찾아 나선다. 가시적으로 드러나는 곳은 아니더라도, 투사나 이상, 황홀경과 절망, 열정과 고뇌, 로맨틱 러브 등이 바로 영혼이 길을 찾는 곳이다.

우리 문화에서는 현대인들의 종교 본능이 길을 찾을 수가 없어서, 또 다른 양식으로도 표출될 길이 없어서, 이런 것이 허용되는 장소로 옮겨온 것이다. 이 옮겨온 자리가 바로 로맨틱 러브이다. 자연히 사랑에 빠졌을 때를 제외하고는 삶이 온전하게 느껴지지 않는 이유가 바로 이 때문이다. 따라서 우리 문화에서 심리학적인 에너지가 가장 많이 집적된 단일한 곳이 바로 로맨틱 러브인 것이다.

신화는 역설로 가득하다. 실체는 그 자체에 역설이 내재되어 있기 때문이다. 그리스어로 역설paradox이란 말은 문자 그대로 '의견에 반하다'라는 뜻이다. 자연히 역설은 실체에 대해서 우리가 받아들이고 있던 개념들과 마찰을 일으킨다. 우리는 '모든 것을 다 알고 있다'고 믿고 싶어 한다. 이미 모든 걸 다 파악했다고 생각하기를 좋아하기에, 진정한 역설은 늘 이렇게 생각하는 우리를 곤혹스럽게 만든다. 역설은 우리가 지닌 편견과 갈등을 일으키고, 우리가 가정하는 것들에 도전하게 만든다. 또 집단이 '진실'이라고 받아들이던 것들을 허물어뜨린다. 우리 현대인이 신화를 다루는 태도에서도 이런 경향을 엿볼 수 있는데, 우리는 신화를 '어린이들의 이야기' 정도로 치부하면서 동화로 축소하기를 좋아한다. 신화는 원시적이고 덜 진화한 마음의 소유자들이 지어낸 공상일 뿐이라는 설명을 즐겨 한다. 그러나 우리가 만일 신화를 진지하게 다루고 신화를 실체에 관한 진술로 받아들인다면, 혼란스럽긴 하지만 우리가 안주하고 있던 진부한 태도나 진실이라고 믿어왔던 고착된 개념에 대해 질문하게 된다는 사실을 알게 된다.

지혜를 얻기 위해 신화를 탐구한다는 말은 우리 정신의 근원적 토대로 되돌아간다는 뜻이다. 꿈과 신화에 등장하는 모든 상징들은 우리에게 역설을 받아들이도록 충격타를 가한다. 신화의 목적과 심리학적 역할은 기존에 의식하고 있던 '사실'에 충격을 가하여, 무의식에서 등장하는 새로운 것들을 가르치는 것이다. 만일 우리가 이미 알고 있는 개념을 확인하기 위해 꿈이나 신화를 해석하려 든다면 이런 태도는 분명 문제가 있다. 상징은 이미 알고 있는 것을 또다시 확인하려고 무의식으로부터 등장하는 것이 아니라, 언제나 아직 우리가 배우지 못한 무엇인가를 말해 주려고 찾아오기 때문이다.

로맨틱 러브는 사랑의 묘약과 함께 등장한다. 만일 로맨틱 러브를 우리보다 의식 진화가 덜 이루어졌던 12세기의 마음에서 태어난 공상적인 미신 정도로 치부해 버릴 수 있다면 얼마나 간단할 것인가! 그렇지만 사랑의 묘약은 대단한 역설을 드러낸다! 우리에게 로맨틱 러브가 우리 각자의 종교 본능과 관련되어 있다는 사실보다 더 도전적인 개념은 없을 것이다! 로맨틱 러브에 등장하는 마술과 비지상적인 강렬함과 천상적인 기대감이 우리를 '저 너머의 세상'으로 인도하는 무의식적 탐색이라는 사실은 분명 도전적이다.

사실 우리는 로맨틱 러브에 관해 아는 것이 별로 없다. 그럼에도 불구하고 우리는 이미 알고 있다고 믿고 있을 뿐이다. 로맨틱 러브를 완전히 이해한다고 생각하지만 실상 로맨틱 러브에는 이해할 수 없는 무엇인가가 존재한다. 우리가 로맨틱 러브를 감당해 낸다고 믿지만 사실은 로맨틱 러브가 우리를 통제한다. 무의식적으로 우리 문화가 로맨스에 관한 일련의 진실을 전부 드러내고 있다고 믿는다. 이러한 무의식적 억측이 과연 옳은지 우리는 스스로 질문해 본 적도 없다. 게다가 만일 누군가 이런 질문을 해 본다면 마음이 편치 않아진다. 지금 우리는 이렇게 역설과 맞닥뜨렸다. 이제는 비켜갈 수 없다. 로맨틱 러브가 우리에게 이미 무감각해진 '저 너머의 세계'와 잃어버린 황홀경을 체험할 수 있도록 해 주며, 이 체험은 심리학적으로 말하는 온전함을 느낄 수 있게 해 주고, 삶의 의미와 충만함도 깨닫도록 해 준다.

그렇다면 로맨틱 러브란 무엇인가라는 질문에 대한 실마

리를 통제가 불가능한 로맨틱 러브의 특질에서부터 찾아볼 수 있다. 누군가와 압도적이고 황홀한 사랑에 빠지는 것은 깊은 무의식의 정신에서 일어나는 사건이다. 의도적으로 시도하는 것도 아니고, 그렇다고 감당할 수 있는 강도도 아니고, 더욱이 이해가 되는 것도 아니다. 그런데 살다가 가끔씩 이런 일이 일어난다.

서양 남성의 자아로 로맨틱 러브를 다루기에 너무나 힘겨운 이유가 바로 로맨틱 러브의 이런 '통제 불능' 때문이다. 그러면서도 이 통제 불능은 우리가 무의식적으로나마 은밀하게 바라는 바이기도 하다. 우리는 누구나 메마르고 한정된 조그마한 자아의 세계에서 벗어나 삶의 황홀경을 체험하고픈 염원을 품고 있다. 그런데 견고하게 짜인 자아의 세계가 파열하고, 자아를 초월하는 것이 바로 '종교적 체험'이다. 이러한 종교적 체험은 곧 우리가 갈구하는 로맨틱 러브의 통제 불능 상태에서 맛보는 것이다.

서양인들은 자아와 자아를 중심으로 모든 것을 통제해야 한다고 배운다. 그러나 로맨틱 러브는 이해나 통제의 범위를 넘어서는 그 무엇이 있다는 사실을 알게 하고, 삶을 통제하려는 우리의 환상을 깨부수는 힘 가운데 하나이다. 반면 기존의 종교나 교회는 서양인들이 가지고 있는 '모든 걸 통제할 수 있다'라는 환상을 파괴하려는 노력을 중단한 지 이미 오래다. 자연히 대다수 현대의 서구인들은 종교를 진부하게 여기거나 깡그리 무시하게 되었다. 종교, 영적 체험, 내면 탐구 등 그 어디에서도 영혼을 찾으려 들지 않는다. 대신, 초월이나 신비, 계시 등을 사랑에 빠진 상대 여성에게서 찾으려 든다.

대다수의 현대인은 종교가 큰 의미가 되지 않기에 비뚤어진 시각으로 종교를 바라본다. 그러나 심층 심리학자 칼 융은 우리 현대인을 다시 종교의 근원으로 인도하여, 실체로써 영혼과 정신을 체험할 수 있는 접근의 장을 열었다. 융은 우리 각자의 심리적 구조에 독자적으로 종교적 기능이 포함된다는 사실을 발견했다. 그렇다고 이 표현이 특정 도그마나 특정 신앙을 따라야 한다고 말하는 것은 아니다. 인간은 생득적으로 삶의 의미를 발견하려는 심리학적 충동을 지니고 태어난다는 뜻이다. 우리 모두 자신을 온전한 사람으로 보고 삶의 궁극적 의미를 찾을 수 있고, 온전한 자신을 경험할 수 있는 직관을 소유하고 있다는 것이다. 융은 대다수 서양인들이 의식적으로는 물질적이고 이성적인 것을 믿고 추구하지만, 그들의 꿈과 판타지에는 일찍이 영성생활에 매진하던 사람들이 추구하던 특질을 지닌 상징들이 범람한다는 사실을 관찰했다. 상징은 자아보다 더 큰 세상에 대한 비전과 전일성의 감각을 불러일으킨다.

우리는 새로운 방식으로 정신의 지형을 볼 수 있고 종교적인 측면을 이해할 수 있다. 이 방식은 같은 종교적 기능을 수

행하지만 전혀 다른 언어로 접근한다. 소위 의식적인 마음이라고 하는 자아는 광대한 정신의 대양에 떠 있는 섬과 같다. 섬 같은 의식적 자아의 한계를 넘어 저 너머의 세계를 갈구함으로써 존재의 대양을 보게 되는데, 이 대양이 바로 우리가 잃어버렸던 부분이다. 우리의 전체에서 커다란 부분은 물질이 아니라 정신이고, 정신의 대부분은 무의식에 위치한다. 무의식이나 미지의 부분은 일반적으로 인식하고 있는 것과는 달리 의식적인 부분을 훨씬 능가한다. 따라서 조그마한 의식적인 자아의 섬에서 삶의 의미나 온전함이나 충만함을 찾을 수는 없다. 우리는 아직 어디를 보아야 하고, 무엇을 찾아야 할지는 모르지만, 그래도 저 너머에 무엇인가가 있다는 느낌은 지니고 있다.

우리가 추구하는 이러한 것이 상징으로 등장한다. 정신의 심오한 차원에서 샘솟는 상징은 고대에 이마고 데이imago dei 라고 불렀던 하느님의 모상이다. 정신에서 흘러나오는 하느님의 모상은 온전함과 통합을 향한 우리의 깊은 근원적인 욕구를 드러내 준다. 저절로 드러나는 이런 이미지는 우리가 내면 깊은 곳에서 갈구하는 것들의 흔적이기도 하다. 이것은 자아보다 더 큰 무엇인가가 우리 각자의 내면에 존재한다는 직관의 원천이자 또 궁극적으로 우리 삶에 의미를 부여해 준다. 이는 우리 내면에서 단일한 비전이 가능하리라는 감각을 일깨운다.

융은 종교적인 삶을 추구하는 것과 무의식의 깊은 곳을 탐
구하는 것은 같은 필요를 충족시키는 것이라고 말한다. 고대
에는 이런 것이 잘 알려져 있었다.

"인간의 지식은 온전함의 시작이지만 신의 지식은 완전한 온
전함이다."라고 파다고구스Padagogus에서 알렉산드리아
Alexandria의 클레멘트Clement*가 말한다. "그러므로 모든 가
르침 중에서 가장 위대한 것은 자신을 아는 것인 듯하다. 인
간이 자신을 알 때 신을 알게 되기 때문이다." 모노이모스
Monoimos는 테오파라스투스Theopharastus에게 쓴 편지에서 '너
자신으로부터 신을 찾아라. 그리고 네 안에 모든 것을 소유하
는 분 ; 나의 신, 나의 영, 나의 이해, 나의 영혼, 나의 몸을 말
하며, 그 분이 누구인지 배워라. 슬픔과 기쁨이 어디서 오는
지, 그리고 사랑과 증오도……. 화내서는 안 되는 곳에서 화
를 내고, 사랑에 빠져서는 안 되는 상황에 빠지고, 이런 것을
자세히 들여다본다면 네 안에서 한 분이자 동시에 여러분인
신을 발견하게 될 것이다.' 라고 썼다. (융, 《Aion》 p. 222)

이전 시기에 서양인들은 종교나 신비적인 명상을 통해 신
을 체험했다. 역사적으로 계시된 교회의 말씀이나 또 성인들

---

* AD 155-215. 판타에누스Pantaenus의 제자로 후에 알렉산드라에서 저명한 교사
로 알려졌다. 로고스 즉 육체가 되신 그리스도의 역사를 강조하였다.

이나 신앙공동체에 이 힘이 간직되어 있었다. 그러나 최근에 우리 대다수는 과거 하느님의 모상을 간직하고 있었던 그 그릇을 잃어버렸다. '왜'라는 질문을 우리 스스로에게 던질 때, 그 답의 일부를 지금 다루고 있는 이 신화에서 찾아볼 수 있다. 우리 사회를 주도하는 가부장적 가치관은 내재적으로 전체가 아니라 부분이다. 인간 본성 중 남성적인 측면만을 강조하기 때문이다. 이를 위해 여성성을 대가로 지불했고 자연히 온전함을 잃어버리는 대가를 치렀다. 이 편협함은 무의식과 감정, 여성성과 우리의 영혼에 등돌린 삶을 살아온 증거이기도 하다. 이렇게 남성성만으로 쌓아올린 고립된 마음 안으로 들어갈 수 있는 것은 별로 없다. 그러나 이러한 우리에게 유일하게 취약한 곳, 즉 우리 영혼의 무장을 뚫고 들어올 수 있는 유일한 곳이 바로 로맨틱 러브이다.

사랑의 묘약을 들이키는 순간, 갑자기 로맨틱 러브를 통해 자연적인 세계에 초자연적인 세계가 침입한다는 뜻이다. 하늘에서 불이 내려오는 것이다! 영과 영혼의 세계, 정신에서 압도하는 종교적인 잠재력의 힘이 갑자기 일상적인 인간관계 속으로 침투한다. 우리가 항상 갈구하던 궁극적 의미에 관한 비전과 통합이 다른 인간의 형태로 우리 앞에 나타나는 것이다.

우리의 온전함을 향한 본능을 완전한 사랑에 투사한 것이 로맨틱 러브이다. 우리는 로맨틱 러브를 통해 교회와 하늘에서 하느님의 모상을 취해서 이를 인간들 사이에 재배치하고,

신의 이미지를 인간관계에 포함시키게 된다. 이는 인간 본능의 놀라운 전복이고 동시에 인간의 주요한 에너지를 다시 연결한 사건인데, 이 모두가 마법적인 사랑의 묘약으로 인해 이루어진다. 무엇인지도 모르는 압도적인 힘에 사로잡힌 사랑의 감정을 통해서 우리는 종교적인 삶을 재발견한다. 누군가와 사랑에 빠져 있는 동안, 세상은 이전에는 그 어떤 사람도 줄 수 없었던 빛과 의미로 가득 채워진다. 그렇지만 이 사랑이 깨어질 때는 아무리 폭발적인 영감을 체험했을지라도 갑자기 깜깜해지고 텅 빈 세상을 체험할 수밖에 없다.

한 쌍의 남녀가 서로의 관계에서 이런 불가능을 요구하는 이유가 바로 여기에 있다. 한계상황에 제한되어 있는 인간의 삶이지만, 무의식적으로는 삶을 온전하게 해 주고 행복을 느끼고 의미를 찾게 되는 강렬함과 황홀경을 찾을 책임이 있다고 믿는다.

누군가 내게 '지혜의 시작은 명백한 것을 단단하게 거머쥐는 것'이라고 말해 준 적이 있다. 만일 우리가 사랑의 묘약을 단번에 들이키길 멈추고, 한 모금씩 오래도록 서서히 마시며 상징으로 관찰한다면 아마도 명백하게 보일 그 무엇인가를 깨닫게 될 것이다. 트리스탄과 이졸데와 함께 이 신비적인 여정을 계속하는 동안, 이미 마법의 와인을 마셔 버린 사랑에 빠진 모든 사람들의 이야기로 이들의 신화를 경험하게 될 것이다. 우리 인류가 어떻게 영성적인 영감, 즉 신을 향한 충동을 인간관계와 뒤섞였는지 뚜렷이 보게 될 것이다. 이것이 바로 로맨틱 러브의 신비 이면에 숨겨진 비밀의 지식이다. 매우 섬세하게 그러나 너무나 위험하게 마법의 와인에 섞어 놓은 이 강력한 두 에너지를 어떻게 살아야 하고 또 어떻게 존중할 것인가?

7. 아름다운 이졸데

우리는 계속되는 여정에서 다양한 측면의 내면의 여성들을 만나게 될 것이다. 각각의 여성의 역할이 남성 심리나 로맨틱 러브의 동력 둘 다에 대단히 주요한 역할을 한다는 사실도 곧 알게 될 것이다. 이미 우리는 블랑시플레르를 만났다(《He : 신화로 읽는 남성성》 참조). 그녀는 가부장적인 세계에서 여성성이 겪게 되는 운명을 상징한다. 이제 현대 사회에 편재해 있는 가장 강력하고 아름다운 여성인 이졸데를 만날 차례이다. 아름다운 이졸데가 지닌 특성으로 인해 그녀가 가장 이해하기 어려운 여인일 수도 있다.

아름다운 이졸데가 신비한 섬나라의 공주이고 마법사 여왕의 딸이라는 건 이미 알고 있다. 마술과 영적 신비는 이졸데에게 친숙한 세계이다. 이런 이졸데는 한 면으로는 신비한 마법사이고 다른 면으로는 평범한 여인이다. 부분적으로는 인간이지만 또 다른 부분의 그녀는 여신이다. 이졸데는 내면세계에 존재하는 영원한 여성성의 상징이며, 남성의 정신에 거주하는 여신으로서, 남성에게 삶의 의미에 대한 감각을 자극하는 아름다움과 완전함의 이미지를 체현하는 존재이다.

융은 우리 정신에서 이런 측면에 구체적인 이름을 붙였는데 그 이름이 아니마anima이다. 아니마는 '영혼'을 뜻하는 라틴어다. 융은 아니마가 정신에서 우리가 지금까지 '영혼'이라고 불러 왔던 부분을 체현한다는 사실을 알았기에 아니마란 용어를 사용했다. 아름다운 이졸데는 남성들의 꿈이나 신화에 끊임없이 등장하는데, 종종 초인적인 아름다움과 신성을 지닌 여인으로 나타난다. 사랑의 묘약을 마시는 그 순간부터 트리스탄은 이졸데를 자신의 일부로 바라보게 된다. 남성은 아니마를 통해 삶의 의미를 찾고 완전함과 온전성과 황홀경을 체험할 수 있음을 보여 주는 것이다.

남성 내면의 여성성의 원리는 무엇보다도 관계의 원리이다. 아니마는 남성을 어떤 특별한 종류의 관계로 이끄는데, 내면의 자신, 내적세계 즉 무의식의 세계와 관계를 맺게 해 준다. 한 마디로 말해 아니마란, 남성이 자신의 내적 영역과 관계를 맺는 능력을 체현한다. 흥미롭게도 이졸데가 트리스탄을 왕에 대한 충성이나 기사로서의 의무와 책임을 저버리게 만들듯이, 아니마는 남성으로 하여금 세상과의 관계에서 멀어지게 한다. 진화의 어떤 단계에서는, 인간관계나 개인적인 세계와 영혼과의 관계 사이에 치명적인 갈등이 일어나기도 한다. 이 갈등은 트리스탄이 보여주듯, 의식세계에는 모진 시련을 안겨 준다.

여성의 내면에도 남성의 아니마와 대등한 심리학적 구조가 있는데, 융은 이를 아니무스animus라 이름 붙였다. 남성에게 아니마가 영혼이듯 여성에게는 아니무스가 영혼이다. 아니무스는 남성적인 힘으로 체현되는데 여성들의 꿈에 남자로 등장한다. 여성이 아니무스와 맺는 관계는 남성이 아니마와 맺는 관계와는 차이가 있다. 그렇지만 남성과 여성에게 공통점도 있는데, 그것은 로맨틱 러브를 할 때는 항상 남녀 모두 영혼의 이미지를 서로에게 투사한다는 점이다. 여성은 사랑에 빠질 때, 앞에 있는 남성에게 바로 자신의 아니무스가 투사되고 있다는 사실을 인식해야 한다. 그리고 남성이 사랑의 묘약을 마실 때 상대 여성에게 겹쳐진 것이 자신의 영혼인 아니마라는 사실도 알아야 한다.

투사는 남성들이 자신의 정신의 영역에 딸, 자매, 연인, 천상의 여신, 땅적인 바우보Baubo의* 이마고imago가 있다는 것

---

* 그리스 신화에 등장하는 인물. 대지의 여신 데미테르가 딸을 잃고 산천을 헤매며 통곡을 하고 다닐 때, 치마를 걷어붙여 질을 노출해 춤을 춤으로써 여신에게 웃음을 되돌아오게 만든 여신.

을 이해하게 될 때만 극복할 수 있다. 모든 어머니와 사랑하는 여인들은 시대를 초월해 편재해 있는 이 이미지를 체현하기를 강요받을 뿐만 아니라, 이런 이미지의 보유자이기를 강요당한다. 그리고 이들에게 투사되고 있는 이 이미지는 남성의 내면에 존재하는 심오한 실체와 일치한다. 남성 내면의 이 위험한 이미지의 여인은 남성들의 충성을 요구하는데, 때때로 삶의 관심거리로 인해 이 여성과 거리가 생길 때 그녀는 위험이나 분투나 희생 같은 보상을 요구한다. 하지만 이 모든 것은 실망으로 끝난다. 그녀는 삶의 모든 쓸쓸한 면에 대한 위안이며, 동시에 커다란 유혹자이자 몽상가인데 이 여성은 남성을 그녀의 마야로 끌어들인다. 여성의 이러한 측면에는 삶의 합리적이고 유용한 측면뿐만 아니라 선과 악, 성공과 실패, 희망과 절망이 서로 균형을 잡아가는 놀라운 역설과 애매함이 존재한다. 왜냐하면 이 여성은 남성에게 최상이며, 가장 위험한 것을 요구하는데 남성이 그렇게 한다면 그녀는 수용할 것이다. 이 이미지가 바로 '내 연인, 영혼My Lady Soul' 이다. (융, 《Aion》 par. 24)

서양에서 아주 이상하게 발전한 것 중 하나를 들자면, 우리 각자가 영혼을 간직한 존재라는 사실을 더 이상 느낄 수 없다는 것이다. 누군가 영혼이 무엇이냐고 물으면 막막하다. 영혼이란 단어를 들으면서 어떠한 감정도 이미지도 떠오르지 않는다. 삶에 있어서 혹은 감정적으로 '이것이 바로 내 영혼이야. 여기에 영혼이 담겨 있어.'라고 말할 수 있는 것이 없다. 철학자나 신학사와 시인이 영혼이라는 단어를 사용한다. 그런데 암암리에 이들이 과연 영혼을 이해하고 있나 하는 의심이 든다. '영혼'이란 그저 말뿐이거나 감상적으로만 느껴질 뿐이다.

융 심리학에서는 영혼이 확고한 실체이다. 즉각적으로 묘사할 수 있고 이해할 수 있고 체험할 수 있는 것으로 영혼을 회복시킨다. 고대 종교에서 발견한 내면의 삶과 원형적 심리학archetypal psychology에서 발견한 내면의 삶은 모두 영혼의 실체를 증언한다. 두 영역이 모두 겹쳐지는 지점이 여기이다. 그리고 둘 다 공통적으로 영혼을 통해서만 자아를 초월하여, 피상적으로만 세상을 경험하는 시각을 극복할 수 있는 내면세계, 즉 무의식의 세계를 발견할 수 있다는 사실을 밝혔다.

이 책을 통해 트리스탄과 이졸데의 여정을 함께하는 동안, 우리를 인도해 줄 영혼에 관해 융은 세 가지를 이야기하고 있다. 우선, 영혼은 말로 증명할 수는 없지만 허구는 아니다. 영혼은 심리학적 실체이고 정신의 기관이다. 영혼은 무의식의 영역에 거주하면서 우리 삶에 지대한 영향을 미친다. 영혼은 자아를 넘어 무의식의 영역에 있으면서 무의식과 자아 사이를 중재하는 역할을 한다. 융 박사는 영혼은 '수신자이자 전달자'라고 말했다. 무의식의 이미지들을 받아들이는 기관이 영혼이고, 받아들인 이미지를 의식인 자아로 전달해 주는 기관 또한 영혼이다.

둘째, 영혼이 자기의 모습을 드러내거나 무의식을 표현할 때는 상징의 형태로 등장하는데, 꿈, 비전, 판타지 등 어떤 식으로든 무의식으로부터 상상의 형태로 흘러나온다. 이와 관련해 칼 융이 우리를 위해 발견한 대단히 중요한 사실 하나를 지적하자면, 우리 현대인들은 영혼에 대한 감각을 상실했다는 점이다. 우리가 상징을 존중하는 법을 잊어버렸기 때문에 이런 상태가 되었고, 현대인은 상징이 단지 망상illusion과 동일한 것에 지나지 않는다고 배웠다. 그리하여 우리가 이토록 목말라하는 잃어버린 자신은 찾지도 못하면서, 상징이 말을 걸어오면 '이것은 단지 너의 상상일 뿐이야.' 라고 치부해 버린다. 그러나 우리의 영혼은 이미 잃어버린, '하늘에 도달하는 길'에 관해 우리가 망각해 버린 영혼의 언어로 쉼 없이 말 걸기를 시도한다. 이 영혼의 말 걸기가 바로 꿈이나 상상을 통해 시도되고, 표현 양식은 상징과 이미지로 구성되어 있다.

셋째, 남성들에게 영혼의 상징은 여성의 이미지로 등장한다. 만일 남성이 이 사실을 깨달아 꿈이나 신화에 등장하는 여성의 이미지를 자기 내면에 존재하는 영혼의 상징으로 간주한다면, 비로소 남성 내면에 존재하는 영혼의 소리에 따라 살 수 있고, 또 상징으로써 이미지와 관계를 맺는 법을 배울 수 있다. 융은 '이 위험해 보이는 여성은 바로 네 안에 있다.' 라고 말했다. 남성이 이 여성의 이미지가 바로 자신이고 자신의 내면에 속한다는 사실을 깨달을 때, 이 남성은 로맨틱 러브를 통해 의식을 확장하는 첫 걸음을 내딛게 된다. 이때 남성은 '사랑하는 여인은 모두 시간을 초월해서 우주에 편재해 있는 남성의 내면세계에 존재하는 여성의 이미지를 체현하고, 또 그 에너지를 간직하고 있다.'는 사실을 인식하기 시작한다.

개개의 남성은 외부세계에서 만나는 사람이나 상황과 관계 맺는 법을 배워야 한다. 또 자기 자신과 관계 맺는 법을 배우는 것도 그만큼 필요하다. 나는 후자가 훨씬 더 시급하다고 생각한다. 남성이 가슴 속에 은밀히 간직하는 동기나 욕망, 그리고 살려내야 하는 잠재력으로 남겨져 있는 것들을 직면하는 법을 배우기 전에는 결코 내적으로 온전해지거나 진정한 충만감을 맛볼 수 없다. 내면의 힘은 끊임없이 각자가 살지 않는 가능성이나 가치에 대해 이해하기를 요구하고 이를 살아가라고 촉구하는데, 이것이 바로 삶에서 가장 경이로운 힘이다.

이러한 힘이 남성에게는 아니마이다. 아니마는 영혼이다. 이 내면의 여성만이 살 만한 가치를 부여해 줄 수 있기에 내면의 여성을 여신으로 바라보는 것이 결코 놀랄 일만은 아니지 않겠는가! 삶의 궁극적인 의미는 반드시 내면에서 찾아야 한다. 무의미하게 바깥세상에서 의미를 찾아 헤매는 대신, 내면의 영혼을 향한 고독한 여정을 떠나야만 진정한 의미가 찾아진다. 그리고 외부세계와의 관계도 이런 내면에서 우러나오는 온전함의 힘을 토대로 맺어야 한다.

　여기서 우리는 트리스탄이 사랑의 묘약을 마시자 그에게 무슨 일이 일어났는지, 그리고 갑자기 트리스탄이 이졸데를 통해 보게 된 것이 무엇인지에 관해 부분적으로 이해할 수 있다. 마법의 와인이 그의 몸에 불을 지피자 트리스탄은 전혀 다른 눈으로 세상을 바라보게 된다. 눈앞에 있는 이졸데를 보기보다는 자기 내면에 간직되어 있다가 갑자기 마술같이 인간의 몸으로 옮겨와 있는, 자기 내면에서 빛을 발하고 있던 여신의 비전을 이졸데에게서 보게 된다. 트리스탄은 자기의 '영혼'을 바라본다. 트리스탄의 영혼에 몸이 주어진 것이 바로 이졸데이고, 이졸데는 그의 영혼의 이미지이자 영혼의 상징이다.

　사랑하는 사람에게서 보게 되는 이런 투사된 진실 속에 로맨틱 러브의 아름답고 좋은 면들이 들어 있다. 이것이 바로 영혼, 즉 이미지가 지니는 마술적인 세계이다. 남성이든 여성이든 누가 감히 이런 비전을 거부할 수 있겠는가? 그렇지만 다른 면들도 있다. 우리가 반드시 직면해야 할 부분이다. 트리스탄을 살펴보자. 그는 사랑의 묘약을 마셨다. 그 뒤 그에게 무슨 일이 일어났는가? 실질적인 세계에서 나타나는 효과는 실로 끔찍하다! 먼저 트리스탄은 마크 왕에 대한 의무를 저버린다. 자기한테 주어진 임무를 깡그리 잊어버린다. 도덕이나 충성뿐만 아니라 심지어 필수적인 것조차 포기한다. 트리스탄과 이졸데가 시작한 반역의 길은 둘 다를 파괴의 길로 인도할 것이다. 트리스탄은 이 사실을 잘 알고 있지만, 이런 것쯤은 아무런 문제도 되지 않는다. 그가 외친다. "그렇다면, 죽음이여 오라!"

외부세계나 인간관계에 영혼이 침입해서 초래하는 이슈는 현대인들에게는 복잡한 문젯거리처럼 여겨진다. 그렇지만 정작 남자들은 자기 아내나 여자친구가 여신이 되기를 기대한다. 상대 여성이 바로 자신의 영혼이므로 영속적으로 완전함이나 황홀경의 비전을 상대가 제공해 주길 요구한다. 남성은 자기 아니마가 거주하고 있는 자신의 내면세계를 들여다보는 대신, 바깥 세계나 외부의 환경에서 자기 영혼을 위한 자리를 찾는다. 남성은 만나고 있는 상대 여성에게 자신의 영혼을 요구하는 것이다. 이럴 때 남성은 대체로 내면세계의 이상을 상대 여성에게 투사하느라 바빠서 실제 자기와 함께하는 여성의 진정한 아름다움이나 가치는 보지 못한다.

그러다가 어느 날 남성이 투사하던 것이 갑자기 증발해 버리면 더 이상 로맨틱한 감각으로 사랑에 빠져 있을 수가 없다. 남성은 이럴 때 견뎌내기 어려운 갈등을 겪게 되는데, 대개는 투사가 일어나는 대로 내버려 둔다. 이런 경우 대부분 다른 여성에게로 투사가 옮겨 간다. 마치 나비가 이 꽃에서 저 꽃으로 옮겨 다니는 형국이다. 트리스탄의 내면에서는 충성이나 기존에 자기가 간직하던 가치들이 극심한 갈등을 초래한다. 어느 날 갑자기 인간 세계에 대한 의리와 영혼의 투사가 서로 반대

방향으로 자신을 끌어당긴다. 쉽게 금이 갈 수 있는 섬세한 인간관계에 전쟁이 발발하는 것이다.

그러나 이 모든 가치의 충돌 뒤에는 어떤 좋은 것 즉 커다란 진화의 힘이 존재한다.

의식발달에서 다음 단계에 도달하면, 의식을 확장하도록 촉구하는 힘과 기존의 의식세계에 머무르려고 하는 힘은 서로 최악의 적으로 둔갑한다. 왜냐하면 현재의 세계에서 벗어나면 지금 세계에서 매달리고 의존하던 모든 것이 최악의 적으로 둔갑하기 때문이다. 현재 상태에서 최대의 은총이 다음 단계에서는 최악의 저주로 둔갑한다. (융, 〈Kundalini Yoga〉 Spring 1976, p. 10-11)

운명의 소환을 받을 때마다 그리고 다음 챠크라chakra(의식의 단계들)로 이동할 때마다, 세상이 완전히 전복되는 느낌이다. 마치 머리로 땅을 받치고 서 있듯 익숙했던 가치와 충성을 바치던 모든 것들이 거꾸로 되어서, 도달하고자 하는 새로운 세계와 끔찍한 갈등을 일으킨다는 사실을 발견한다.

로맨틱 러브로 인해 이런 상황이 일어난다. 가부장적인 서양인들은 영혼을 상실했다. 그렇지만 남성의 내면에 있는 영혼이 이 남성을 기존의 세상에서 끌어내어 모든 것이 거꾸로 뒤집히는 새로운 세계로 인도한다. 트리스탄이 이런 상황에

처해 있다. 앉으나 서나 그의 눈앞을 떠나지 않는 것은 아름다
운 이졸데의 이미지뿐이다.

8. 사랑의 묘약과 그 역사

때로는 내면세계의 여정에 관한 답을 외부세계에서 찾을
수 있는 것 같다. 외부로 드러난 현상이나 역사가 신화적인 상
징과 꿈이 가르치는 바를 확인하는 계기가 되기도 한다. 사랑
의 묘약에서, 소위 말하는 로맨틱 러브에 관한 문화적—심리
학적 현상의 특질에 관한 놀라운 면을 배웠다. 로맨틱 러브의
기원은 원래 코틀리 러브에서 비롯되었는데, 코틀리 러브는
영성적인 수련으로 간주되었다. 이 점이 사랑의 묘약의 상징
적인 의미를 확인하는 데 도움이 된다. 이제 한 발자국 앞으로
나아가 더 깊은 차원을 탐험해 보면, 코틀리 러브에 대한 동경
에는 종교가 기반하고 있다는 사실을 배우게 될 것이다.

그리스도교 시대의 도래 이후 수세기 동안 유럽은 종교들

의 명실상부한 중심지였다. 왕이나 황제가 강요하던 신앙은 그리스도교였기 때문에 백성들은 때로는 비밀리에, 때로는 공개적으로 기존에 자기들이 믿고 있던 신이나 여신들을 숭배했다. 오늘날 우리에게는 이 현상이 기이하게 보일지 모르지만, 그 당시 사람들은 표면적으로는 그리스도교를 따르면서 자신들의 '이교도적' 믿음을 거기에 혼합했다. 오월제May Day나 할로윈Halloween 같이 해마다 경축하는 휴일들이 본래는 이들 종교의 기념일이었다. 이들은 그리스도교가 억압했던 이전 신앙의 잔재이다. 시대적 이상이나 믿음도 마찬가지인데, 기존에 토착화한 종교적 태도나 신앙이 표면적으로는 많은 부분이 이단으로 간주되어 탄압을 받았지만, 무의식적으로는 여전히 각자의 내면세계나 문화에 잔존한다. 이런 것들이 여전히 남아 있는 이유가 있다. 이들은 정통성이나 공식적인 견해로는 채워지지 않는 인간 내면의 심리학적인 필요나 실체와 맞닿아 있기 때문이다.

로맨틱 러브를 하나의 심리학적인 에너지로 간주하는 것을 타당하게 만드는 이유도 바로 여기에 있다. 로맨틱 러브는 문화적으로 근절시켜서 우리 삶에서 오래도록 사라지게 한 것을 다시 우리에게로 되돌리는 매개가 된다. 인간의 본성은 무한하기 때문에, 문화적으로 허용되지 않는 것에 대해 무의식이 그 길을 찾음으로써 우리가 필요한 것에 매달릴 수 있게 만들었다.

초기 그리스도교에서 일어난 가장 강력한 흐름 중 하나를 들자면 마니키안Manichaean 운동이다. 이는 페르시아의 마네스Manes의 이름을 따른 것인데, 이 흐름이 유럽에서 '카탈리즘Catharism'으로 확산되었다. 신도들이 스스로를 순수하다는 의미의 '카탈Cathars'이라고 부른 데에서 기인한다. 12세기까지 남부 프랑스의 모든 도시나 프로방스 전역이 표면상 그리스도교라고 주창하면서도 속으로는 카탈리즘을 믿었고 유럽 궁정의 귀족들은 대다수가 카탈이었다. 프랑스에서는 이 흐름을 '알비젠시안Albigensian 이단'*이라고 명명했는데 이 운동의 중심지가 프랑스의 알비Albi라는 도시였던 데에서 비롯된 것이다.

이들 사이에 바탕이 되는 믿음 중 하나는 '진정한 사랑'이었다. 이는 부부간에 존재하는 평범한 인간적인 사랑이 아니라 하느님과 인간 사이를 중재하는 구원의 여성을 숭배하는 사랑이었다. 이 구원의 여신은 하늘에서 기다리고 있다가, 도착한 사람을 신성한 키스로 환영하고 빛의 세계로 인도한다. 카탈의 믿음에 따르면 여성을 향한 남성의 사랑은, 하늘의 여왕을 위한 영적 사랑에 대한 지상적 비유라는 것이다.

상당수 그리스도교인들은 카탈리즘을 종교적인 위계와 부

---

* 12세기 가난한 교회에서 부유하고, 힘 있는 교회로 변화하는 과정에서 발생한 반발 현상 중 하나. 평신도의 전례의식을 강화하고, 민족어로 성서를 해석, 낭독하며, 성차별과 계급차별을 철폐함으로써 프랑스 남부를 중심으로 광범위하게 민중의 호응을 얻었다. 그러나 지나친 금욕이나 극단적인 교리 해석도 난무했다.

패한 정치에 반한 개혁운동으로 바라보았다. 중세의 가부장적 교회는 예전에 존재했던 여성적인 영혼과의 접촉에서 멀어져 있었고, 물질적이고 도그마화 되었다. 교회는 일련의 계시된 율법과 가르침을 제공했지만 이는 천편일률적으로 대단히 남성적이고 이성 중심이었다. 교회가 의례와 도그마의 집단적 경험은 제공했지만, 일반인들은 살아 있는 하느님을 개인적으로 체험할 수 있는 여지를 찾을 수 없었다. 기존 주류의 교회와는 대조적으로, 카탈은 모범이 되는 도덕을 실천하고 예전에 존재했던 개인적이고 음유적인 하느님 체험을 제공했다. 이들은 종교에서 여성성을 되찾았다. 결국 아름다운 이졸데에게로 돌아온 것이다.

카탈은 절대 선과 절대 악의 세계를 믿었다. 영은 선이고 물질적인 세계는 악이었다. 실제 우리 영혼은 천사들이고 하느님의 신성한 일부인데, 땅적인 물질에 갇혀 있는 상태이다. 우리 각자 안의 영웅적인 천사들이 우리로 하여금 순수한 천상적인 영성을 지니도록 매진하게 하지만, 성의 여신인 비너스가 우리를 어두운 몸과 물질의 세계로 끌어내린다. 구원을 얻기 위해서 카탈은 비너스 여신이 우리 앞에 펼치는 유혹을 극복하고 천상적 순수함을 유지하도록 노력해야 한다. 섹스를 포기하고 금식을 하고 우리를 악과 고통의 세상에 머물도록 유혹하는 모든 감각적인 기호에서 벗어나야 한다. 그러므로 카탈은 섹스와 혼인을 거부했다.

숭배의 초점은 구원의 여신에게 있었다. 여신은 순수한 빛 그 자체로, 온통 흰 옷을 차려입고 우리를 신의 현존으로 안내하기 위해 하늘에서 기다리고 있다. 카탈에게 구원이란 육체적인 죽음을 통해서만 얻을 수 있는데, 죽으면 그들의 영혼은 몸을 떠나서 높은 곳에 있는 여신을 만나러 승천한다. 그런데 카탈에 속하는 남성이 육체에서 해방되는 연습을 하자면 여성을 아내나 인간적인 동반자나 성적인 파트너로서가 아니라 구원자와 같은 이미지로 보아야 한다. 여성을 열렬히 흠모하는 하되 항상 상징으로, 그리고 늘 다른 세계에 존재하는 순수함과 빛을 상기시키는 존재로 바라보아야 한다.

교황이 카탈리즘을 이단으로 선언함으로써 클레보의 성 버나드Saint Bernard of Clairvaux가 이를 혹독한 성전holy war으로 간주하고 지하로 옮겨 갔다. 그러나 어둠 속에 살아 있는 모든 강렬한 아이디어들이 그러하듯, 이 에너지는 다른 형태 즉 세속적인 형태로 되돌아왔다. 카탈의 가르침과 아이디어는 갑자기 코틀리 러브로, 로맨스로, 음유시인의 시와 노래로 되살아났다. 일부 문화적 역사가들은 코틀리 러브는 심사숙고하여 등장한 세속적 카탈리즘의 연장이었다고 믿는다. 맨 처음 코틀리 러브를 실천했던 기사와 숙녀들은 카탈이었고, 세속적인 사랑의 숭배로 위장한 종교 활동가들이었다. 외부인들에게는 그저 새롭고 우아하게 사랑을 하는 것처럼 보였다. 어여쁜 여인에게 구애를 하고 세련되게 작업을 거는 것으로 보였을 뿐이다. 그러나 내면의 '코드'를 아는 사람들에게는 카탈리스트의 이상을 우화적으로 실천하는 것이었다.

코틀리 러브에 관한 이상은 중세 유럽의 봉건적인 궁정을 휩쓸고 지나갔는데, 이는 여성성의 가치에 대한 우리의 자세에 혁명을 일으켰다. 관계 지향적이고 품위 있는 감정, 헌신, 영성적인 경험, 아름다움의 추구 등이 그 중심에 있었다. 이런 혁명이 마침내 낭만주의로 성장해 가는데, 여성을 대하는 태도에서도 혁명이 일어났다. 그렇지만 감정에 관한한 이런 태도가 이상하게 분리되었다. 서양의 남성들은 모든 여성을 순수하고 신성하고 온전한 것의 체현으로 보기 시작했다. 여성이 남성 내면의 아니마의 상징이 된 것이다. '나의 연인, 영혼.' 그러나 이런 자세의 이면에 남성들은 여전히 가부장적 태도에 사로잡혀 있었다. 여성을 감정적이고 비이성적이며 부드러움과 연약함의 소유자로 보았다. 그렇지만 이런 것이 여성 본래의 특질이라기보다는 오히려 남성 자신의 여성성을 더 잘 드러낸 것이다.

남성들은 아직까지 여성을 어떤 상징으로 바라보기를 멈춘 적이 없다. 여성을 단순히 여인이나 인간 자체로 보지 못하는데 이는 남성들이 자기 내면의 여성을 향해 느끼는 애매모호함에 사로잡혀 있기 때문이다. 때로는 가부장적인 기계적 삶에 시동을 걸어 삶을 불필요할 정도로 복잡하게 만들고 모멸한다. 이는 남성 내면에서 일어난 분리가 치유되지 않아 일어나는 현상이다. 분리된 내면을 상대 여성에게 투사하여 자기의 내면의 여성을 담보로 외부세계의 전투에만 임하고 있다.

시간이 흐르면서 코틀리 러브에서 한두 가지가 바뀌었다. 코틀리 러브를 영성적인 이상으로 간주하던 초창기에는 연인들 사이에 섹스나 혼인은 허용되지 않았다. 이상화된 여인을 향한 열렬한 흠모를 개인적인 관계나 육체적 접촉, 혼인 따위로 타락시킬 수 없다고 느꼈다. 여기서 우리와 이들 사이에 큰 차이점이 드러나는데 우리는 언제나 로맨스나 섹스와 혼인을 뒤섞는다. 그렇지만 수세기가 지나는 동안 주요한 개념은 변하지 않은 듯하다. 우리도 무의식적으로는 '진정한 사랑'이란 온 하늘과 온 땅이 드러날 정도로 압도적인 강렬함을 지니고 있어야 하고, 사랑하는 사람들 사이의 관계는 거의 종교적인 흠모와 같아야 한다고 믿고 있다. 그러나 초창기의 코틀리 러브를 하던 선조들과는 달리, 섹스나 혼인과 이런 흠모를 뒤섞은 우리는 이상화된 여인이 밥상을 차리고 공과금을 내고 자녀를 잘 돌보기도 해야 하므로, 개인적인 삶과 이상을 뒤죽박죽으로 만들었다.

코틀리 러브에서 찾았던 진정한 사랑이 결혼 생활 바깥에서만 존재할 수 있다는 믿음은 무의식적이지만, 우리가 인식하는 것보다 훨씬 깊이 우리에게 영향을 미치고 있다. 남성은 자기 아내가 요리를 하고 자녀를 키우면서 가정의 수입에도 기여를 하고 자신이 인간사의 분투로 시달릴 때 위안이 되어 주기를 기대한다. 그러나 다른 면에서는 아내가 자기 아니마의 체현이기를 기대한다. 항상 아름답고 완전한 천상에서 온 신성한 여인이기를 바라는 것이다. 남성은 자신이 흠모하던 순수하고 빛나는 여신이 어떻게 완전히 비이성적으로 보이는 이런 평범한 여인으로 변했는지 의아해한다.

여성들도 마찬가지이다. 직장에서 일을 하고 차 수리를 하고 가정을 지키고 평범한 삶을 사는 남편의 모습을 지켜보면서, 예전에 구애할 때 자신을 열렬히 숭배하던 그 멋진 기사는 도대체 어떻게 되었는지, 만사가 강렬하고 황홀하고 법열로 가득하던 그 열렬한 나날들은 도대체 어디로 가 버렸는지 의아해한다. 이런 가운데 오래된 무의식적인 신념이 우리를 따라다니며 괴롭힌다. 어딘가에는 '진정한 사랑'이 존재할 거라고 속삭인다. 그런데 이런 사랑은 결혼이라는 일상에서는 발견할 수 없다.

이것이 우리 모두의 내면에 존재하는 끔찍한 분리 상태이다. 한편으로는 평범한 인간관계와 안정감을 원하고, 다른 한편으로는 무의식적으로 상대가 영혼의 체현이기를 요구한다. 상대가 신의 핵심이나 빛의 영역을 드러내어 우리로 하여금 종교적인 흠모 상태로 살게 만들고 우리 삶을 황홀경으로 채워 주기를 요구한다. 여기서 종교적인 이상인 양 가장하고 있는 카탈리스트의 환상이 우리 안에 살아 있음을 관찰하게 된다.

이런 이상은 심리학적 진실을 지닌다. 분리된 양면이 우리 각자에게 판타지를 일으킨다. 이런 판타지들은 과연 우리가 누구이며 무엇으로 이루어졌는지, 그리고 무엇을 필요로 하는 지 말해 주고 있다.

카탈의 종교와 그 종교의 자손인 코틀리 러브는 서양인들의 마음에 가장 장엄한 판타지를 불러일으켰는데, 이런 판타지가 오늘날 우리에게는 로맨틱 러브에 관한 판타지로 남아 있는 것이다. 그렇다고 이런 놀라운 판타지를 망상이라고 할 수는 없다. 모든 판타지는 실체이기 때문이다. 무엇이라 설명할 수는 없지만 깊은 근원에서 유출되는 상징으로 표현된 실체이다. 결국 카탈리즘은 잃어버린 영혼을 되찾으려는 판타지이다. 이러한 내면세계는 진짜이다. 영혼도 진짜고 신들도 진짜라는 사실을 발견하도록 만드는 것이 판타지이다. 우리 모두는 이 내면세계의 진정한 아름다움과 신들과의 하나됨을 경험할 수 있다.

대다수 남성들은 로맨틱 러브가 판타지라는 데 동의한다. 그러나 이들은 자기가 하는 이런 표현이 얼마나 대단한 것인지는 인식하지 못한다. 판타지는 그 자체로 진실이다. 바른 차원으로 이해하면, 우리가 실제 살아낼 수 있는 진실이다. 판타지를 넘어서 그 이면에 존재하는 진실을 획득해야 한다. 이 실체를 발견하기 위해 우리는 우리의 판타지 너머를 보아야 하고 그 상징을 이해할 수 있어야 한다. 말 그대로 외부세계에서 카탈리스트로 살거나 궁정의 환상을 실천하려는 것을 포기하고, 판타지의 진실을 수용해야 된다. 이제는 확신할 수 있는, 시간을 초월한 영혼의 영역에서 경험할 수 있는 내적인 사건, 내적인 사실로 받아들여야 한다.

9. 기만과 힘

우리는 트리스탄과 함께 아일랜드로 향한 항해를 두 차례
에 걸쳐 했다. 첫 번째는 독이 온몸으로 퍼져 죽어가는 트리스
탄과 함께였다. 그는 하프를 가슴에 얹은 채 바다가 치유의 길
로 인도해 주리라는 믿음 하나로 바다에 모든 걸 내맡긴다. 그
의 내면으로의 여정이 트리스탄을, 눈부시게 아름답고 경이로
운 선물과 같은 여인, 아름다운 이졸데에게 데려간다. 홍미롭
게도 이때는 트리스탄에게서 아무런 반응이 나타나지 않고,
이졸데에게 별 관심이 없다. 이미 이졸데를 사랑했을지 모르
지만 최소한 트리스탄은 그 사실을 전혀 인식하지 못하는 단
계이다. 그는 이졸데와 친해지거나 그녀의 사랑을 얻으려는
것은 시도조차 하지 않는다. 트리스탄의 유일한 바람은 이졸
데가 자기를 치료해 주면 콘월로 돌아가 자신의 지위를 확보

하는 것이다.

콘월로 되돌아오자 께름칙한 사건들이 터지고 삶에 관한 온전치 못한 태도들을 직면하게 된다. 왕이 여왕을 원하지 않는다는 게 그 상징적인 표현인데, 블랑시플레르가 죽은 이래 수년 간 콘월의 궁정에는 여성성의 존재가 없었다. 왕은 혼인에 대해 거론조차 하지 않을 뿐 아니라 왕비도, 아내도 원치 않는 듯하다. 물론 왕도 아름다운 이졸데에 관한 소문은 들었다. 하지만 왕의 관심이 이졸데를 향한 트리스탄의 관심 이상은 아니다. 마크 왕과 조카 트리스탄은 자신들의 일상적 규범으로 되돌아간다. 이들은 피 튀기는 전투에 나서고 전쟁에서 승리하고 적을 무찌른다. 용을 죽이는 등 모든 남성적인 행위에 만족한다. 트리스탄이 아일랜드로 돌아갈 때도 자신을 위해 아름다운 이졸데가 필요하다거나 이졸데가 의미하는 가치를 인식하기 때문이 아니다. 이졸데와 친밀한 관계를 맺으려는 게 전혀 아니다. 그저 도둑질이나 일삼는 해적처럼 이졸데를 약탈해 전리품처럼 데려오려고 할 뿐이다.

왜 트리스탄은 황금빛 머리카락의 소유자인 여인을 찾아서 콘월의 여왕을 찾는 탐색을 시작하게 되었는가? 트리스탄의 동기는 고상하고 용감하다. 마크 왕에게 말하기를 "신하들에게 왕을 사랑하는 제 마음이 진실하다는 걸 증명하기 위해서 기꺼이 목숨을 위험 속에 던지겠나이다." 그러나 이 말의 이면에 담긴, 그가 진정으로 뜻하는 바는 신하들과의 경쟁에서 이기기 위해 이졸데를 볼모로 이용하려는 것이다. 트리스탄이 이졸데를 데려오려는 의도는 트로피처럼 자기의 남자다움을 과시하고 자랑거리로 삼으려는 것이다. 콘월의 궁정에서 자신이 가장 영웅적이고 충성스러운 신하라는 것을 증명하고자 한다. 그러나 우리는 이런 영웅의 미덕에 담긴 사악한 대목을 보게 된다. 왜냐하면 이졸데를 향한 트리스탄의 태도에는 영혼에 대한 서양 남성의 태도가 반영되어 있기 때문이다.

상처가 너무 깊을 때는 가치 있는 것이 하나도 없다. 자아로 무장해서 속임수를 쓰는 트리스탄의 행위에는 삶의 의미나 건강함을 회복하려는 시도는 찾을 길이 없다. 우리도 이런 상황일 때, 트리스탄처럼 자신의 무의식에 표류하여 내면의 영역을 탐험하면 삶의 의미를 찾을 수 있을 것이다. 그러나 우리는 이졸데의 손에 치료가 끝난 것을 알게 되면, 그 즉시 가부장적 자아의 삶으로 되돌아간다. 외부세계의 특권이나 지위나 생산량과 목표 들로 돌아가는 것이다. 트리스탄처럼 겉보기에만 지나칠 정도로 신경을 쓴다. 다른 신하들이 나를 어떻게 생각할지, 누가 가장 위대한 기사인지, 생산왕은 누가 될지, 돈을 제일 많이 버는 갑부는 누가 될지…….

마크 왕이 혼인을 거부한다는 것은 불길한 상징이다. 신화나 꿈에서 왕이 여왕을 맞아 계승자를 생산하는 데 실패한다는 의미는 온전해지길 거부한다는 뜻이다. 성장을 거부하고, 태어날 아기의 형태로 올 새로운 운명을 거절하는 것이다. 옛 사람들은 왕이 자식이 없으면 가뭄이 들어 땅이 메마르게 된다고 믿었다. 신화적으로 가정이나 왕국에 자식이 없으면 왕국 전체가 황폐해진다는 믿음이 있었다. 이런 상황과 대조적으로 왕과 왕비가 혼인하여 자손이 태어나면 이것이 곧 백성들에게 기쁨을 선사하는 것이라고 받아들였다. 오늘날에도 황실이나 왕자가 자손을 얻으면, 특히 왕위 계승자가 태어나면 전 세계인의 이목이 집중된다. 온 세계의 수백만이 마치 이 아이와 무슨 개인적인 연관이라도 있는 듯 환호하고 기뻐 날뛴다. 궁정에 탄생하는 아기에 대한 이러한 집단적인 반응에는 깊은 심리학적 에너지가 있다. 정신의 가장 깊은 차원에서 왕과 왕비는 온전한 자기로의 진화를 상징한다. 새로 태어난 왕권 계승자는 우리에게 잠재력으로 머물러 있던 새로운 의식이나 새로운 힘의 탄생을 상징한다.

왕권에 관한 각자의 태도가 무엇이든 간에 우리 개개인의 내면에는 원형적인 왕실이 있다는 것을 기억하자. 왕과 왕비의 상징은 우리 의식에서 최상 혹은 가장 진실한 것을 가리킨다. 왕과 왕비의 혼인이 뜻하는 바는 이곳에 남성성의 가치와 여성성의 가치가 통합될 잠재력이 있음을 가리키는 것이다.

그래서 마크 왕이 여왕을 맞기를 거절한다는 사실은 서양 남성의 정신에 무엇인가가 잘못되어 있음을 말해 주는 것이다. 서양 남성은 여성성을 이미 상실했을 뿐만 아니라 여성성을 회복하는 데도 관심이 없다. 이는 왕이 자기 자신을 상실했다는 인식조차 하지 못하는 상태라는 뜻이다. 우리는 너무 오랫동안 남성성에 속하는 외적 가치만을 추구해 와서, 영혼을 깔끔하고 단순한 남성의 세상에 불필요한 혼란이라고 취급한다.

야릇하게도, 신화에서는 이런 상태에 도전하게 만드는 것이 트리스탄의 적인 사악한 신하들이다. 트리스탄의 관점으로는 정신에서 이런 존재들은 '나쁜 놈'이다. 그러나 언제나 우리가 사악하게 생각하는 존재들이 우리를 온전하게 성장하도록 내몬다. 이들은 우리의 자아 세계나 생산 라인에 있는 삶에는 커다란 실망을 안겨 준다. 이들은 갑자기 등장하는 병이나 과로, 신경증 같은 증상으로 나타나 우리 삶을 혼란스럽게 한다. 그런데 사실은 설명할 수 없는 어떤 의미를 찾도록 우리를 몰아가는 것이다. 이들의 증세와 혼란은 우리에게 문제를 일으키는 골칫거리로 생각되지만, 이 악한들이 우리로 하여금 여왕을 찾아 나서게 만든다는 사실을 되새겨볼 필요가 있다.

마침내 우리가 영혼을 찾으러 갈 때는 트리스탄처럼 '기만과 힘'을 가지고 간다. 삶이 황폐하게 느껴질 때 우리는 아니마를 찾는다. 그렇지만 아니마를 우리 식으로 찾기를 원한다. 마치 아니마를 자아의 부속물이나 페르조나persona의 장식물처럼 아니마가 의식세계를 충당해 주기를 바란다. 우리는 아니마가 삶에 생기를 불어넣어 불꽃을 돌려주고 삶의 의미나 방향 감각을 가져다주기를 원하고, 우리 삶을 훨씬 흥미롭게 만들어 주기를 바란다. 그러면서도 아니마를 우리와 동등하게 대하기를 바라지는 않는다. 트리스탄은 이졸데를 정치적 수완을 발휘하는 데 이용하거나 마치 전리품처럼 대한다. 이졸데를 남성 자아와 동맹을 승인하는 수단으로 이용하려는 트리스탄의 태도가 우리에게서도 빈번히 관찰된다.

우리에게 영웅주의가 무엇인지 말해 주는 트리스탄은 영웅주의가 길을 잃는 곳이 어딘지도 보여 준다. 트리스탄은 약초 목욕을 하는 동안 달콤한 말로 이졸데를 유혹한다.

"여왕의 딸이시여……. 어느 날 제비 두 마리가 틴타겔로 날아왔는데 당신의 빛나는 황금빛 머리카락을 물고 있었다오. 즉시 나는 그 머리카락이 내게 행운과 평화를 가져다줄 것이라 믿게 되었고, 그래서 바다 건너 당신을 만나러 이곳까지 왔다오. 무서운 용에 맞서고 온몸에 퍼지는 독을 극복할 용기도 그 때문에 가능했다오. 내 코트를 봐요. 금색 실 사이로 당신의 머리카락을 수놓았소. 금실은 이미 바랬지만 당신의 빛나는 머리카락은 여전히 반짝이고 있다오."

현대인의 삶의 모든 비극이 이 운명적인 속임수에서 비롯될 수 있다. 트리스탄은 결국 자신을 속이고 있다. 그러나 여기서 더욱 비극적인 것은 트리스탄의 말이 너무나 옳다는 것이다. 진정한 비극은 트리스탄의 말이 그저 의미 없는 공허한 메아리일 뿐이라는 사실이다! 만일 트리스탄이 말한 그대로 진실한 의미를 지녔다면 이 표현에는 엄청난 진화의 가능성이 내포되어 있다. 서양 남성의 자아가 전복되고 여성성을 추구하는 것으로 연결될 수 있는 것이다. 그러나 만일 현대인의 조상인 트리스탄이 말한 것이 빈말일 뿐이라면 우리는 어떠하겠는가? 과연 우리가 이런 세련된 말과 그 말이 뜻하는 바대로 삶의 여성적인 측면에 접근하는 것을 배울 수 있겠는가? 아니마는 평화의 물결을 일으킨다. 수세기 기만의 시기를 거친 우리가 아니마에게 정직하게 접근하는 법을 배운다는 게 가능이나 할런지?

트리스탄의 달콤한 말을 듣자 겉옷에 수놓인 자신의 황금빛 머리카락을 확인하고 이졸데는 칼을 내려놓는다. 트리스탄의 헌신적인 마음의 증거를 보았다고 믿고는 칼을 거둔다. 그리고 이졸데는 키스를 한다. 여기서 우리는 내면의 여성과 외부의 여성은 같은 방식으로 행동한다는 것을 확인할 수 있는데, 이 둘의 주도적인 원리는 관계를 맺는 것이다.

이졸데처럼 여성이 남성에게 무시를 당하거나 상처를 입으면, 여성은 묘하게도 남성으로 하여금 자기 칼이 자기를 향하게 하는 길을 찾아내어, 남성이 자기 힘의 충동으로 인해 스스로 상처를 입게 만든다. 그러나 그 즉시 남성은 자신의 필요를 깨닫고 사랑을 약속하여 여성을 믿게 만든다. 그러면 거의 마술같이 여성들은 남성을 용서한다. 여성은 자신의 적에게 칼을 사용한다. 그러나 남성이 검을 거두고 관계를 맺으려 들면 여성도 즉시 칼을 내린다. 공격성이 관계성으로 변모하는 것이다. 여성이든 남성이든, 여성성은 대체로 현재의 진정한 관계나 애정을 표현하면 지난날의 적의를 내려놓고 과거의 상처를 잊는다. 이것이 여성에게 가장 고상하고 아름다운 본능 중 하나이고, 여성이 삶을 변모시키는 한 방법이 바로 이것이기도 하다. 여성의 첫 번째 원리는 관계이고 이는 여성의 본성에서 가장 우세한 주제이다. 무엇보다도 여성은 관계를 위해 산다.

이졸데에게도 이런 일이 진행된다. 트리스탄이 이졸데를 사랑하고 이졸데와 관계를 맺겠다는 확신을 주자, 다시 말해 트리스탄이 이졸데에게 가치를 부여하고 바른 방식으로 그녀를 원하자, 이졸데는 증오를 내려놓고 복수의 계획도 포기한다. 칼을 내려놓는다. 영혼은 우리가 가지고 다니다가 필요하면 꺼내 보고 필요 없으면 잊어버리는 다정다감한 것이 아니다. 영혼은 관계를 요구한다. 여기서 관계는 내면세계와의 관계를 말한다. 영혼도 시간과 노력을 요구하는데, 무시되면 분노를 터뜨린다.

아니마에는 두 측면이 있다. 그 중 한 면은 손에 칼을 들고 남성을 위협한다. 남성의 삶을 엉망으로 만들고 강박증이나 신경증을 유발하기도 한다. 로맨틱 러브로 터져 나오거나 투사로 자기표현의 길을 찾는다. 손에 칼을 든 상태의 아니마는 위험한 존재이고 파괴의 여정을 떠날 수 있다. 그러나 다른 면에서 아니마는 이졸데처럼 평화를 선사한다. 만일 우리가 아니마를 찾고 공정하게 대한다면 또 아니마의 세계나 지혜를 찾는다면 아니마는 우리에게 평화를 선사하고 내면의 세계를 열어준다.

불행히도 서양 남성들은 트리스탄 같다. 달콤한 말로 여인을 유혹하는데, 놀랍게도 이 대목에 구원을 위한 수수께끼가 숨어 있다. 우리는 흔히 거짓말을 할 때 그 속에는 진실이 없다고 생각한다. 하지만 '진짜 진실'이 숨어 있는 경우가 종종 있다. 의식적으로 입 밖에 내는 말에서 말 그대로의 의미를 지니지 않는다고 생각되는 곳에 무의식적 차원의 진실이 들어 있을 수 있다. 트리스탄은 자신이 거짓말을 한다고 생각한다. 트리스탄은 자신의 의식적인 동기 아래에 이졸데를 향하는 무의식적 끌림이 존재한다는 사실을 알지 못한다. 깊은 차원에서 보면, 그가 이졸데에게 한 달콤한 말들은 모두 진실이다. 그렇지만 세상에서 그 사실을 제일 마지막에 깨닫는 사람이 바로 트리스탄이다.

그렇다면 이졸데는 왜 트리스탄을 믿는가? 영혼은 마법을 지닌 예언가이다. 영혼은 절대 어리석지 않다! 이졸데가 트리스탄을 믿는 이유가 무엇이겠는가? 이졸데는 트리스탄의 거짓말 아래 감추어져 있는 내면의 진실을 듣기 때문이다.

우리가 누구를 속이려 들 때 그 속임수 안에는 종종 의식적으로 스스로가 인정하지 않으려는 깊은 무의식적인 필요나 욕구가 숨어 있다. 이런 사실이 물론 우리가 남을 속이거나 배반하는 것을 정당화해 주지는 않는다. 그렇지만 진실을 볼 눈만 있다면 거짓을 말할 때 그 이면에 숨겨진 진실이 있다는 사실을 알 수 있다. 그리고 또 타인을 속이려는 의도 뒤에 실은 스스로를 속이고 있다는 사실을 발견한다면 숨겨진 진실에 대해 책임을 다할 수도 있다. 감추어진 내면의 진실을 따르는 정직한 삶을 살아갈 수 있는 것이다.

트리스탄처럼 우리는 달콤한 말들을 별 의미 없이 속삭여 왔다. 그러나 우리가 어떤 은밀하고 은폐된 곳에서 이런 말이 등장하는지를 자세히 들여다보면, 우리가 추구하는 것이 바로 우리의 영혼 즉 이졸데임을 알게 되고, 우리가 진정으로 필요로 하는 이졸데를 그 안에서 찾을 수 있을 것이다.

트리스탄은 자신이 추구하는 것이 무엇인지 모른다. 자신에게 필요한 것이 무엇인지도 모르는 상태다. 그래서 무의식의 이상야릇한 거꾸로 된 연금술이 진행되는데, 거짓말의 형태 속에 사실은 트리스탄의 가장 심오한 진실이 드러난다. 이졸데는 아일랜드의 모든 신하들 앞에서 트리스탄이 탐색을 시작한 목적을 들으면서 자신이 속았다는 사실을 깨닫는다. 이순간 날카로운 칼날이 심장에 꽂히는 걸 느낀다. 그녀는 수치심과 번민으로 치를 떤다.

트리스탄은 이졸데의 마음을 얻어내고는 그녀를 모욕한다.

아름다운 황금 머리카락의 이야기는 전부 거짓이었을 뿐이다! 그는 이졸데를 다른 사람에게 넘겨주려 한다. 그리하여 트리스탄은 기만과 힘으로 황금빛 머리카락을 지닌 여왕을 정복한다!

힘과 기만이 끝까지 통하지는 않을 것이다. 기만과 힘을 쓰는 남성의 자아는 스스로 함정에 빠지고, 자기의 심오한 필요를 알지 못하고 자신의 영혼에도 반한다. 트리스탄은 여성을 정복해서 동맹을 맺은 다음, 자아의 힘을 충족시키고자 고국으로 데려온다. 그러나 트리스탄은 자기 앞에 놓인 것이 무엇인지 전혀 모르고 있다. 자기가 정복했다고 믿지만 사실은 정복을 당한다.

운명은 트리스탄 앞에 진귀하고 신선한 와인 한 병을 놓아 두었다. 한 치의 의심도 없이 트리스탄이 이를 깊숙이 들이킨다.

Ⅲ부

마법의 과수원을 헤매는 트리스탄과 이졸데

"온종일 사랑하는 이의 품에서 살 수 있는 마법의 과수원에 도달할 수만 있다면……"
트리스탄과 이졸데가 세상과 단절하고 들어간 모로이스 숲은 마법의 공간이다. 분화되
지 않은 한처음의 세계를 의미하는 유로보로스의 상태가 이 마법의 과수원을 뜻한다.

마법의 과수원을 헤매는 트리스탄과 이졸데

신화로 돌아가 보자.

콘월을 향한 작은 배 위에서 트리스탄과 이졸데를 찾을 수 있다. 트리스탄은 황금빛 머리카락의 여왕을 자기 품에 안고 있다. 그러나 이졸데는 왕의 여인이어야 한다.

새 여왕을 보자 마크 왕은 탄복한다. 만백성도 기쁨으로 환호한다. 여왕은 콘월 땅에서는 일찍이 본 적이 없는 미모의 소유자이다. 여왕은 귀족이든 평민이든 구분 없이 한결같이 우아하고 고상하게 사람들을 대한다. 왕궁의 혼인은 기쁨으로 들떠 화려하게 거행된다. 그러나 첫날밤 이졸데는 브랑긴을 왕의 침소로 들여보낸다. 최상의 옷을 입히고 화려하게 치장하여서 마법을 건다. 왕이 완벽하게 속아 넘어가도록 한 것이다. 의도대로 왕은 아무 눈치도 못 챈다. 콘월의 해안에 발을 들여놓기 전, 여왕이 사랑하는 조카의 품에 순결을 바쳤다는 사실을 절대 눈치 채지 못한다.

모든 신하와 만백성이 여왕을 보고 기뻐한다. 그러나 이졸데와 트리스탄의 가슴에 이글거리는 불길은 안전하게 가두어지지 않는다. 무분별하고 위험한 만남이 시작된다. 이들은 은밀하게 열정을 채워 간다.

궁정 뒤에는 꽃이 만발한 나무가 자라고 샘물이 솟아나는 잘 가꾸어진 정원이 있다. 그 중앙에 커다란 소나무 한 그루가 서 있는데 둘은 이 나무 아래서 상습적으로 만난다. 의심의 눈초리를 피하기에 안전한 곳이라고 생각한다. 새벽이 되어 헤어지는 아픔이 스며들 때 이졸데는 종종 이런 말을 한다.

"트리스탄! 상상의 성이 어딘가에 있다고 들었어요. 이 성은 일년에 두 번 사라지는데, 우리도 상상의 성처럼 사라져 하프가 연주되는 마법의 과수원에 도달할 수만 있다면……. 공기가 벽을 만들어 사방을 병풍처럼 가려 주고, 나무에는 꽃들이 만발하고 흙이 향기를 내뿜고……. 뜬 눈으로 밤을 지새우지 않고도 온종일 사랑하는 이의 품에서 살 수 있고 어떤 적대적인 힘도 그 공기의 벽은 뚫지 못하고……"

트리스탄이 답한다. "여기는 마법의 성이 아니에요. 하지만 우리 두 사람 언젠가는 아무도 되돌아온 적이 없는 행운의 땅으로 함께 가게 될 거예요. 그곳에는 하얀 대리석으로 지은 성이 있고, 수 천 개의 창문에는 촛불이 타오르고 있어요. 성당에서는 끝없이 이어지는 영원의 노래가 울려 퍼지고, 태양이 비치지는 않지만 아무도 빛을 그리워하지 않는 행복의 땅이라오."

둘 사이에 교환되는 눈길이 바로 이런 것이다. 눈이 어두운 사람들조차도 이들의 열정을 읽을 수 있다. 그래서 사악한 신하들은 염탐을 하고 곧 왕에게 이 사실을 고한다. 밀회의 장소로 왕을 데려가 커다란 소나무 위에 숨어서 기다리게 한다. 왕은 이졸데가 몰래 정원으로 걸어 들어오기를 기다린다. 그러나 달빛이 너무 밝아서 이졸데는 땅에 비치는 왕의 그림자를 보게 된다. 순간 이졸데는 떨리는 심정으로 트리스탄이 나타나지 않기를 기도한다.

그때 표범처럼 조용히 트리스탄이 담을 뛰어넘는다. 이졸데는 경각심이 일도록 높은 톤으로 호령한다. "트리스탄 경, 비밀리에 여기서 날 만나자고 한 이유를 말하시오. 만일 왕이 이 사실을 알게 되면 그대는 최악의 경우도 각오해야 할 거요. 그것이 내 목숨이 될 수도 있겠지요."

샘물을 들여다보던 트리스탄은 물에 비친 왕의 그림자를 본다. 그 즉시 이졸데가 왜 그렇게 엄한 목소리로 이야기했는지 알아챈다. 트리스탄의 재치는 검처럼 빠르게 번쩍인다. 여왕 앞에 무릎을 꿇고 앉아 마크 왕에 대한 자기의 충성을 왕에게 전해 달라고 탄원한다. 거짓을 지어 비방을 일삼는 자들이 자기와 여왕을 고발했다고 울부짖으면서, "여왕이시여! 저는

당신의 순결함과 정직함을 증명하기 위해서라면 그 어떤 기사
들과도 대적할 것입니다.”

사랑하는 연인은 왕이 두 사람이 정직하다고 믿을 때까지
연극을 계속한다. 나무 위에 있는 마크 왕은 트리스탄의 심장
을 향해 당기고 있던 활시위를 늦춘다.

이졸데가 그 밤의 모험을 브랑긴에게 말하자 브랑긴이 대
답한다. “이졸데, 신이 두 분께 기적을 행하셨어요. 왜냐하면
신은 자비를 베풀고, 자신의 가슴에 정직한 사람에게는 상처
를 주지 않기 때문이지요.”

왕은 사악한 신하 네 명에게 진노하여 이들이 눈앞에 보이
지 않도록 쫓아버린다.

트리스탄은 그래도 여왕을 포기하지 못한다. 여왕을 품에
안는 기쁨을 누리기 위해서는 그 어떤 위험도 감수한다. 그러
다 둘은 끝내 꼬리가 잡히고 만다. 증거가 너무 명백해서 왕은
상처 입은 멧돼지처럼 진노하고 둘을 태워 죽이라고 명한다.
화형장으로 가는 길에 트리스탄은 바다가 내려다보이는 절벽
위 조그마한 예배당으로 안내된다. 처형하기 전에 간수가 트리
스탄에게 마지막 기도를 할 기회를 허용한 것이다. 일단 예배
당에 들어가자 트리스탄은 “수치스럽게 화형장으로 끌려가는
것보다 차라리 이 절벽에 몸을 던지는 편이 낫겠어.” 하는 말과
함께 창문을 통과해 절벽 아래로 몸을 던진다. 그러나 강한 바
람이 그의 외투를 낚아채 낙하산 구실을 하게 만든다. 신의 입

김이 가해져 몸이 서서히 추락하도록 만들어 해안가 모래 위에 트리스탄이 사뿐히 내려앉도록 도와준다. 충직한 화형 집행자가 이 장면을 모두 지켜보고는 무장을 하고 말을 달려 트리스탄을 잡으려 하지만 이미 트리스탄은 멀리 달아났다.

분노로 들끓는 왕은 이졸데를 문둥이들에게 주어 버린다. 이들이 이졸데를 겁탈하게 만들어 이졸데가 오랜 시간 동안 서서히 고통받으면서 죽어 가게 내버려 두려는 것이다. 그러나 트리스탄이 문둥이들에게 돌진해서 이들을 찔러 죽이고 이졸데를 낚아채 그녀와 함께 야생의 땅, 모로이스Morois 숲으로 달아난다.

사랑에 빠진 두 연인은 삼 년간 이 야생의 숲에서 지낸다. 이들은 풀뿌리로 연명하면서 짐승을 잡아먹고 산다. 살가죽이 여윈 몸에 달라붙어 윤기도 빠지고 점점 핼쑥해져 간다. 옷은 이미 누더기로 변했다. 그러나 둘은 서로를 응시하고 있고 사랑의 묘약은 이들의 몸 안에 흐르고 있다. 이들은 고통을 받고 있다는 사실조차 인식하지 못한다.

어느 날 우연히 은둔자 오그린Ogrin을 숲에서 만난다. 성스러운 현자 오그린은 트리스탄을 보자, 트리스탄이 해야만 하는 일을 말해 준다.

"트리스탄 님! 신이 당신을 돕고 계십니다. 당신은 이 세상과 다음 세상 둘 다를 상실했기 때문입니다! 군주에게 반역하는 인간은 능지처참을 해서 결박한 채로 태워 죽어야 마땅하지요. 그 태운 재가 떨어진 땅에는 풀도 나지 않는답니다. 트리스탄 경, 로마법에 따라 법적인 배우자에게 여왕을 돌려보내시오. 그리고 참회하십시오, 트리스탄."

그러나 트리스탄은 답하길,

"오그린 님, 제가 무엇을 참회해야 하나요? 당신은 여기서 우리 앞에 앉아 심판을 하시지만, 파도 높은 바다에서 우리가 마신 잔이 무엇인지 알기나 하세요? 선한 목마름 때문에 우리 둘은 인사불성으로 취하게 되었지요."

그때 이졸데가 오그린에게 말한다.

"전능하신 현자시여.
당신은 저를 사랑하지 않는군요.
트리스탄도 마찬가지고요.
이 모든 것이 내가 마셨던
사랑의 묘약 때문이고
그도 저랑 함께 마셨지요. 이것이 죄랍니다."

트리스탄과 이졸데는 자기들의 잘못을 부인하면서, 이 모든 것이 전부 사랑의 묘약 때문이라고 말한다. 그리고 둘이 다시 숲으로 들어간다. 얼마 후 교활한 나무꾼이 숲에 있는 이들의 오두막을 찾아낸다. 나무꾼은 곧장 틴타겔로 달려가 왕에

게 사실을 고하고 왕을 이곳으로 데려온다. 두 사람이 사는 곳
으로 가까이 오자 왕은 말에서 내려 칼을 뽑아 들고 살금살금
이들에게 접근한다. 곧 연인들이 눈에 뜨인다. 이들은 옷을 입
은 채 땅바닥에 누워 있는데 트리스탄의 검이 그 둘 사이에 놓
여 있다. 둘은 순결하고 정직한 얼굴이다.

왕은 스스로에게 이르길,

"신이여, 아마 저는 이들을 죽이지 않을지도 모르겠습니다!
서로를 향한 광적인 사랑으로 숲에서 함께 살아온 이 오랜 세월
동안 둘은 검을 가운데 두고 지내왔었는지요? 칼집에서 빠진 칼
이 두 몸 사이를 가르며 놓여 있을 때, 이것이 순결을 지키는 증
거라는 사실을 온 세상이 다 알고 있지 않은가요? 이들이 열렬히
사랑했다면 이렇게 순수하게 누워 있을 수 있겠는지요?"

마크 왕은 자기 손가락에서 반지를 빼서 이졸데에게 끼워
준다. 그리고는 땅바닥에 놓인 트리스탄의 검을 거두고 그 자
리에 자신의 검을 놓는다. 화해와 용서의 증표를 남기고 왕은
그 자리를 떠난다.

트리스탄과 이졸데가 잠에서 깨어나 왕의 반지와 검을 발
견한다. 급작스레 닥친 두려움이 서서히 놀라움으로 변한다.
왕의 자비가 이들을 흔들리게 만든다. 증오로는 결코 할 수 없
는 일이다. 처음으로 트리스탄은 자기가 과연 옳았었는지 의
문을 품는다. 삼촌의 사랑과 동지애를 그리워한다.

"그렇지만 삼촌은 이졸데를 내게서 빼앗아 갈 거야! 내가

대체 뭘 생각하고 있었지? 어떻게 그걸 참아내려고? 잠을 자는 동안 왕이 내 목숨을 앗아갔더라면 차라리 나았을 텐데. 왕의 자비가 내 의식을 깨워버렸어!"

트리스탄은 왕 옆에 서 있던 이졸데를 떠올렸고 그녀가 궁전에서 제일 아름다운 비단옷을 입고 있던 모습을 생각한다. 그렇지만 숲에서는 노예처럼 산다. 이 작은 헛간에서 그녀의 젊음은 야만의 삶으로 허비된다.

"그래, 이졸데는 삼촌의 아내야. 그녀는 여왕이지! 신의 법으로 혼인을 해서 모든 신하들 앞에서 여왕으로 즉위했었지. 마땅히 왕에게 이졸데를 양보해야지."

밤새 생각해도 결론에 이르지 못하는 트리스탄은 고통으로 스스로를 고문한다.

이졸데에게도 생각이 엄습한다.

"트리스탄은 왕의 궁정에서 기사와 기사의 종자들과 함께 살았어. 그의 삶은 모험으로 가득했는데 나를 만나 기사도를 잃어버렸고 쫓겨다니다가 법정에서 도망치고 이런 버려진 땅에서 살아가다니!"

둘은 이졸데가 왕에게 돌아가야 된다고 결정한다.

그러나 트리스탄이 말하길,

"여왕이여. 무슨 일이 일어나든, 어디를 가든 저는 오직 당신 것입니다. 저는 평생 단 한 사람만을 사랑할 거예요."

그 후 연인은 숲의 끝을 향해 은둔자 오그린을 찾아간다.

그들을 보자 오그린이 소리치길, "친구여! 드디어 당신들의 광기를 참회하러 온 것인가요? 트리스탄 님, 여왕을 돌려보내고 왕의 자비를 청하지 않겠는지요?"

트리스탄은 대답한다. "오그린 님. 우리 사랑을 위해서 속죄란 있을 수 없어요. 그렇지만 저를 위해 더 이상 이졸데를 이런 불행한 땅에서 시들게 할 수는 없어요. 왕에게 서한을 보내 주세요. 여왕을 돌려보내겠으니 왕이 여왕을 받아들이겠는지, 만일 왕이 나를 가신으로 쓰시겠다면 저도 함께 돌아가 제 의무를 다하겠어요."

오그린은 제단으로 가서 신에게 간구하고 찬양한다. 그런 다음 서신을 준비하는데 수도자들만 알 수 있는 섬세한 어휘로 편지를 써서 해가 떨어지기 전에 마크 왕에게 보낸다.

왕이 신하들을 모아 서신을 보여 주면서 그들 앞에서 읽게 하고는 의견을 듣는다. 중신들이 말하길,

"여왕을 돌아오게 하여 당신 곁에 머물게 하소서. 트리스탄에게는 이 나라를 떠나 프랑스에서 왕을 섬기거나, 혹은 북부지방의 왕이 되어 당신을 섬기도록 하소서. 그가 틴타겔로 돌아오게 되면 소문과 잡음이 난무하여 왕의 권위에 누가 될 것입니다."

왕은 그대로 따랐다. 마크 왕은 트리스탄에게 몇 날 몇 시까지 강가 여울로 여왕을 데려오고, 트리스탄 자신은 콘월 땅을 떠나 외국에서 왕을 섬기라고 서신을 보낸다.

트리스탄이 이졸데를 돌려보내는 날 둘은 숲 속의 아름다운 자리에 마주 앉아 구슬프게 운다. 왕을 만나러 가기 전 이들은 서로에게 맹세를 한다.

"여왕이여, 삶이 저를 어디로 인도하든 전령을 보낼게요. 그리고 당신이 청하면 얼마나 멀리 있든지, 어떤 임무를 수행하고 있든지 상관없이 곧장 당신에게 달려가겠어요."

이졸데는 트리스탄에게 초록빛 옥반지를 주면서,

"여기 반지가 있어요. 사랑의 징표로 가지고 가세요. 항상 끼고 다니다가, 누가 와서 당신이 보냈다고 말하면서 이 반지를 보여 주기 전에는 절대 그 사람을 믿지 않겠어요. 그렇지만 반지를 보면 당신이 시키는 대로 할게요. 그것이 지혜롭거나 어리석거나 이 세상 누구도 제가 당신 말을 따르는 걸 막을 수 없을 거예요."

이졸데가 돌아오자 콘월은 다시 행복으로 가득찬다. 백성들은 평화로운 나날을 영위한다. 그러나 사악한 신하들은 여전히 이졸데에 대해 나쁜 말을 퍼뜨리고 여왕이 트리스탄과 범해서는 안 될 일을 범했다고 떠들어 댄다. 마침내 이 말이 이졸데의 귀에까지 들어간다. 이졸데는 자신의 권리이기도 한 '신의 심판'을 치르게 해 줄 것을 왕에게 청한다. 이 심판의 절차는 먼저 쇠막대기를 벌겋게 달군 후, 이졸데가 성인들의 유품을 걸고 진실을 맹세하고, 뜨거운 쇠막대기를 맨손으로 들어올리는 것이다. 이때 이졸데가 진실을 말했다면 신이 이졸데의 손을 데이지 않게 할 것이다. 그러나 만일 이졸데가 거짓을 말하면 자신이 반역을 했다는 증거로 손이 타들어 갈 것이다.

이졸데는 은밀히 이 계획을 트리스탄에게 기별하여 도움을 청한다. 콘월의 해안가에 트리스탄이 나타난다. 가난한 순례자로 가장한 그의 옷은 완전히 누더기이다. 바로 심판의 날이다. 쇠막대가 뜨겁게 달구어진다. 성인의 유품이 감시하에 그 근처로 옮겨진다. 그런 다음 쇠막대를 마른 장작 위로 가져와 둘레에 불을 지핀다.

여왕은 배를 타고 해안으로 와서 위장한 트리스탄을 가리키며 기사에게 말한다.

"저 가난한 순례자에게 나를 데려다다오. 저자의 도움을 받아 내가 이 진흙길을 건너고, 백성들 앞에 더러워지지 않은 모습으로 설 것이다."

트리스탄은 물이 얕은 곳으로 걸어 들어가, 배에서 여왕을 안아 올려 마른땅에 내려 준다. 순백의 하얀 드레스를 입은 이졸데가 틴타겔과 카멜롯Camelot*의 모든 신하들 앞에 섰다. 이 심판을 목격하기 위해 아더 왕의 궁정에서도 사람들이 왔다. 신의 심판에 대해 의문을 제기하는 사람은 아무도 없었다. 눈부신 이졸데의 아름다움에 탄복하여 모두 자리에서 일어난

---

* 정의의 기사도와 모험담으로 상징되는 전설적인 아더왕의 궁전이 있던 성.

다. 그때 성인의 유품을 들고 이졸데가 맹세를 한다.

"내 남편 마크 왕과 나를 배에서 내려 준 저 가난한 순례자를 제외하고는 어떤 인간도 여태껏 나를 품에 안은 적이 없다는 사실을 모든 성인에게 맹세하노라."

여왕은 공포로 창백하게 보였지만 용기를 내어 단호하게 불로 다가간다. 뻘겋게 달아오른 쇠막대를 집어 올린다. 쇳덩이를 든 채 서서히 일곱 걸음을 뗀 다음 쇳덩이를 바닥으로 내동댕이친다. 그러고는 양팔을 활짝 펴 십자가 모양으로 서서, 백성들을 바라보며 서서히 손가락을 펼친다. 보아라! 여왕의 손바닥은 차갑고 깨끗하다. 한동안 말을 잃고 서 있던 백성들은 감격하여 일제히 신을 찬미한다. 여왕을 위해 눈물을 흘리며 기뻐한다.

이 모든 사건 후에도 트리스탄은 콘월을 곧장 떠나지 않는다. 여왕에게서 멀어질 수가 없다. 어느 날 밤 은밀히 여왕의 창문 아래로 접근하여 나이팅게일의 노래 소리를 낸다. 여왕은 누구의 소리인지 즉각 알아차린다. 여왕은 신에게 한 맹세를 기억했다. 성자 오그린에게 그리고 왕에게 한 맹세도 기억했다. 여왕은 죽음의 위협을 느낀다. 그러나 "죽음이 무슨 문제인가? 당신이 나를 부르고 당신이 나를 원하는데. 그러니 나는 갈 수밖에!"

이들은 어둠을 틈타 밤마다 만나 사랑을 속삭인다. 그러나 염탐꾼들과 악한들이 규합하여 여왕을 감시한다. 트리스탄과 이졸데는 조만간 이들의 은밀한 만남이 또 다시 발각되리라는 사실을 알고 있다. 마침내 트리스탄은 떠날 결심을 한다. 이별의 아픔을 남기고 콘월과도 작별한다.

헤어져서 이 연인들은 살 수도 죽을 수도 없다. 트리스탄은 여러 대양과 섬들과 육지를 떠돌며 슬픔의 나날을 보낸다.

10. 내면세계의 여왕

아름다운 이졸데와 콘월의 마크 왕이 혼인을 한다는 사실은 우리 정신에서 아주 심오하고 강력한 어떤 것을 의미한다. 아니마가 내면의 왕국으로 돌아와서, 여성성과 남성성의 결합이 이루어진다. 자기self가 완성되고 온전해진다. 종소리가 우렁차게 울려 퍼지고, 새로운 여왕을 보기 위해 군중들이 대성당을 향한 길로 몰려나오고, 여왕의 아름다움을 드높이 찬양한다. 콘월 땅으로 영혼이 되돌아온 것이다. 왕에게 아내가 생기고 땅에는 꽃들이 만발한다.

이 사실이 우리 각자에게 미치는 영향을 통찰하기 위해 여기서 잠시 멈추어 보자. 우리 각자의 내면에서 이에 상응하는 혼인이 이루어지기 때문이다. 이 혼인은 결코 가볍게 다룰 일이 아니다. 이졸데는 제비가 그녀의 황금빛 머리카락을 물고 틴타겔의 창가로 날아들어 마크 왕에게 가져다주는 그 순간부터 이미 여왕이다. 트리스탄은 이졸데가 마크 왕과 혼인하기 이전부터 여왕이라고 불렀다. 심지어 야생의 땅 모로이스에서조차 늘 여왕으로 호칭한다. 처음과 같이 항상, 아름다운 이졸데는 줄곧 여왕이다. 이졸데는 결코 다른 존재일 수가 없기 때문이다.

왕의 혼인이 우리에게 시사하는 바는, 아니마는 내면의 왕하고 결합하는 것이 옳다는 사실이다. 비록 트리스탄이 속임수를 쓰고 힘과 거짓으로 이졸데를 유혹한다 할지라도, 이졸데에게 접근한 맨 처음의 동기조차 잘못된 것이라 할지라도, 그리고 또 이 모든 것이 이졸데의 의지에 반하는 것이고 파도가 높은 바다에서 사랑의 묘약을 마셨기에 이루어진 것이라 할지라도, 그럼에도 이졸데는 내면세계의 여왕이다. 운명적으로 이졸데의 자리는 오직 이 한 곳뿐이다. 내면의 왕, 마크 왕 왕좌 옆에 나란히 앉아 있는 여왕이다. 그녀의 왕권과 신성에 적절한 다른 자리는 존재하지 않는다.

이러한 사실을 인식한다면 트리스탄이 마크 왕을 배반하는 행위는 결국 왕국을 파괴하는 행위라는 사실을 이해하게 될 것이다. 트리스탄은 왕을 배반할 뿐만 아니라 여왕을 마땅히 있어야 할 자리 밑으로 끌어내린다. 이 사실은 트리스탄 개인의 삶에 영향을 미칠 뿐만 아니라 왕국 전체에도 영향을 끼친다. 이졸데가 마크 왕과 혼인했을 때 치유와 기쁨이 전 영토에 흘러넘쳤다. 그리고 트리스탄이 소나무 아래에서 비밀리에 이졸데와 밀회를 즐길 때도 그 반향이 온 세상에서 느껴졌다. 여왕은 본래의 자신보다 더욱 작아지고 왕위에서 추락하여 사라져 간다. 여왕의 가슴은 찢어진다. 트리스탄의 마음도 갈라진다. 이 갈등을 각자 자신의 내면에서 해결하지 못하기에 왕국은 곧 조화를 잃게 될 것이다.

이 신화의 딜레마인 모든 갈등과 혼란과 고통의 근원은 단순하게 하나로 귀결된다. 트리스탄이 여왕을 자기 혼자 소유하기 위한 권리를 주장하기 때문이다. 이것은 전체 왕국을 위해 존재해야 하는 여왕을 한 개인이 훔치는 것이다. 자아ego가 자기self에 속하는 것을 횡령하는 행위이다.

이제 이 모든 것이 현대인을 위해서 무슨 의미가 되는지 살펴보자. 우리는 아니마를 내면세계의 여왕 자리에서 끌어내리고 외부에 존재하는 육체적인 여성으로 만들려고 한다. 바로 투사를 통해 이런 행위를 하고 있다. 이것은 자아의 방식으로 아니마를 소유하고자 안간힘을 쓰는 것이고, 그리하여 아니마를 육체를 지닌 인간 속에 감금해서 개인적인 차원으로, 외부세계의 존재로, 그리고 육체적인 존재로 경험하려 드는 것이다.

아니마를 내면세계의 여왕으로, 그녀의 심리학적인 역할로 되돌리기 위해서는 한 가지 구체적인 것이 요청된다. 남성은 기꺼이 외부세계에서 자기 연인에게 하고 있는 투사를 거두어들이려는 노력을 필요로 한다. 이는 남성의 내면에서 아니마가 바른 역할을 수행할 수 있도록 만드는 유일한 길이다. 이것만이 남성으로 하여금 상대 여성을 그 사람 자체로 바라보게 만들고, 그녀로 하여금 남성 자신이 투사하는 짐을 내려놓을 수 있도록 하는 길이다.

융은 투사를 거두는 것에 관해 다음과 같이 말한다.

"투사를 철회하면 아니마를 본래 자리로 되돌리게 된다. 본래 아니마는 원형적인 이미지로 자신의 자리가 있고 개인의 내적 여정을 위해 도움을 주며……. 자아와 무의식 사이에 기능을……." (융, 《Psychology of Transference》 par. 504)

아니마의 '바른 자리'가 어디인가? 이는 '자아와 무의식 사이'에서 기능하면서, 남성의 내면세계 즉 남성의 상상력 안에 존재하며, 내면에서 그 남성에게 영감을 제공한다.

트리스탄이 여왕을 소유하려 들 때, 이는 아니마를 육체적인 존재로 만들려고 고집부리는 식이다. 그는 영혼을 내면세계에 사는 심리적인 실체로 보는 것이 아니라 물리적인 존재로 만들려 든다. 아니마를 상징으로 경험하는 것이 아니라 말 그대로 육체를 지닌 여성으로 제한하려 하는데 우리 현대인들도 마찬가지이다. 우리는 외부에서 만나는 여성을 아니마의 상징으로 다룰 뿐 아니라, 우리가 아니마를 상징으로 만들었다는 사실조차 망각한다. 그래서 아니마가 여성이고 여성이 아니마라고 믿는다. 여성에게 아니마의 역할을 기대하고, 사랑하는 여성을 한 인간으로 대하는 게 아니라 여신으로 간주한다. 이렇게 아니마를 인간으로 만들어 버림으로써 우리는 영혼에 대한 감각을 상실한다. 반면 여성을 신적인 존재로 만듦으로써 그들의 인간성은 보지 못하고, 이들에게서 여성다움을 강탈해 버린다.

이졸데가 왕실의 혼인을 하고 여왕으로 즉위하는 이미지는 이졸데는 항상 내면세계의 여왕으로 남아 있어야 된다는 사실을 우리에게 말해 주는 것이다. 그녀를 내면의 왕에게서 빼앗지 말고, 왕실의 혼인에서 멀어지게 하지 말고, 육체적인 관계로써 외향적으로 만들지 말아야 한다. 만일 이 중 어느 하나라도 하고자 한다면 왕국은 분열될 것이고, 삶의 구조는 해체되고 인간관계는 손상을 입을 것이다. 트리스탄은 계속해서 이런 행위를 시도하는데, 그는 끊임없이 아니마를 육체적인 여성으로 보려 하기에 결코 이졸데를 '나의 영혼'으로 경험하지 못한다. 그러나 트리스탄이 진정으로 갈망하는 가장 심오한 지혜는 바로 영혼의 체험이다.

트리스탄이 따르는 길 외에 다른 길도 있다. 우리는 내면세계와 외부세계를 구분하는 법을 배울 수 있다. 그러면 왕에게 여왕을 양도하고도 여왕에게 전혀 새로운 온전한 의식세계를 열어 줄 수 있다. 이 세계는 우리가 그녀를 원형으로서 만나고 내면의 경험으로 다룰 때만 열릴 수 있다.

트리스탄은 가슴 가장 깊은 곳에서 이졸데가 항상 여왕이어야 한다는 사실을 알고 있다. 이것이 바로 트리스탄이 절대 이졸데와 일상적인 혼인을 시도하지 않는 이유이다. 결정적인 순간, 트리스탄이 이졸데와의 사이에 칼집에서 뺀 칼을 놓아 둔 이유이다. 트리스탄은 궁극적으로 개인적이고 육체적인 방식으로 이졸데를 소유할 수 없다는 사실을 알고 있다. 트리스탄은 한 손으로는 이졸데를 자신만의 소유로 붙잡으려 애쓰지만, 다른 손으로는 이졸데를 왕에게 양도한다. 무의식적으로 운명에 한탄하면서 마지못해 이런 행위를 하지만, 무의식적인 행위 뒤에 존재하는 이성은 보지 못한다.

만일 트리스탄이 의식적으로 희생을 선택할 수 있었더라면, 여왕을 왕좌로 되돌려보내고 그렇게 해야만 하는 이유를 이해했더라면, 그의 운명이 이 신화에서 전개되듯 비극으로 끝나지 않았을 수도 있었을 것이다. 그는 이졸데를 언제나 자기의 여왕으로 가까이 둘 수도 있고 본래의 모습인 여신으로 이졸데를 경험할 수도 있었다. 만일 내면세계를 바른 방식으로 살았더라면, 트리스탄은 자신의 영혼 즉 숭고한 여왕을 내면의 실체로 간직할 수 있었을 것이다. 외부세계에서는 다른 여인과 자유롭게 인간적인 사랑을 경험하고 내면의 여왕은 응당 그러하여야 하듯 자신의 권리로써 열렬히 사랑할 수 있었을 것이다.

11. 소나무 아래의 속임수

"오그린 님, 제가 무엇을 참회해야 하나요? 당신은 여기서 우리 앞에 앉아 심판을 하시지만, 파도 높은 바다에서 우리가 마신 잔이 무엇인지 알기나 하세요? 선한 목마름 때문에 우리 둘은 인사불성으로 취하게 되었지요."

은둔자 오그린이 반역과 불륜에 대해 참회하라고 트리스탄을 불렀을 때 트리스탄이 한 대답이다. 사랑의 묘약을 마시는 사람들은 이것이 신의 특별한 섭리라고 주장한다. 트리스탄은 자신이 정직하다고 주장한다. 아무 잘못도 저지르지 않았다고 자기만의 도덕을 내세운다. 자신은 마법의 묘약에 취해 있었기에, 옳고 그름을 판단하던 기존의 법으로 다룰 상태 이상으로 고양되어 있었다는 것이다. 열정을 다루는 그 어떤 법으로도 심판받지 않을 것이라고 믿는다. 여러 번 신이 트리스탄 편으로 개입했기에 마치 정당하게 신의 승인을 받기라고 한 듯 주장한다.

맨 처음 두 연인이 은밀히 만나던 키 큰 소나무 아래에서는 달이 이들을 도와 왕이 나무 위에서 엿보고 있는 것을 비추어 준다. 이 둘이 연극을 꾸며 왕을 속여 넘길 때 브랑긴이 말한다.

"신이 두 분께 기적을 행하셨어요. 왜냐하면 신은 자비를 베풀고, 자신의 가슴에 정직한 사람에게는 상처를 주지 않기 때문이지요."

대체 이게 무슨 말인가? 설명하기 어려운 모순이 이 대목에 등장한다. 어떻게 왕을 배신하고 자신이 한 맹세를 어기고 왕을 바보로 만든 이들이 '가슴에 정직한' 연인들인가? 이 신이 우리의 혼인을 신성하게 만드시는 바로 그 신인가? 신이 연인들이 마신 것과 같은 와인을 마셔서 반역과 불륜을 도와주기라도 했단 말인가?

그러나 여기에는 무엇인가가 더 있다. 사랑하는 연인이 붙잡혀 처형당하기 직전 트리스탄은 절벽으로 뛰어내린다. 그때 갑자기 강한 바람이 불어 기적적으로 그의 외투자락을 잡아 낙하산처럼 서서히 떨어지게 하여, 떨어져 죽는 것을 막는다. 나중에 모로이스 숲에서 연인이 함께 누워 있는 자리에 마크 왕이 당도했을 때도 우연히 트리스탄은 칼집에서 칼을 빼 둘 사이에 놓고 잠이 들어 또 다시 연인은 목숨을 건진다. 이졸데가 신의 심판을 치르려고 신하들 앞에 섰을 때, 시뻘겋게 달구어진 쇳덩이를 손으로 집어 올리지만 이졸데의 손은 멀쩡하다. 신이 이졸데가 진실을 이야기한다고 '확인'까지 해 준 것이다.

이런 기적이 다 무엇이란 말인가? 그 뜻은 또 무엇인가? 단순히 극적 효과를 위해서 이 모든 것들을 고안해 낸 것이 아니다. 만일 우리가 이것을 이해할 수 있다면 이 연인이 진실을 말한다는 사실을 알 수 있을 것이다. 이들은 '정직하다!' 이들은 '가슴으로 순수하다.' 엄청난 힘과 진실 앞에 노출된 이들은 기존의 삶의 태도를 상실한다. 이들은 다른 세계와 공명하고 있고, 존재의 다른 차원을 경험하고 있다. 이 세계에서는 보통 인간세상의 모든 준거에 반하는 것들이 있다.

이런 기적들은 마치 '나쁜 짓'처럼 보이는 행동을 하더라도 결국은 사랑하는 연인들이 옳다고 말해 주는 듯하다. 이들이 처한 잔혹한 현실 앞에서 이 기적들은 최소한, 그리고 가능한 한 최선을 보여 주는 듯하다. 거듭거듭 '저 너머의 세계'가 개입해서 두 사람이 받아야 할, 이 세상에서의 행위에 따라 마땅히 치러야만 하는 결과를 완화시켜 준다. 마치 이 평범한 세계와 인간의 도덕에서 벗어나서 완전히 다른 세계로 발을 들여놓은 것처럼 보인다. 그렇지만 이 세계도 나름의 대가를 엄격하게 적용하고 있고 자체의 대가를 요구하는데, 그 대가가 무엇인지는 잠시 후에 보게 될 것이다.

연인들이 어느 세계와 더 공명하고 있느냐고 질문할 때, 키 큰 소나무 숲으로 돌아가 트리스탄이 했던 이야기에 귀를 기울일 필요가 있다.

"여기는 마법의 성이 아니에요. 하지만 우리 두 사람 언젠가는 아직 아무도 되돌아온 적이 없는 그 행복의 땅으로 함께 가게 될 거예요. 그곳에는 하얀 대리석으로 지은 성이 있고, 수천 개의 창문에는 촛불이 타오르고 있어요. 성당에서는 끝없이 이어지는 영원의 노래가 울려 퍼지고, 태양이 비치지는 않지만 아무도 빛을 그리워하지 않는 행복의 땅이라오."

이 '마법의 과수원'은 내면의 세계이다. 외부세계의 시공간에만 익숙한 사람들은 아직까지 탐험해 본 적이 없는 세계이다. 트리스탄이 사랑의 묘약을 마시기 전에는 이 세계가 존재하는지도 몰랐다. 그러나 일단 묘약을 마신 그 순간부터 이 세계가 트리스탄을 사로잡는다. 그의 눈은 이전에 단 한 번도 보지 못했던 강렬한 세계에 압도당한다. 몸과 마음과 모든 감각의 파장이 영원히 존재의 한 가지 차원으로만 맞춰진다.

왕은 어떠한가? 트리스탄의 인간적인 삶과 의무는 어떻게 되겠는가? 이졸데의 결혼은 무엇인가? 그녀가 했던 맹세는 또 어떻게 될 것인가? 이졸데의 남편과의 삶은 어떠한가? 바로 이 소나무 아래 장면에서 사랑의 묘약은 너무나 많은 것을 요구한다는 사실을 감 잡을 수 있다. 또 너무 많은 것을 앗아가 버리기도 한다. 우리가 의식적이지 않는 한, 우리가 바른 차원으로 이 순간을 대하지 않는 한, 사랑의 묘약은 우리를 완전히 사로잡아서 깊은 차원에까지 영향을 미친다. 인간의 삶과 기존의 관계와 이미 했던 언약들을 용해시켜 그 자리에는 아무것도 남지 않게 만든다. 반면 새로 열린 세상은 소중하고 경이롭다. 이 세계는 분명 우리 자신의 일부이다. 그리고 우리가 오랫동안 접하고 발견할 필요가 있었던 세계이다. 그러나 무의식에서 올라오는 모든 강력한 새로운 진실처럼 사랑의 묘약은 모르던 장소로 길을 찾고 보호되어야 할 것들을 파괴하고 응당 치러야 할 것 이상을 요구한다.

사랑의 묘약이 트리스탄과 이졸데를 지배할 때, 분명 이들 삶에 새로운 차원이 더해진다. 그뿐 아니라 사랑의 묘약은 옳고 그름을 판단하는 모든 감각까지 지워 버린다. 게다가 삶을 유지하게 해 주는 것들, 즉 지상의 삶에서는 절대 손상되어서는 안 될 충성과 언약과 신의도 저버리게 만든다.

사랑의 묘약 한 방울을 목구멍으로 삼킨 것으로 인해 이들의 세계 전체가 완전히 전복된다. 이제 우리는 이 묘약이 죽을 처지에 놓인 인간의 운명도 뒤바꿔 버린다는 사실을 알게 된다. 우리의 가치를 뒤집고, 그른 것을 바르게 하고, 바른 것을 그르게 만들어 기존 세상을 온통 뒤죽박죽이 되게 한다. 로맨틱 러브가 우세해진 이래로 대부분의 서양인들은 두 대극 사이에서 영구적으로 분열되었다. 한 극은 로맨스에 관한 이상이고, 다른 극은 인간관계의 언약에 대한 이상이다. 우리는 흔히 이 둘이 같은 것이라 여기지만 사실 완전히 반대이다.

로맨틱 러브로 인해 완전히 새로운 가치들이 우리 문화로 유입되었다. 우리가 깨닫지도 못하는 사이에 새로운 도덕이 우리 안에서 탄생해 우리의 태도를 형성하기 시작했다. 이로써 우리는 로맨스라는 가장 순수한 하나만을 추구하게 되는데, 이 하나는 곧 열정이다. 열정을 위해서 우리는 무엇이든 희생할 수 있다. 모든 의무, 임무, 관계, 언약도 희생할 수 있다. 코틀리 러브로 인해 우리의 삶에서 가장 소중한 것은 로맨틱한 투사를 통해 자신의 영혼을 찾는 것이라고 믿기 시작한 것이다. 우리는 다른 식으로는 영혼을 찾을 길이 없다는 사실도 배웠다. 곧, 우리가 로맨스의 이상으로부터 배운 것은, 우리에게 낯설지 않은 '사랑에 빠지는' 방식을 통해 궁극적인 황홀경을 추구하고, 마법의 과수원도 발견해야 한다는 점이다.

로맨스에의 동경은 옳고 그름에 대한 새로운 정의를 법률화한다. 새로운 도덕관에 따르면, 사랑에 빠졌을 때의 강렬함과 황홀경 그 이상 중요한 것이 없고, 또 사랑하는 연인에게서 자신의 잃어버린 반쪽인 영혼을 되찾는 것 이상 중요한 것도 없다. 이 이상에 도달하기 위해서는 열정이 유일한 방식이고,

열정으로 인해 온전하고 충만해질 수 있다. 열정이란 결국 잃어버린 신의 세계를 향해 뚫려 있는 일차선 도로인 것이다.

이러한 믿음을 통해서 우리는 삶에 도움을 얻을 수 있는 것이 아니라 옳고 그름에 관한 새로운 기준을 경험하게 되는 것이다. 사랑에 빠진 상태에서 초래되는 것이면 무엇이든지 다 옳다. 내 열정에 불을 붙이는 것은 무엇이든 옳은 것이다. 열정에 길을 가로막는 것이 있다면 그것이 무엇이든 더 고차원적인 선을 위해서 제쳐두어야 한다. 우리 모두가 트리스탄처럼 외친다. '당신은 여기서 우리 앞에 앉아 심판을 하시지만, 파도 높은 바다에서 우리가 마신 잔이 무엇인지 알기나 하세요?' 우리는 투사가 우리를 어디로 인도하든, 투사를 좇아 열정을 추구할 권리가 있다고 믿는다. 전에 맺은 관계를 깨뜨리든 말든, 다른 사람에게 상처를 주든 말든, 무의식적으로 열정을 최상의 선으로 간주하고 열정을 삶의 주요한 목표로 삶는다. 따라서 삶의 모든 다른 가치는 열정 앞에 희생된다.

현대 남성들의 경우 자신의 영혼의 이미지를 아내에게 투사하면서 결혼 생활을 시작하는 것이 전형적일 것이다. 따라서 투사가 사라지기 시작해야 남성은 자기 아내를 고유한 한 여성으로 알아 가게 된다. 이럴 때 남성은 아내를 그 자체로 사랑하고 소중함을 인식하게 되고 진정으로 사랑한다는 사실을 발견한다. 아내와 평생을 약속하고 아내 또한 남편과 언약을 하고 있다는 사실을 확인하는 아름다움을 누린다. 그러던 어느 날, 한 여성이 이 남자 앞에 등장하면서 모든 것이 달라진다. 남성은 자기의 아니마를 새로운 여성에게 투사한다. 이럴 때 만일 남성이 자신의 아니마에 대해 완전히 무지하거나 아니마에 관해 아는 것이 전혀 없다면, 이 남자가 느끼는 전부는 새로 등장한 눈앞의 여성이 완전함의 정수라는 느낌뿐이다. 황금빛 빛이 언제나 그녀를 감싸고 있고, 그녀와 함께 있을 때면 삶이 흥분되고 의미로 가득해짐을 느낀다.

바로 이 순간, 정신에서는 서로 반목하는 두 팀이 칼날을 치켜세우고 내면의 전쟁에 돌입한다. 서로 다른 두 가지의 도덕이 충돌하는데, 한 편에서는 남성의 인간적인 도덕이 소리친다. 아내를 배반하는 것은 나쁘고 혼인이 파괴될 수도 있다고 한다. 본능은 남성에게 자기가 지금 가지고 있는 것을 다시 한 번 확인해 보라고 경고한다. 자양분을 얻는 지속적인 사랑과 아내와 그동안 쌓아올린 안정감과 상호신뢰를 소중히 여기라고 말한다.

그러나 다른 한 편에서는 무의식의 마음으로부터 전혀 다른 목소리가 들린다. 로맨스의 도덕이다. 남성의 삶은 아니마를 따를 때에만 의미를 찾을 수 있고, 특히 몸을 지닌 다른 여성을 통해 자기의 영혼을 찾아야만 한다고 속삭인다. 다른 방식으로는 영혼을 찾을 길이 없다고 하면서 열정이 세상의 전부라고 말한다. 사랑의 묘약의 도덕은 남성에게 치러야 할 값

이 무엇이든 열정을 따라야 하는 것이라고 주장한다. '남성은 사랑에 빠질 권리가 있어. 그게 바로 진짜 삶이야! 강렬함과 자극을 누릴 의무가 있어!' 고대의 목소리인 카탈과 궁정의 모든 기사와 숙녀가 한 목소리로 이렇게 속삭인다. 진정한 사랑이란 결혼 생활이나 보통의 관계에서는 찾을 수 없고 아내가 아닌 다른 여성에게서만 얻을 수 있는데, 그 이유는 평범한 여성이 아니라 여신의 이미지를 지니는 여성과의 관계에서만 가능하기 때문이라고 속삭인다.

바로 후자의 도덕이 트리스탄을 사로잡은 것이다. 키 큰 소나무 아래서 밀회를 하던, 야생의 숲길을 배회하던 트리스탄이 따르는 법은 언제나 이것이다. 이럴 때 이 목소리에 반하는 유일한 소리는 무뚝뚝한 오그린의 음성이다.

"군주에 반역을 하는 인간은 능지처참을 해서 결박한 채로 태워 죽여야 마땅하지요. 그 태운 재가 떨어진 땅에는 풀도 나지 않는답니다……. 트리스탄 경, 로마법에 따라 법적인 배우자에게 여왕을 돌려보내시오. 그리고 참회하십시오, 트리스탄."

여기 현명하고 매력 있는 태고의 음성을 지닌 사람이 있다. 그의 입에서 나오는 낡은 법은 이상하게 들린다. 오그린의 권고를 대책 없이 순진한 노인이 하는, 사라진 구시대의 도덕으로 비웃으면서 무시해 버리고 싶은 유혹이 올라온다.

그러나 그 어떤 도덕적 이상도 자세히 그 이면을 들여다보면 무엇인가 가치 있는 것을 찾을 수 있다. 이런 가치들은 근거도 없이 임의적으로 조작된 것이 아니다. 이 가치들은 인간 정신의 심오한 곳에서 탄생해서 인류에게 필요한 해답을 제공한다. 모든 도덕은 너무 빨리 피상적인 사회체제로 수렴되는데, 자연히 사람들이 진정 필요로 하는 부분들은 사라지고 임의적으로 규칙만 규정하는 석고화된 화석으로 변질된다. 그러나 우리는 인위적인 것의 이면을 볼 수 있고, 그 안에서 도덕이 수행하는 진정한 필요성을 찾아 볼 수 있다. 나이 든 은둔가는 기묘한 단어를 나열하는 가운데 충심으로 충성과 언약의 특질을 들려준다. 그 중에서도 특히 혼인에 관해 탄원하고 있다. 오그린은 인간은 상호 의존할 수 있다고 토로한다. 오그린은 인간이 서로에게 한 언약을 진실로 존중하지 않는 한 사람들이 의미 있는 방식으로 상대를 사랑할 수 없다고 말한다. 오그린은 트리스탄과 이졸데가 성적인 믿음을 저버렸다는 사실을 알고 있을 뿐만 아니라, 모든 충성과 언약과 의무를 포기하고 오직 열정만을 위해 혼신을 다한다는 사실도 알고 있다.

그러나 열정에 대한 책임을 인간에 대한 책임의 대용물로 간주할 수 없다. 우리 문화에서는 이 두 감정을 완전히 혼돈하고 있는데, 우리 모두 열정을 찾으려 애쓰고 영원토록 사랑에 빠져 있기를 갈구한다. 이것이 한 사람에 대해 책임을 다하는 것과 동일한 것이라고 생각한다. 그러나 열정은 언젠가는 식게 되어 있다. 그러는 다른 매력적인 사람에게 옮겨간다. 우리가 만일 열정만을 추구한다면 각자의 진정한 존엄은 있을 수 없다.

존엄과 책임은 인간관계의 구조에서 원형이다. 이들은 우리에게 공기나 음식만큼 필요하다. 곧, 오그린이 말하는 도덕, 즉 책임의 도덕으로부터 인간에게 절실히 필요한 안정감과 존엄과 지속적인 관계가 자라게 되는 것이다.

우리의 대다수는 ‘책임이 수반된’ 관계를 추구한다. 우리는 스스로 필요한 것이 무엇인지 느끼고 있고, 이에 관해 지속적으로 이야기하고 관련된 책들도 읽는다. 그러나 ‘책임의 수반’에 대해 우리가 하는 이야기들은 미처 시작도 되기 전에 우리가 지닌 열정으로 인해 파괴가 일어난다. 관계를 위해 반드시 필요한 ‘책임의 수반’ 없이 이루어질 수 있는 것이 바로 로맨스이기 때문이다. 그렇지만 사실은 관계를 위해 본질적인 것은 애정과 책임이다. 자세히 보면 로맨스는 완전히 다른 체계이다. 사랑과 책임과는 완전히 다른 가치임을 알 수 있다. 우리가 만일 궁극적으로 추구하는 것이 로맨스라면 로맨스를 얻기는 하겠지만, 거기서 책임이나 관계를 찾을 수는 없다.

남성이 한 여성과 결합되었을 때 언약을 한다. 그가 더 이상 그녀를 사랑하지 않을 때, 심지어 열정의 불길이 더 이상

타오르지 않을 때조차도, 그리고 더 이상 그 여성을 자기 영혼의 반영이나 완전함의 이상으로 보지 않을 때에라도, 그녀와 함께하리라는 내적 확신이 있을 때에 언약을 한다. 한 남성이 내면으로부터 진실하게 이런 말을 한다면 이 남성은 책임이란 단어의 핵심을 접하게 된다. 그러나 이 남성에게는 내면의 전투가 예고된다는 사실도 알아야 한다. 사랑의 묘약은 너무도 강렬하기 때문이다. 이는 가장 예기치 않은 때 우리를 사로잡고 우리를 통제한다. 사랑의 묘약을 바른 차원에 두면서 자기가 맺은 인간관계도 배반하지 않는 것이 현대의 서양 남성에게 주어진 가장 어려운 의식적 과제이다.

키 큰 소나무 아래의 갈등에서 다른 두 개의 도덕이 노출되었다. 하나는 로맨스의 도덕이고, 다른 하나는 인간 책임의 도덕이다. 우리 각자의 내면세계에는 과거부터 두 가지의 다른 도덕을 지닌 군대들이 정렬해서 천 년 동안 중단되지 않는 전투를 벌이고 있다. 그런데 문제는 전투를 통해서 이 전쟁을 해결할 수 없다는 점이다. 각 연대의 깃발에 장식된 두 가지의 도덕 모두가 우리에게 필요한 진실이기 때문이다. 따라서 이 둘 중 어느 하나도 상실하거나 파괴해서는 안 된다. 궁극적으로 이 두 군대는 우리가 어떤 차원에서 각각의 진실을 살아내느냐를 배우기 전까지는 끊임없이 충돌하면서 서로를 파괴할 것이다. 로맨스의 도덕에 숨어 있는 것은 영혼의 진실이다. 내면세계의 진실이고 진정한 마법의 과수원의 진실이다. 이는 내적으로 살아야 한다. 오그린의 도덕에 숨겨진 진실은 인간의 존엄과 책임의 진실이다. 이는 외부세계에서 우리가 타인과 맺는 관계 속에서 살아야 한다.

우리의 역할은 평화의 중재자가 되는 것이고 두 진실을 모두 확고하게 사는 것이다. 각각의 진실이 갖는 필요가 다 존중되어야 한다. 그리고 각각의 세계가 모두 존중될 때 고대의 군대는 무기를 내리고 평화를 얻게 될 것이다.

12. 모로이스에서 사 년째 되던 해

사랑의 묘약은 삼 년간 효력이 지속된다.

'이졸데의 어머니 마법사 여왕은 삼년간의 사랑을 위해 이 묘약을 만들었다.' 이는 트리스탄과 이졸데 신화를 가장 먼저 기록한 시인 베로울의 표현이다.

주술이 삼 년간 지속된다는 것은 그저 하다 보니 우연히 그렇게 된 것이 아니다. 트리스탄과 이졸데가 사 년째 되던 해 모로이스 숲을 떠나는 것도 우연한 사건은 아니다. 숫자는 상징이다. 특별히 숫자 3과 4는 의식의 특별한 단계에서 등장한다. 숫자 4는 전일성과 완전함과 하나됨을 상징하는데, 우주의 4대 요소, 네 방향, 사계절, 만다라의 네 구획 등 이 모두는 역사적인 시간이 시작되기 이전, 의식통합의 보편적인 상징이었다. 꿈과 신화에서 숫자 4가 등장하는 경우는, 물건이 넷이든, 네 명의 사람이든, 혹은 네 구획으로 나누어진 시간이든 무엇이든 간에 통합의 가능성을 내포한다. 정신이 통합을 향해 나아가거나 진화가 완성을 향해 진행되는 시기인데, 대가를 지불한다면 새로운 차원의 의식이 열린다. 숲에서 사 년째라는 표현은 이 의식 진화의 서막이 이미 손 안에 있음을 상징하는 것이다.

역으로 3은 불완전의 상징이다. 우리가 불완전한 존재라는 사실을 깨닫게 되는 의식의 단계이다. 이 단계에서는 아직 우리가 진정으로 누군지 알지 못할뿐더러 삶의 수수께끼를 풀지 못한 상태이다. 3은 동적이고 결코 쉼이 없다. 항상 잃어버린 요소, 완전한 4위 일체에서 알려지지 않은 네 번째 요소를 찾게 된다. 3은 아직 우리가 온전함이나 전체로서의 우리 자신을 의식하지 못하는 단계를 뜻하므로, 진정한 자기를 향해 나 있는 보이지 않는 길과 삶의 궁극적인 의미를 찾으려고 애쓰는 단계이다. 우리 삶에서 잃어버린 네 번째 요소를 더하면 4가 되고, 4는 궁극적인 하나이다. 이때는 온전함의 의식과 개성화가 기정사실이 된다.

우리는 블랑시플레르가 남편이 죽고 삼 일 동안 생기 없이 지내다가 나흘째 되던 날 트리스탄을 출산한 사실을 기억한다. 또 몰홀트와 트리스탄이 섬에서 싸울 때 지르는 세 차례의 고함 소리도 들었다. 그 뒤로 트리스탄의 운명이 작동한다. 우리는 아직 3을 다루고 있는데, 이 신화에서 4가 여러 번 등장하는 것도 알고 있고, 심지어 트리스탄의 삶의 마지막 순간에까지 등장한다.

트리스탄과 이졸데는 모로이스 숲에 삼 년간 머문다. 숲에 있는 동안 이들은 주술에 걸려 있다. 야생의 피조물처럼, 얼굴은 창백하고 일그러진 채 옷가지는 나뭇가지에 걸려 찢기고 낡아서 남루하고, 짐승과 풀뿌리로 연명하며 산다. 그래도 이들은 자기들이 겪는 고통을 느끼지 못하는데, 이는 모두 마법의 와인 탓이다. 타인의 시선도 함께 마셔 버려 이들은 서로의 꿈 속에서만 깨어난다. 두 연인에겐 모로이스 숲이 삶의 전부이고 마법으로 가득한 매혹적인 과수원이다. 우리는 이들을 지켜보며 로맨스의 투사가 삶의 전부가 아님을 알지만 이들에게는 전부로 보인다. 연인은 숫자 3의 지배 아래 살고, 우리는 숲 밖에 더 넓은 세계가 존재한다는 사실을 알고 있다.

삼 년이 지나자 갑자기 주문이 사라진다. 보이지 않던 진화의 시계가 움직임을 시작하고 시간을 알린다. 이때가 모로이스 숲에서 사 년째 되던 해이다. 마크 왕이 기적적으로 이들이 살고 있는 자그마한 헛간으로 걸어 들어온다. 거기 잠들어 있는 연인들 사이에 자신의 검을 남겨 두고 그의 법과 사랑의 표시로 반지를 남긴다. 왕은 트리스탄에게 보통 인간의 삶으로 돌아오라고 요청한다. 이졸데에게도 내면세계로 돌아와 자기 옆자리에 머물길 요청한다. 드디어 진화가 일어난다. 이제 모든 것이 결실로 이어질 때이고 새로운 삶을 위한 시간이 시작된다.

사랑에 빠질 때 사람들은 누구나 모로이스 숲으로 달아난다. 이럴 때 삶의 초점은 오로지 로맨스의 판타지에 맞추어져 있다. 투사를 통해 마침내 자신을 찾은 듯하고 삶의 온전함을 발견한 느낌이 든다. 그러나 우리가 모르고 있는 것은 우리 스스로를 모로이스 숲에 가두어서 세상과 차단하고, 투사의 안개 속에 갇혀 시간을 잃어버린다는 사실이다. 모로이스 숲에서의 삶은 남성이 자기가 혼인한 여성하고 사는 것도 아니고, 그렇다고 자신이 추구하는 아니마와 사는 것도 아니다. 이것은 자기가 투사하는 아니마와 살아가는 것인데, 이런 사람의 눈에 반짝이는 것은 그저 환영일 뿐이다. 환영은 품에 안으면 이내 사라져 버린다. 나무 숲 사이의 바위 뒤, 물안개 속에 반쯤 몸을 숨긴 채 그 모습을 드러내었다가는 잡으려 하면 사라져 버린다. 사실 이럴 때 남성에게는 선택권이 없다. 사랑의 묘약 때문에 완전히 홀려 있는 상태이기 때문이다. 그러나 불가피하게도 주술이 깨어지는 순간이 다가온다.

트리스탄이 꿈에서 깨어난다. 삼 년간의 긴 꿈이다. 트리스탄은 자기가 자고 있는 동안 마크 왕이 다녀갔다는 사실을 발견한다. 왕이 남긴 화해의 표시는 트리스탄이 삼 년간 잊고 지냈던 마법의 과수원 밖에 있는 인간 세계의 마음 상태이다. 우정과 관심, 일과 의무, 의욕과 사람들 사이의 관계가 머릿속에 떠오른다. 마침내 트리스탄은 여왕을 왕에게 돌려보내기로 결심한다. 여왕의 본래 자리인 고운 비단이 걸려 있는 궁전으로 그녀를 돌려보내려 한다.

이 순간이 정확하게 투사를 철회할 기회이다. 진정한 관계를 시작할 기회의 순간이기도 하다. 주술이 풀렸다! 왕은 자기 것을 주장하러 왔다! 만일 이를 볼 수 있고, 수용할 수만 있다면 새로운 시대가 도래할 것이다. 이것이 바로 숫자 4로 상징되는 진화이다. 운명이 트리스탄을 이끌어 펼치는 경이로운 가능성이다. 사랑의 묘약이 지닌 힘에서 벗어나면 남성은 자기가 사랑하는 여인과 자기가 그녀에게 투사한 것이 다른 두 실체라는 것을 볼 기회를 얻는다. 자신이 투사한 것이 사실은 자신의 일부라는 사실을 배울 기회가 주어지는 것이다. 투사한 부분은 자기 내면의 잠재력인데, 언제나 다른 여성을 통해서만 이것을 살려 했기에 이전에는 만난 적도 없고 알지도 못했던 자기 자신의 일부이다.

모로이스에서의 네 번째 해란 이중의 계시이다. 로맨틱 투사의 철회로 인해 상대 여성을 자기의 잃어버린 영혼의 운반자나 살지 못한 삶을 간직한 존재로 바라보던 것을, 여인을 존재 그 자체로 바로 보게 되는 것이다. 비로소 한 여성과 진실한 관계를 맺을 수 있고 여성이 지닌 진정한 가치를 볼 수 있는 힘이 생긴다. 상대를 동등한 인간으로, 스스로의 권리를 지닌 존재로 보면서 관계를 맺을 가능성이 열린다. 이로써 남성은 여성을 본 모습 그대로 이해하고, 자체의 복잡다단함을 지니고 자신의 강함과 재능을 지닌 한 인간으로 알아 가는 계기가 열린다. 이는 분명 자신이 투사하던 여성과는 큰 차이가 있다.

이상하게도 대다수 남성은 로맨틱 러브의 이 단계, 즉 주술이 깨지는 순간을 마치 커다란 불행처럼 생각한다! 그러나 이는 진화에 결정적인 때이고 경이로운 가능성이 펼쳐질 시점이다. 그러나 대개의 남성은 이 순간을 어쨌거나 비극이라고 믿는다.

예기치 않았지만, 투사하던 여성에게서 투사가 사라지는 순간을 남성들은 종종 상대 여성과의 미몽에서 깨어났다고 표현한다. 상대 여성이 자신의 판타지를 체현하는 존재가 아니라 단순한 인간이란 사실을 알고는 실망한다. 마치 상대가 무슨 잘못이라도 한 듯이 행동한다. 만일 이 남자가 눈을 제대로 뜬다면 마법이 풀리는 바로 그 순간에 진정으로 상대 여성이 누구인지 발견할 수 있는 황금의 기회가 열린다는 사실을 알게 된다. 동시에 자신이 상대 여성에게 투사하고 상대를 통해 살아보려 했던 미지의 자기 자신도 발견할 기회가 주어진다.

새 시대를 맞은 트리스탄도 대다수 남성처럼 행동한다. 그는 불행한 자기 운명을 탄식한다. '왕이 이졸데를 데려갈 것이다! 나는 어쩌란 말인가?' 트리스탄이 믿는 바로는, 투사로나마 이졸데와 관계를 맺지 않았다면 자기는 이졸데와는 전혀 관계를 맺을 수 없다고 생각한다.

여기서 우리가 이해해야 할 결정적인 내용이 나온다. 트리스탄은 이졸데를 잃는 게 아니다. 자신의 아니마를 잃는 것은 더욱 아니다. 이는 모두 한 가지 이슈로 수렴된다. 어떤 차원에서 아니마와 함께 살게 될 것인가? 트리스탄은 자신의 영혼을 다시 자기 것으로 회복할 수 있을 것인가? 자기 영혼을 자신의 일부로 살아갈 수 있을 것인가? 자신이 살지 못한 삶에 대한 책임을 자기가 질 것인가? 내면의 왕에게 영혼을 되돌려 준다는 의미는 바로 정확하게 이것이다. 자기 자신의 영혼을 다른 여성에게 위임하는 대신에, 자신의 영적인 삶을 스스로 책임지기 시작하는 것이다.

이 이슈는 현대의 남성들에게 언제나 고통스럽다. 남성들은 상대 여성을 통해 자신이 살아내지 못한 부분을 사는 패턴에 너무 익숙해져 있어서 이 패턴을 포기한다는 게 커다란 비극처럼 다가온다. 대다수 남성들은 어느 날 한 여성이 나타나 삶의 강렬함과 기쁨을 주고, 자신을 온전하게 만들어 주길 바란다. 그러면 자신의 삶은 완전해질 것이라는 희망을 간직하고 있다. 남성은 상대 여성과 함께 살 수 있다. 친밀한 관계로도 발전할 수 있다. 그러나 자신의 삶은 여성을 통해 살 수 없다는 사실을 인식하는 것은 쉽지 않다.

마찬가지로 여성에게도 이 이슈는 다루기 어렵다. 수많은 여성들이 전업 주부나 자녀 출산 같이 제대로 가치를 인정받지 못하는 역할에 고착되는 데 대항해서 일어설 준비가 되어 있다. 그러나 남성들이 자신의 아니마를 여성에게 투사하고 있다는 사실을 반추해 볼 정도로 객관적인 여성은 많지 않다.

우리 문화는 여성이 인간으로서 역할을 수행하도록 가르치는 게 아니라, 남성의 이상이나 판타지를 투사하는 거울 역할을 하도록 훈련시킨다. 여성이면 할리우드의 어린 배우를 모방해야 하고 새 신부같이 차려입어야 하는 등 집단의 아니마 이미지에 따라 행동해야 할 것 같다. 여성을 각자의 고유한 존재로서 대하는 게 아니라 남성의 판타지를 체현하는 존재가 되어주기를 바란다.

대다수 여성은 이러한 역할에 너무 익숙해져 있어서 기존의 질서가 변화되는 데 저항을 한다. 이런 여성은 한 인간이기보다는 계속해서 남성을 위한 여신 역할을 기꺼이 하려 든다. 거의 신적인 숭배를 받고 흠모의 대상이 되는 데는 분명 어떤 매력이 있다. 그러나 이런 역할을 수행하면서 살자면 지불해야 할 대가도 엄청나다. 자신을 여신으로 바라보는 남자는 한 인간으로서 관계를 맺을 수 없다. 남성은 단지 자신의 투사, 즉 자기 내면의 신성과 관계를 맺을 뿐 상대 여성과 관계를 맺지는 않는다. 그러다 투사가 철회되거나, 다른 여성에게 투사를 옮겨 갈 때는 숭배도 흠모도 함께 옮긴다. 만일 인간과 인간이 맺는 관계로 발전하지 않으면 투사가 증발했을 때는 아무것도 남지 않는다.

대다수는 이를 감지한다. 그래서 투사가 지속되도록 엄청난 시간과 에너지를 투자하는데, 관계에 판타지적 요소가 살아 있도록 해서 초인간적인 감정에 매달릴 수 있는 길을 찾으려고 무척 애를 쓴다. '결혼 생활에서 로맨스를 유지하는 기술' '관계에서 흥분을 유지하는 기술' '배우자가 자신과 사랑에 빠진 걸 확인하는 기술'이란 표현들 안에는 관계의 유일한 토대는 투사라는 추정이 들어 있다. 투사가 걷히면 관계나 결혼의 토대가 사라지므로 결혼을 구하려고 투사를 조작하고, 투사를 지속하는 기술을 계발하려 매진한다. 현대 서양인들에게는 평범한 두 사람이 인간적으로 관계를 형성해서, 가장 평범하게, 불완전한 각자가 서로를 사랑하는 투사가 없는 관계는 허용되지 않는다. 그렇지만 정말로 필요한 것은 바로 투사의 증발이다. 궁극적으로 지속되는 관계란 서로를 평범하고 불완전한 인간 자체로 바라보면서, 환상이나 과장된 기대 없이 서로를 사랑하는 커플들 사이에서만 가능하다.

투사는 그 자체의 법칙이 있다. 투사는 조작될 수도 있다. 인위적으로 투사를 자극하여 한동안 투사가 지속되도록 만들 수 있다. 그러나 언제나 상징적인 '삼 년'이 지나고 사랑의 묘약 효과가 사라져 투사가 걷히는 시점이 반드시 있다. 이때 우리는 대면하고 결정해야 하는 이슈를 들고 모로이스 숲에 서 있는 트리스탄과 같은 상황에 놓이게 된다.

만일 남성이 모로이스 숲에서 졸업을 할 수 있다면, 자신을 위한 새로운 세계를 열 수 있다. 이런 남성은 자신 안에 있는 어떠한 부분의 잠재력과 힘은 여성을 통해서는 결코 살아낼 수 없다는 사실을 발견한다. 상대 여성을 자기가 살지 못한 삶이나 깨닫지 못한 자신을 간직한 존재로 바라볼 수 없다는 사실도 인식하게 된다. 남성은 혼자서 스스로 해야만 하는 일들이 있다는 사실을 알게 되고, 내면의 삶이 반드시 있어야 한다는 것도 깨닫게 된다. 또 자신에게 의미 있는 가치를 위해 일해야 한다는 사실도 알게 된다. 영혼에서 샘솟는 관심과 열정을 여성을 위해 한 번에 써버려서는 안 된다는 것도 안다. 이것이 바로 트리스탄이 이졸데와의 사이에 칼집에서 뺀 칼을 놓아 둔다는 의미와 일맥상통한다. 자신의 개성화 과정이나 자신의 의식적인 삶은 상대 여성이 이끄는 삶과는 엄밀히 구분된다.

이러한 구분을 한다고 상대와의 관계가 손상되지 않는다. 오히려 관계가 개선된다. 상대에게 자신을 위해 영혼을 간직한 존재가 되라는 부담을 덜어줌으로써 처음으로 상대를 본연의 모습으로 대할 수 있게 된다. 개별적 인격체로서의 특별함과 고유한 인간성을 지닌 존재와 관계를 맺는 것이 가능해진다. 상대 여성 또한 자신의 삶이 있고 자신의 존재 이유를 지닌다는 사실도 깨닫는다. 여성도 마찬가지로 자신의 전 존재를 상대 남성에게 투사할 수 없으며 상대를 통해 자신의 삶을 살 수 없다. 여성의 남은 생애가 남성이 살지 못한 삶을 위한 포장이어서는 안 된다.

이 진화에는 놀라운 잠재력이 숨어 있다. 이는 친애하는 사람과 진정으로 관계를 맺는 동시에, 완전히 개별적인 존재일 수도 있는 가능성이다. 모로이스 숲을 떠나 이졸데를 왕에게 돌려주듯, 남성이 자신의 영혼을 자기 내면으로 되돌림으로써 개성화의 길로 깨어나게 된다. 자기 삶에 대한 책임은 자신이 짐으로써 결코 타인을 통해서는 살아낼 수 없는 자신의 일부가 있다는 사실을 알게 되면, 예기치 않았던 자신의 가능성과 복잡성도 깨닫게 된다. 자신의 고유함이 깨어나면 개성을 지닌 여성과 직접적인 관계도 가능해진다. 진정한 개성화의 시험은 타인과 관계를 맺고 타인을 한 개체로 존중하는 능력까지 포함한다.

진화 단계에서 우리의 가능성이 가장 풍요롭게 드러나는 순간이 정확히 이 지점이다. 그러나 불행하게도 대다수 사람들은 기회를 상실한다. 모로이스에서의 졸업을 거절하고 숲으로 되돌아가는 길을 택하는데, 이 길은 투사의 숲으로 돌아가도록 인도한다.

남성이 자신의 삶을 다른 사람을 통해 살려고 할 때, 대개 그것에 내포된 진정한 함의는 보지 못한 채 쉽게 결론으로 돌진한다. 이럴 때 남성은 '자기를 찾기 위해서' 아내와 헤어지기를 고려할 수도 있다. 결혼 생활 동안 자신이 하지 못했던 것을 전부 생각해 낸다. 자신의 삶이 끝나 간다고 느끼기 때문에 삶의 목표를 되찾고 싶어 하고, 자신의 어떤 목적도 깨닫고 싶어 한다. 학교로 돌아가기도 하고, 새로운 경력 쌓기를 시작해 보기도 하고, 자신을 계발하려고 다이어트도 하러 간다. 예전에 실패했던 자리로 돌아가고 이전에 하지 못했던 것들을 하고 싶어 한다.

만일 남성이 이런 이상을 객관적으로 들여다보기 시작하면, 결혼이나 관계 안에서도 이런 것들을 할 수 있다는 사실을 알게 될 것이다. 결혼이냐, 개성화냐? 이것 아니면 저것 식으로 나눌 필요도 없다. 지금까지 이러한 것들을 하지 못한 이유가 결혼했기 때문도 아니고 더욱이 아내가 방해했기 때문도 아니다. 진정한 이유는 스스로 이런 것을 할 정도의 자제력과 상상력을 지니지 않았기 때문이다. 그는 아내가 그를 위해 자신이 살지 않는 삶을 살아 주기를 기대해 왔다. 아내가 자기 삶을 완전하게 만들어 주길 기대했고, 자신을 가꾸지는 않으면서 온전해지기만을 바랐다. 그러다가 어느 날 문득, 자신이 불완전하고 삶은 충만하지 않다는 느낌이 든다. 이때 자신보다는 아내를 비난한다. 아내가 '자기 앞길을 막았다'거나, '자기를 약하게 만들었다'거나, '진정한 자신이 되는 걸 방해했다' 라고 주장한다.

이런 자세는 투사의 주기를 영속화할 따름이다. 다시 모로이스 숲의 안개와 수렁 길로 들어선다. 이런 방식으로 접근하는 남성은 대개 기존에 관계하던 여성과의 관계를 청산하려 든다. 자기 방식으로는 삶을 어떻게 변화시킬지 아무런 대안도 없다. 대개는 아무 노력 없이 자기 문제를 해결해 주고 자신의 삶을 완전하게 만들어 줄 다른 여성을 찾게 된다. 여성을

통해 자신의 무의식을 살아보려는 다람쥐 쳇바퀴를 돌리는 것
이다. 패턴이 똑같다. 그래서 같은 방식의 삶으로 인도되는 것
이다.

남성은 개성화를 회피하는 방법을 택함으로써 숲으로 돌
아가는 길로 들어선다. 만일 이 남성이 관계나 결혼 생활에 머
물면서 자신의 개성을 발전시키는 책임을 진다면, 그때는 정
직하게 이슈를 대면할 수 있다. 우리의 삶에는 두 가지 특질이
필요하다는 것이 절대적인 사실이다. 우리는 개성화가 필요하
고 동시에 특별한 사람과 관계를 맺는 것도 필요하다. 하나를
대가로 지불하면서 다른 하나를 택할 수는 없다. 완전한 관계
를 맺는 사람이 아니면 완전히 개별적 존재가 될 수도 없다.
이 두 측면은 오래 전 고대로부터 서로 묶여 있는데, 이 둘은
같은 실체의 양면이고, 같은 원형의 두 측면이기 때문이다.

사 년째 되던 해, 모로이스에서 주술이 풀렸을 때 이 위대
한 진화의 가능성이 등장한다. 개성화와 관계형성 간에 화합
을 이룰 수 있는 놀라운 가능성이 주어진 것이다. 내면에 존재
하는 이 두 가지의 강력한 에너지가 일으키는 갈등으로부터
진화해서, 한 인간 안에 이 둘을 모두 성취할 수 있는 통합의
가능성을 이룰 수 있다.

따라서 트리스탄에게 희생이 요청된다. 트리스탄은 아니
마와 여성 둘 다를 희생하길 요구받는다고 생각하지만 사실은
그렇지 않다. 그에게 요청되는 희생은 아니마에 접근하는 방

법과 여성에게 접근하는 방식의 구분이다. 그는 투사를 통해서 자기 영혼을 살아내는 권리를 포기하도록 요청받았다. 여성에게 남성 자신을 위한 무의식을 간직해 달라는 요구를 포기해야 한다. 만일 그가 이런 희생을 할 수 있다면, 자기가 상실했다고 생각하는 것이 자기에게 되돌아온다는 사실을 알게 될 것이다. 그의 영혼이 자기 내면의 경험으로 돌아올 것이다. 그리고 다른 이졸데를 만나게 될 것이다. 모로이스 숲 밖에는 트리스탄이 투사하는 세계의 안개 너머에서 언제나 그를 기다리는 여성이 있다.

이것이 희생의 법칙이다. 만일 남성이 잘못된 차원에서 소유하는 것을 포기하면, 바른 차원으로 돌아오게 된다. 트리스탄이 아름다운 이졸데와 잘못된 차원에서 함께 살기를 포기한다면, 이졸데는 바르고 감당할 수 있는 차원으로 그에게 되돌아오게 될 것이다. 사실은 이졸데가 둘이기 때문에 서로 다른 차원으로 각각의 이졸데를 경험할 수 있다. 그렇게 한다면 트리스탄의 풍요로움은 배가 될 것이다. 한 이졸데는 트리스탄 영혼의 이미지로 관계하고, 다른 한 이졸데는 평범한 여성으로 관계를 맺을 수 있다.

안타깝게도 트리스탄은 이 희생을 하는 데 실패한다. 맨 마지막 순간 트리스탄의 남성성과 그의 결의가 너무 약하다. 트리스탄은 이졸데와 남몰래 만날 약속을 한다. 언제나 이졸데 곁에 머물면서 은밀히 이졸데를 만나러 오겠다고 약속한다. 트리스탄은 이졸데가 부를 때면 언제든 어디서든 달려오겠다는 맹세의 징표로 이졸데의 녹색 옥반지를 가지고 간다. 이로써 또 한번 왕을 배반한다. 그는 다시 투사의 세계로 이졸데를 되돌려 놓는다. 이들의 관계는 예전 방식으로 유지될 것이고 모반과 밀회, 배반과 맹세의 파기라는 쳇바퀴를 되풀이할 것이다.

트리스탄이 약속을 지켜 확실히 희생을 한다면 이졸데와의 관계를 새로운 차원으로 승화할 수 있을 것이다. 그러나 그는 희생하기를 포기한다. 모든 진화를 허사로 만들어 버린다. 이 불완전한 희생의 상징이 녹색 옥반지이다. 왜냐하면 이 반지가 이 둘이 희생을 포기한다는 날인이기 때문이다. 우리는 이 이야기가 끝나기 전에 이 녹색의 반지가 얼마나 끔찍한 결과를 초래하는지 보게 될 것이다.

남성은 모두 운명적으로 주술이 풀리면서 모로이스 숲에서 나오라는 요청을 받는다. 이때가 결정과 희생의 순간이다. 왕은 트리스탄에게 아름다운 이졸데뿐만 아니라 다른 여성과도 새로운 방식으로 살아가도록 촉구한다.

이 신화에서 묘사되듯, 원형적인 요소를 다룰 때는 언제나 신화에 묘사되는 이상이 직접적인 현실의 삶으로 전환되지 않을 수 있다는 사실을 기억하는 것이 좋다. 서양 문화는 피임에 관한 로마식 견해나 이혼에 관한 전통적인 시각이나 일부일처제를 이상적인 것으로 기술한다. 이런 이상을 토대로 문화가 방향을 잡아가는 것처럼, 트리스탄과 이졸데의 이야기에 등장하는 고양된 신화적 이상도 인간사에서 언제나 오고가는 가능성으로 등장하지만은 않는다. 이 점에 관해 주역에 등장하는 글귀를 통해 용기를 얻을 수 있다.

중국에서 일부일처제는 공론화된 규칙이다. 당연히 모든 남성이 공식적으로는 아내를 하나만 얻는다. 결혼이란 두 개인의 문제라기보다는 두 가족의 문제로써, 훨씬 더 엄격한 형태로 이를 준수하겠다는 계약인 것이다. 그러나 남편은 좀 더 개인적 성향을 즐길 권리도 가지고 있다. 물론 이는 대단히 어렵고 미묘한 문제인데 모든 사람을 배려하는 부분에서는 기지가 요청된다. 그러나 호의적으로 보면, 이것이 유럽 문화가 답을 찾는 데 실패한 문제에 대한 해결책을 드러낸다. 말할 필요도 없이, 중국에서 여성을 위한 이상적인 형태는 유럽에서의 그것보다 성취될 빈도가 훨씬 낮다. (《주역》 p. 209)

고대 중국에서의 이 미묘한 관찰은 우리에게 용기를 준다. 이상은 높은 곳에서 손짓을 한다. 그러나 우리가 그 이상을 늘 성취하는 것은 아니다.

Ⅳ부

흰 손의 이졸데를 발견한 트리스탄,
사랑과 죽음은 어떻게 뒤섞였는가?

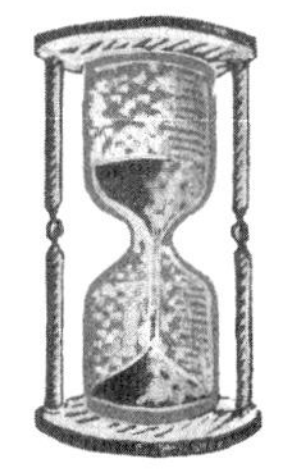

"그대여, 나는 날아가야 해. 죽음이 가까이 왔어요. 시간이 가까워졌어요."
지상에서의 삶을 거부한 트리스탄과 이졸데는 함께 죽음을 택한다. 황홀경과 이별의 아픔과 오랜 방황은 이렇게 비극적인 죽음으로 끝난다.

흰 손의 이졸데를 발견한 트리스탄,
사랑과 죽음은 어떻게 뒤섞였는가?

트리스탄이 지금 어디에 있는지 찾아보자. 우리가 남겨 두었던 바로 그 자리에서 머나 먼 땅들을 이리저리 배회하고 있는 트리스탄이 보인다.

아름다운 이졸데와 콘월 땅과 연을 끊은 후에 '슬픔을 달래려고 대양과 섬과 여러 땅을 두루 돌아다닌다.' 이졸데 없는 삶은 공허하다. 살아 있지만 죽음과 같은 나날이 계속되는데, 이 슬픔에서 놓여나기 위해 트리스탄은 차라리 죽기를 바란다. 그렇지만 동시에 이졸데와의 기억에 집착하고 있어서 슬픔을 자연스러운 삶의 일부인 양 받아들인다. 이졸데를 제외하고 여자라면 모조리 거부하고 전장과 모험의 땅을 떠돌아다닌다. 마치 운명에 끌려다니기라도 하듯 영원히 집 없이 떠도는 신세다.

"나는 황폐해졌어. 내가 성취하는 것들이 내겐 아무런 의미도 없어. 내 여인은 너무나 먼 곳에 있어. 나는 어쩌면 다시는 그녀를 못 볼지 몰라. 그녀는 왜 이태씩이나 내게 소식을 보내지 않지? 내가 방황할 때 전령을 보내 나를 왜 찾아주지 않지? 아마 틴타겔의 마크 왕이 이졸데를 존중하고 사랑해서 이졸데는 왕에게 기쁨을 선사하고 있나 봐. 나를 잊어버린 그 여인을 나는 왜 잊을 수 없을까? 이 불행으로부터 나를 치유해 줄 누군가를 찾을 수는 있을지?"

트리스탄은 모르고 있지만, 하늘이 곧 이 질문에 대한 응답을 할 것이다.

트리스탄은 브리타니Brittanly로 말을 달린다. 그곳에서 암울한 장면을 목격하는데, 땅은 메마르고 도시는 버려졌고 농장은 불탔다. 은둔자가 트리스탄에게 말하길, "훌륭한 기사여. 우리의 왕이신 호엘Hoel이 그의 부하 난테스의 리올Riol of Nantes 백작에게 잡혀서 칼학스Carhaix 성에 갇혀 있다오. 반역자 리올은 이 땅을 폐허로 만들었소."

트리스탄은 즉시 말을 몰아 칼학스의 성벽 아래로 내달려 왕에게 소리친다. "나는 리오네스의 왕 트리스탄입니다. 콘월의 마크 왕이 내 삼촌이지요. 당신 부하가 용납하지 못할 짓을 저질렀기에 내 기꺼이 나서려고 달려왔소."

이 말을 듣고도 왕은 트리스탄을 성 안으로 들이지 않는다.

칼학스 성에 식량이 거의 다 떨어져 가기 때문이다. 자기들의 대의는 희망의 기색을 잃었고 쓰디 쓴 패배만 눈앞에 있어 이미 때는 늦었다고 생각한다.

이때 왕의 아들 캐헐딘Kaherdin이 말한다. "아버지, 이 자는 훌륭한 기사예요. 성 안으로 들입시다. 이 자는 용맹해서 우리와 운명을 함께할 거예요."

캐헐딘이 예를 갖추어 트리스탄을 맞아들인다. 그리고는 친구이자 형제로 트리스탄을 대접하며 성과 방책과 감옥을 모두 보여 준다. 둘은 손을 맞잡고 여자들 방으로 들어선다. 그 방에는 캐헐딘의 어머니와 여동생이 함께 앉아 길쌈노래를 부르면서 금실로 영국식 옷을 짜고 있다. 트리스탄이 이들에게 인사를 건넨다. 캐헐딘은 "트리스탄, 내 여동생 손을 잘 봐. 천을 짤 때 황금색 실을 어떻게 놀리는지. 한번 본 사람들은 왜 그녀를 '흰 손의 이졸데'라 부르는지 알게 될 거야."

이름을 듣자 트리스탄은 깜짝 놀란다. 그러나 부드러운 미소를 머금은 채 가만히 여인들을 지켜본다.

이때 반역자 리올 백작이 칼학스 성으로부터 3마일 떨어진 곳에 군영을 배치한다. 성을 포위하고 성 안 사람 모두를 굶어 죽게 하려는 전략을 쓰는 것이다. 밤이면 군영에서 새어 나오는 불빛이 칼학스 성에서 훤히 보이게 하여 위협을 느끼게 만든다. 이날부터 트리스탄과 캐헐딘은 충직한 기사들 한두 명을 대동하고 매일 포위된 진지를 뚫고 출격한다. 이들은 은밀히 매복해 있다가 전리품을 빼앗아 성으로 돌아온다. 마차 한가득 음식을 가져오기도 하고 무기를 빼앗아 오기도 한다. 다시 칼학스에 희망이 생겨난다. 호엘 왕과 백성들은 맞서 싸우려는 기운이 고조된다. 리올의 군대에는 소문이 무성한데, 천하무적인 두 기사가 등장하여 이들은 언제나 나란히 싸움을 한다는 것이다. 반역꾼들은 점점 겁을 먹기 시작한다.

캐헐딘은 트리스탄 옆에서 나란히 말을 타고 싸움을 한다. 이들은 언제나 함께이고 언제나 한자리에서 볼 수 있다. 한 사람이 다른 사람을 지켜보면서 서로를 도와주어 재빨리 말을 달릴 수 있다. 전투에서 돌아와서는 기사도와 품위 있는 행동과 사랑과 모험에 관한 이야기를 재미있게 나눈다. 둘 사이에는 깊은 사랑이 싹터 마치 친형제처럼 가까워진다. 역사가 기록하기를 둘은 서로에게 신의를 지켰고, 서로에게 다정했다고 한다. 캐헐딘이 트리스탄과 함께 말을 달릴 때, 그의 이야기는 대개 여동생 이졸데에 관한 것이다. 이졸데의 아름다움과 선함, 단순함에 대해 칭찬을 늘어놓는다.

어느 날 리올 백작이 거대한 군대를 동원해 칼학스를 무력으로 급습해서 기계장치를 강탈한다. 그러나 트리스탄과 캐헐딘은 무모한 공격을 피하고 기사들을 성벽 앞쪽으로 인도한다. 트리스탄은 리올 백작을 향해 말을 타고 돌진하여 일대일로 검과 검으로 맞서 싸워, 마침내 리올의 투구가 트리스탄의 검에 두 동강이 난다. 그의 목숨은 오직 트리스탄에게 달렸다. 리올은 항복을 하고 군대를 해산한다. 리올은 호엘 왕의 자비를 청하러 칼학스 성으로 입성해서는 왕에게 충성을 맹세한다.

이제 성은 다시 평온을 되찾는다. 캐헐딘은 아버지에게 청하기를 "아버지, 트리스탄을 잡으세요. 트리스탄을 동생과 혼인시켜 아버지 자식으로 만들고 저와는 형제가 되게 해 주세요." 왕이 아들의 진언을 받아들여 트리스탄에게 말한다.

"친구여, 나의 사랑은 자네 것일세. 이제 내 딸 흰 손의 이졸데와 혼인을 하게. 내 여식이 왕과 여왕의 피를 받았을 뿐 아니라 선대에도 공작의 가문이었다네. 내 딸을 취하게. 이젠 자네 소유라네."

트리스탄이 답한다. "왕이시여, 그녀를 아내로 맞아들이겠나이다."

이제 슬픔을 잊었기에 트리스탄은 되살아난다. 트리스탄은 흰 손의 이졸데가 선하고 아름다워 그녀를 사랑한다. 트리스탄은 캐헐딘도 사랑하고 왕에게 충성을 다하는 기품 있는 기사로 행동한다.

트리스탄 경이 브리타니의 공주 흰 손의 이졸데와 교회당 앞에서 혼인을 한다. 신부 이졸데는 기쁨으로 넘쳐난다. 캐헐딘도 가슴이 벅차고 백성들도 기뻐한다.

그러나 첫날밤, 트리스탄이 시종의 도움을 받으며 옷을 벗는 중 그의 손가락에서 녹색 옥반지가 빠져서는 석조건물의 바닥에 큰 소리를 내며 떨어진다. 트리스탄의 귀에 그 소리는 운명의 종소리처럼 울려 퍼진다. 트리스탄이 깨어난다. 그리고는 반지를 응시한다. 자동적으로 멀리 콘월 땅에 있는 아름다운 이졸데가 그의 뇌리로 들어온다. 그 즉시 슬픔이 트리스탄에게 되돌아온다.

"아! 내 가슴이 내가 지금 잘못을 저지르고 있다고 말해 주는구나. 그 숲에 있을 때 나를 위해서 그 험한 삶을 견뎌 내면서 여왕이 내게 준 반지였는데. 내가 아름다운 이졸데를 배신했어. 여왕과의 언약을 깨뜨린 게 얼마나 염치없는 짓인가? 내가 다른 여자와 혼인을 하다니. 아내는 또 얼마나 가여운가? 나에 대한 믿음과 단순한 마음의 소유자인데. 보라! 얼마나 사악한 순간에 이 두 이졸데가 만나는가! 나는 둘 다에게 신뢰를 저버렸어!"

첫날밤 침상에 누운 트리스탄은 돌같이 차갑다. 조용히 누워 있을 뿐 새 신부의 몸에 손을 댈 수가 없었다. 마침내 아내가 "나의 주인님, 나의 어떤 행동이 당신을 화나게 만들었는지요? 무엇이 빗나갔는지요? 내가 남편의 키스를 받을 만한 가치도 없습니까?"

그러자 트리스탄이 이야기를 꾸며 낸다. 과거에 용과 싸우다 치명적인 상처를 입어 죽어갈 때, 여신이 자기를 치유해서 살려만 준다면 자기가 혼인하고 1년 동안 아내와 키스를 하거나 기쁨을 맛보지 않기로 맹세했다고 말한다. 그러면서 트리스탄은 "나는 그 맹세를 지켜야 해요. 그렇지 않으면 전능한 여신의 분노를 사게 될 게요." 신부 이졸데도 동의한다. 다음 날 아침 시종들이 흰 손의 이졸데에게 혼인한 여자들만 쓰는 쓰개를 이마에 둘러 주려 하자 이졸데는 슬픈 한숨을 길게 내쉰다. 그러면서 자신은 그 쓰개를 쓸 가치조차 없다는 생각을 한다. 트리스탄의 가슴 속에 아름다운 이졸데를 향한 그리움이 점점 깊어 갈수록 겉으로는 더욱 더 말이 없어져 간다. 트리스탄은 손에 끼고 있는 녹색 옥반지만을 응시한다.

시간이 지나면서 흰 손의 이졸데는 오빠에게만큼은 그 사실을 비밀로 붙일 수가 없다. 사실을 듣게 된 오빠는 트리스탄이 육체적으로는 아직 자기 동생과 혼인하지 않은 사실을 알게 된다. 처음엔 놀라기만 하던 캐헐딘에게 점차 분노가 치밀어 오른다. 그는 말을 타고 트리스탄에게 달려간다.

"비록 네가 내 가장 사랑하는 친구이자 형제이지만, 나는 이 수치심을 그냥 받아들일 수만은 없어. 이제 둘 중 하나를 선택해. 내 여동생을 진정한 아내로 맞아들이든지, 그렇지 않으면 여동생의 불명예를 종식시키기 위해 도전하는 내 싸움을 받아들여." 그러자 트리스탄은 모든 비밀을 털어놓는다. 이제껏 은둔자 오그린을 제외하고는 아무에게도 말하지 않았던 사실이다. 자기가 하고 있는 아름다운 이졸데를 향한 기나긴 사랑의 여정 이야기이다. 맨 처음 파도 높은 바다에서 사랑의 묘약을 마시게 된 과정과, 그 다음부터 벗어날 수 없는 고통과 그리움으로 밤낮으로 몸과 마음이 찢겨졌던 심정, 그리고 모로이스 숲에서의 삶과 문둥이들에게 받은 위험에 대해 말한다. 마지막으로 녹색 옥반지를 교환하면서 둘이서 한 맹세까지 모두 털어놓는다. "아름다운 이졸데 없는 나의 삶은 산 것도 죽은 것도 아니란 사실을 깨달았어. 나는 산송장이 된 심정이야."

모든 걸 듣고 나자 캐헐딘은 분노만 할 수도 없는 상황임을 알게 된다. 오히려 가여운 마음이 생긴다. "나의 벗 트리스탄, 신이 슬픔으로 태어난 너를 지금까지 보호해 오셨어. 사흘간 숙고해서 내 결정을 말할게."

사흘이 지나자 캐헐딘이 트리스탄에게 말한다.

"벗이여, 나는 가슴의 소리를 들었어. 너는 내게 진실을 말해주었어. 사랑의 광기가 너를 미치게 만든 거야. 이런 삶은 너를 위해서도 또 내 여동생을 위해서도 좋을 게 없어. 내가 제안을 하나 할게. 함께 틴타겔로 여행하자. 거기서 너는 여왕을 만나. 여왕이 너에게 유감이 있는지, 또 아직도 너와 맺은 약속을 지키고 있는지 모두 알게 될 거야. 만일 여왕이 너를 잊었다는 사실을 확인하게 된다면 너는 단순하고 따뜻한 심장을 지닌 내 여동생 이졸데를 훨씬 더 깊은 애정으로 받아들이게 될 거야. 내가 동행할게. 난 너의 친구고 너의 전우야."

"형제여" 트리스탄이 답하길, "진실한 가슴은 온 나라에 있는 모든 금을 합한 것보다 가치가 있지!"

캐헐딘과 트리스탄은 순례자로 위장하고 콘월을 향해 항해를 한다. 콘월에 도착하자 트리스탄이 녹색 옥반지를 이졸데에게 보내 자기가 왔다는 기별을 하면서 만나자는 제안을 한다. 반지를 손에 든 아름다운 이졸데는 혼란에 빠진다. 여왕은 트리스탄이 흰 손의 이졸데와 혼인했다는 소식을 이미 알고 있다. 여왕은 트리스탄이 자기를 배신하고 다른 여자를 자기보다 훨씬 사랑한다고 생각한다. 그렇지만 반지를 받으면 만나겠다고 약속하지 않았던가! 어찌해야 할지. 결국 여왕은 트리스탄과 만나기로 자리를 주선하지만, 그 뒤에 트리스탄이 자기를 배신했다는 더 심한 소문을 듣게 된다. 여왕은 트리스탄이 거지 행색을 하고 자기를 보러 왔을 때 시종들을 시켜 트리스탄을 때려 내쫓으라고 명한다. 쫓겨난 트리스탄은 슬픔을 안고 캐헐딘과 함께 브리타니로 돌아간다. 트리스탄이 절망하고 떠났다는 소식이 이졸데에게 전해지자, 자신이 트리스탄을 오해했던 게 분명하다는 생각이 들어 뼈저리게 울부짖으며 참회와 자책의 눈물을 흘린다.

칼학스에 도착한 트리스탄은 점점 생기를 잃어 간다. 아내도, 사냥도, 삶 자체마저도 매력을 잃어 간다. 그러던 어느 날 트리스탄은 읊조린다. "다시 한 번 여왕을 보러가야겠어. 여기서 그리움 때문에 죽어가는 것보다는 차라리 그녀를 한 번이라도 보고 죽는 편이 낫겠어. 슬픔으로 잠식된 사람은 이미 죽은 사람과 다름없어. 나는 죽게 될 거야. 그러나 여왕에 대한 사랑 때문에 죽는다는 사실을 여왕이 알아야만 해. 내가 여왕을 위해서 고통을 받듯이 여왕도 나를 위해 고통 받는다는 사실을 알기만 한다면!"

다시 트리스탄은 순례자로 가장한다. 캐헐딘에게도 말하지 않고 틴타겔로 돌아간다. 얼굴에 흙을 처바르고 떠도는 광대, 어리석은 바보, 미친 광대로 위장한다. 마크 왕의 궁정 앞에 이르자 왕을 불러 낸다. "여왕 이졸데를 내게 주시오. 왕을 위해서 왕 대신 여왕을 안아 주고 여왕을 사랑해 주는 봉사를 하겠소."

웃음이 터진 왕이 묻는다. "오, 그래. 그럼 여왕을 어디로 데려가려느냐?"

"오! 아주 높은 곳이요. 구름과 하늘 사이에 있는 곳, 유리로 된 아름다운 밀실로요. 햇빛은 통과를 해도 바람은 방해를 하지 않는 곳이요. 거기 크리스털 방에 여왕을 모셔 놓고 장미와 아침을 방 안 가득 들여놓겠소!"

미친 광대 행색을 하면서 왕의 방으로 들어가서는 녹색 옥 반지를 여왕에게 보여 준다. 처음엔 의심의 눈초리로 경계를 하던 여왕이 트리스탄을 알아보고는 그의 팔에 안긴다. 욕망에 눈 먼 트리스탄은 오직 여왕과 함께하려는 욕구밖에 없다. 사흘 연속 여왕을 보러 오자 수문장이 의심을 품어 당장 궁궐 문 근처에서 떠나지 않으면 체포하겠다고 으름장을 놓는다.

트리스탄이 말한다.

"그대여, 나는 날아가야 해. 그들이 의심을 하기 때문이오. 날아가야만 해요. 아마도 다시는 당신을 보지 못할 거요. 나의 죽음이 가까이 와 있어요. 당신과 멀리 떨어져서는 난 오직 죽음만 기다린다오."

여왕이 화답한다. "오, 그대여. 당신의 두 팔로 나를 꼭 안아 주세요, 내 심장이 터져 버리도록. 마침내 내 영혼이 자유로워지면, 오래 전 당신이 내게 말했던 그 행복의 장소로 나를 데려다 주세요. 아직 아무도 되돌아온 적이 없는, 위대한 시인이 영원의 노래를 하는 그곳으로 지금 당장 나를 데려가 주세요."

"여왕이여! 내가 반드시 행복한 삶의 궁전으로 당신을 데려갈 거요. 시간이 가까워졌어요. 모든 준비가 끝나면 당신을 부르겠소. 그러면 내게로 달려와 주겠는지요?"

"그대여, 저를 불러 주세요. 내가 당신에게 가리라는 건 당신도 이미 알고 있어요."

죽음의 때가 임박했음을 알리면서 트리스탄은 서둘러 사라진다. 이것이 트리스탄의 마지막 모습이다. 여왕은 다시는 살아 있는 트리스탄의 모습을 볼 수 없다.

트리스탄이 칼학스로 돌아온다. 여전히 흰 손의 이졸데에게는 손끝 하나 대기를 거부한다. 그의 얼굴에선 인간적인 행복의 빛이나 기쁨이 완전히 사라진다. 트리스탄은 캐헐딘의 도움으로 말을 타고 적과 싸우러 나간다. 적군이 매복하고 있었고 캐헐딘과 트리스탄은 그들을 포위한 일곱 기사를 무찌른다. 전투 중에 트리스탄은 독이 묻은 창에 찔리고 독은 정맥을 타고 퍼져 나간다. 어떤 의사도 마술사도 치료의 방책을 찾지 못한다. 이때 트리스탄이 캐헐딘을 불러 말한다.

"형제여. 이 독은 치유할 수 없어. 이 녹색 옥반지를 아름다운 이졸데에게 가지고 가서 그녀에게 즉시 와 달라고 해 줘. 그녀가 오지 않으면 나는 죽을 거라고 말해 줘. 여왕에게 꼭 와야만 한다고 전해 줘. 우리 둘은 함께 죽음의 잔을 마셨기 때문이야. 이 지상에서는 단 하나의 사랑만을 하겠다는 맹세를 했어."

트리스탄과 캐헐딘이 약속을 한다. 만일 아름다운 이졸데가 함께 오면 배에 흰 돛을 달고, 여왕이 함께 오길 거부하면 그때는 검은 돛을 달기로.

캐헐딘이 "친구야! 눈물을 거두어. 네가 원하는 대로 내가 할게."

흰 손의 이졸데가 문 밖에 있다가 이야기를 전부 듣는다. 이졸데는 이 충격적인 이야기에 거의 기절할 지경이다. 남편이 자기를 그토록 거부한 이유를 처음으로 알게 된다. 이졸데는 겉으로는 드러내지 않지만, 바로 이 순간 아름다운 이졸데에게 쓰라린 복수를 하리라 마음먹는다. 여왕은 나에게서 남편뿐 아니라 지상에서의 행복도 앗아 갔어!

서둘러 배를 타고 캐헐딘이 곧장 틴타겔로 항해한다. 순풍이 캐헐딘의 바쁜 마음을 도와준다. 콘월에 도착한 캐헐딘은 마크 왕의 궁정에 상인으로 가장하고 들어가 여왕에게 세공품들을 보여 주는 척하면서 눈앞에 녹색 옥반지를 꺼내 놓는다. 여왕이 반지를 알아보자 트리스탄이 했던 말을 속삭여 준다. 여왕은 곧장 성을 떠나 아무도 모르게 캐헐딘의 배에 오른다. 배가 조수를 타고 미끄러지는 동안 이졸데의 눈은 오직 칼학스를 향해 고정되어 있다.

트리스탄은 너무 쇠약해서 이제는 배가 들어오는 절벽을 내다볼 수도 없다. 그러나 짚으로 만든 침상에 누워 아내에게 배가 들어오는지 수시로 물어본다. 어느 날 흰 손의 이졸데가 바다를 보는데 배 한 척이 눈에 들어온다. 배 위에는 흰 돛이 바람에 나부낀다. 그 순간 아름다운 이졸데를 향한 복수심이 불타오른다. 조용히 남편에게 돌아와 말한다.

"내 주인님, 배가 들어오는 게 보입니다."

"그래요, 돛은?"

다급한 트리스탄의 물음에 흰 손의 이졸데가 답한다.

"검은 돛이에요."

기운이 쇠진한 트리스탄이 벽을 향해 돌아눕는다.

"난 더 이상 이 삶을 붙잡고 있을 수가 없구려." 그러고는 천천히, "아름다운 이졸데. 나의 친구."라고 이졸데의 이름을 네 차례나 반복해 부르며 숨을 거둔다.

바다에 바람이 인다. 항해가 순조로워 곧 해안에 당도한 아름다운 이졸데가 땅으로 내려선다. 길거리에서 사람들의 곡소리가 나고 성당의 종탑에서는 종소리가 울려 퍼진다. 여왕은 곡을 하는 백성들에게 우는 까닭을 묻는다. 한 노파가 말하길,

"여인이여. 우리는 너무 엄청난 슬픔을 겪고 있다오. 너무도 충직했고 너무도 정의로웠던 트리스탄 경이 죽었다오. 이는 이 땅에 덮친 최악의 슬픔이라오."

여왕이 궁으로 뛰어 올라가는데 그녀의 외투자락이 마구 펄럭인다. 여왕이 지나갈 때, 전에 본 적이 없는 이 아름다운 여인에 대한 이야기가 브리타뉴Bretons 말로 들린다.

"그녀는 누구지? 도대체 어디서 왔어?"

트리스탄의 주검 곁에는 흰 손의 이졸데가 웅크리고 있다. 자신이 저지른 사악한 행위로 인해, 거의 반 미친 상태로 죽은 이를 부르며 애통해한다. 마침내 다른 이졸데가 들어와서 흰 손의 이졸데에게 말한다.

"여인이여. 일어나서 그 사람 곁에 내가 있도록 해 주세요. 내가 당신보다 그의 죽음을 애도할 이유가 더 많답니다. 부디 제 말을 믿어 주세요."

흰 손의 이졸데가 동쪽을 향하여 신께 기도드릴 때, 아름다운 이졸데가 트리스탄의 주검을 조금 움직여 그의 시체 곁에 앉는다. 아름다운 이졸데가 트리스탄에게 입맞춤을 하고 그의 몸을 꼭 껴안은 채, 자신의 영혼을 포기한다. 트리스탄의 주검 곁에서 사랑하는 연인을 잃은 슬픔으로 숨을 거둔다.

이 말이 마크 왕의 귀에까지 전해진다. 왕은 바다를 건너

와서 이 둘의 시체를 콘월의 집으로 데려간다. 예배당의 좌우
에 좋은 자리를 찾아 나란히 이 둘의 무덤을 만들어 준다. 어
느 날 트리스탄의 무덤에서 장미 덩굴이 자라난다. 가지는 튼
튼하고 잎은 푸르고 꽃은 탐스럽다. 이 장미가 빠르게 자라나
교회를 타고 넘어 이졸데의 무덤으로 덩굴을 뻗어 뿌리를 내
린다. 이미 여러 세대가 지났건만 장미는 강하고 사랑스럽고
향기롭게 자라고 있다.

13. 수수께끼와 역설

우리는 지금까지 트리스탄과 이졸데의 전체 여정을 함께 했다. 이들의 기쁨뿐 아니라 고통도 함께 나누었다. 마침내 이들의 이야기가 죽음으로 끝나는 것을 가까이서 지켜보았다. 그러나 아직 우리의 여정은 끝나지 않았다. 왜냐하면 우리는 이 여정을 두 번 겪어야 하기 때문이다. 먼저 이들의 여정을 지켜보고 그 다음에는 이들의 여정으로부터 배우고 그 의미를 이해해야 한다. 이제 우리의 과제는 한 발 물러서서 질문을 하는 것이다. '도대체 이게 다 무슨 뜻이란 말인가?' '대체 어떤 교훈이 이 안에 들어 있다는 말인가?'

신화의 마지막 부분이 가장 극적이다. 어떤 수수께끼와 의문과 역설이 이 안에 존재한다. 이 문제를 자세히 들여다보고 명확하게 할 필요가 있다. 그 다음에는 상징을 통해서 더 깊이

들어감으로써 마음속에 이 상징들을 간직하고 되새겨 볼 수 있다.

먼저, 트리스탄이 흰 손의 이졸데를 거절하는 대목에서 이 신화의 가장 강한 역설이 등장한다. 이 대목에 이르기 전까지 우리는 트리스탄이 얼마나 깊은 절망과 외로움에 시달렸는지 지켜보았다. 트리스탄은 이렇게 울부짖었다. ‘언젠가는 이 불행으로부터 나를 치유해 줄 누군가를 찾을 수는 있을지?’

얼마 지나지 않아 트리스탄의 질문에 대한 답이 주어진다. 트리스탄이 흰 손의 이졸데와 캐헐딘을 만난다. 충심을 바쳐 섬길 왕도 있고 다시 존엄한 인간의 삶을 되찾는다. 트리스탄은 분명 자기의 불행을 치유해 줄 사람들을 만났다. 그런데도 트리스탄은 모든 것을 거부한다! 도대체 왜일까? 인간적으로는 그의 이런 행위를 이해할 수 없다. 트리스탄은 아름다운 이졸데와도 인간적인 관계를 맺는 데 실패한다. 아름다운 이졸데도 마크 왕에게 돌려보냈다. 아름다운 이졸데는 여왕으로서 왕의 궁전에서 자신의 삶을 꾸리고 있다. 그런데 왜 트리스탄은 흰 손의 이졸데와 인간적인 삶을 누리지 못하는가?

도대체 어떤 도덕성을 가지고 있고, 어떤 야릇한 옳고 그름의 관념을 지녔기에, 또 대관절 의리와 배신에 대해서는 어떤 생각을 지녔기에 고통과 외로움 속에서 영원히 자기 자신을 질책해야만 하는가? 왜 트리스탄은 자신과 함께할 여성을 거부하고 가슴 속에 이상으로 품은, 그렇지만 절대 손에 잡히지 않는 이상화된 여신에 대한 그리움 때문에 죽어 가야만 한다고 믿고 있는가?

트리스탄의 이런 마음이 인간적인 차원에서는 도저히 이해가 되지 않는다. 그의 이런 태도가 자신의 삶을 완전히 파멸시키기 때문이다. 말 그대로 트리스탄을 '살아 있으되 이미 죽은 삶'으로 추락시킨다. 그렇지만 우리 안의 로맨틱한 차원에서는 트리스탄의 태도가 이해된다. 각 남성의 내면에서는 쉼 없는 속삭임이 들린다. 뼈와 살이 있는 품안의 여인에게 정착하는 것보다, 절대 식지 않는 열정으로 이상화된 완전한 여성을 찾는 것이 더 근사하다고 말해 준다. 심리학자라면 누구나, 트리스탄이 하고 있는 이 질문을 되풀이하는 내담자 무리들을 꾸준히 만난다. '언젠가 이 불행으로부터 나를 치유해 줄 누군가를 찾을 수는 있을지?' 우리 사회에서 가장 자주 등장하는 질문 중 하나가 바로 이것이다. 대다수 남성들이 여전히 트리스탄의 패턴을 따르고 있다. 몸과 피를 지닌 여성이 남성의 삶에 등장해서 사랑을 하고 관계를 맺으려 할 때 종종 남성은 이런 여성을 거절하는 것으로 결말을 내리는데, 이유는 자기 삶에 나타난 이 여성이 아름다운 이졸데가 아니기 때문이다. 이 여성은 남성 내면의 여성이 지닌 이상화된 완전함에 미치지 못한다.

이 이야기의 두 번째 커다란 수수께끼는 '트리스탄과 아름다운 이졸데 사이에 존재하는 이 사랑이 대체 무엇일까?' 라는 것이다. 이들의 여정을 따라가다 보면 속기 쉬운 부분이 있는데, 우리는 결국 사랑이란 이름으로 누군가를 만나 서로 응석이나 부리고 있는 노골적인 자기중심주의자들이거나, 혹은 우리 모두가 서구의 낭만주의자라도 된 듯 여겨지기 때문이다.

트리스탄이 아름다운 이졸데에 대해 털어놓는 불평을 살펴보자. '마크 왕이 이졸데를 존중하고 사랑해서 이졸데는 왕에게 기쁨을 선사하고 있나 봐.' 라고 탄식한다. 만일 트리스탄이 이졸데를 끔찍이 '사랑'한다면, 왜 이졸데가 남편과 함께 행복하기를 바라지 않을까? 이런 질문이 어리석게 들릴지 모르겠다. 하지만 트리스탄이 하는 모든 행위의 동기가 '사랑'이라면, 이 질문을 해 볼 필요가 분명히 있다. 나중에 트리스탄이 말하길, '나는 죽게 될 거야. 그러나 여왕에 대한 사랑 때문에 죽는다는 사실을 여왕이 알아야만 해. 내가 여왕을 위해서 고통을 받듯이 여왕도 나를 위해 고통 받는다는 사실을 알기만 한다면!'

대체 어떤 사랑이 이러하단 말인가? 트리스탄은 사랑하는 여인의 행복을 바라는 게 아니라 그녀가 고통받기를 원한다. 만일 여왕이 과거 자신과의 추억을 평화로이 간직한 채 마크 왕과 행복하게 살아간다고 믿는다면, 왜 다시 콘월로 돌아와 여왕의 타오르는 열정의 불길에 기름을 붓는단 말인가? 트리스탄은 왜 여왕에게 고통을 상기시켜서 마크 왕과의 삶을 훼손하는가?

아름다운 이졸데의 '사랑'은 또 무엇인가? 트리스탄이 다른 여성과 혼인을 했다는 이유로 트리스탄을 경멸하는 이 '사랑'은 대체 무엇이란 말인가? 아름다운 이졸데는 마크 왕과 혼인해서 왕과 함께 산다. 그런데도 트리스탄은 혼인을 하면 안 되고, 다른 여성을 사랑해서도 안 된다. 이 이상한 기준들이 대체 무엇이란 말인가? 게다가 트리스탄이 행복해서는 더더욱 안 된다. 만일 트리스탄이 지극히 정상적이고 인간적인 삶을 영위한다면, 이는 아름다운 이졸데에 대한 배신행위이다! 대체 아름다운 이졸데의 사랑은 어떤 것이기에 트리스탄이 아내도 자녀도 없이 또 쉴 집도 없이 혼자서 비참하게 떠돌아다녀야 한다는 말인가?

이것은 사랑이 아니다. 사랑은 상대를 향한 감정이지 자기 자신만의 열정이 아니다. 사랑은 사랑하는 사람의 안녕과 행복을 바라는 것이지 상대의 행복을 담보로 한 엄청난 드라마가 아니다. 그런데 이상하게도 트리스탄과 아름다운 이졸데는 자기들의 감정을 사랑이라 부른다.

인간적인 관점에서 이들의 사랑은 퇴행이다. 이들은 서로를 '사랑'한다. 그런데 상대가 고통받길 바라고 행복해지는 걸 원치 않는다. 이들은 '배신'이란 말을 입에 올린다. 그러나 서로 상대에게 '신의'를 지키는 길이 결국 이졸데의 남편인 마크 왕과 트리스탄의 아내인 흰 손의 이졸데를 배신하는 길이다. 이 둘은 함께 가정을 꾸리길 거부하고 삶을 함께하길 거부하지만, 상대가 정상적인 인간의 열정으로 다른 사람과 살아가는 것을 허용하지도 않는다.

이 모든 것은 우리에게 완전히 낯설지만은 않다. '사랑'하는 사람들 상당수가 이런 식으로 행동하는 걸 보아 왔기 때문이다. 우리 대다수는 이런 모순적인 태도로 살고 있다. 차이라면 우리는 미묘하고 가볍게 이러한 태도를 드러내지만 신화는 훨씬 노골적으로 드러낸다는 것뿐이다. 무의식에서 터져 나온 가공되지 않은 신선한 힘이 담겨 있기 때문이다.

상징을 통해 이해를 시도하면 할수록, 최대의 역설은 로맨틱한 사랑 자체라는 사실이 점차 명확해질 것이다. 삶의 태도로써 로맨틱한 사랑을 관찰하다 보면 묘한 모순을 발견하게 된다. 로맨틱 러브는 신성한 두 가지의 사랑이 세속적으로 뒤섞여 혼란을 일으키는 상태이다. 그 중 하나는 '신적'인 사랑인데, 앞에서 이미 언급했듯이 내면세계 또는 영혼적인 신의 사랑, 혹은 신을 향한 우리 내면에서 일어나는 자연적인 충동이다. 다른 하나는 인간적인 사랑이다. 이는 육신을 지닌 인간들 사이의 사랑이다. 이 두 가지 사랑은 모두 타당하고 모두 다 필요하다. 인간의 진화상 어떤 심리학적인 계략으로 인해 우리 문화에서는 이 두 가지 사랑의 묘약이 혼재되어 있다. 그러나 우리는 이 두 가지 사랑을 거의 다 상실했다.

최상의 낭만주의나 최선의 로맨틱 러브는 잃어버린 서양의 의식을 회복하려는 타당한 시도이다. 낭만주의는 삶에서 신적인 면과 내면적인 삶, 그리고 상상력, 신화, 꿈, 비전에 관한 우리의 감각 회복을 촉구한다. 이 신화를 통해 읽어낼 수 있는 비극은 우리가 낭만주의의 이상을 잘못 적용하고, 신적인 사랑을 엉뚱한 곳에서 추구하여, 이 과정에서 인간관계가 파괴된다는 점이다. 우리는 사랑이 아닌 것을 '사랑'이라 부른다. 신의라는 의미를 오용하고 육신을 가진 인간을 사랑하는 대신에, 내면의 여성인 아니마 이미지를 피상적으로 투사하여 이상화하려 애쓴다.

그러나 단서가 있다. 트리스탄과 아름다운 이졸데가 보여주는 끔찍한 비극이 의미하는 바와 같이 로맨틱 러브가 심리학적 진화에 필요한 단계라는 사실을 기억할 필요가 있다. 우리가 로맨틱 러브에 반하는 어떤 말을 하든, 관계를 개선하기 위해 무엇을 해야 하든, 우리는 진화의 여정에서 반드시 로맨틱 러브를 거쳐야만 한다. 두 가지 사랑의 묘약을 뒤섞어 놓아 발생하는 혼란은 우리가 거쳐야만 하는 진화의 여정이다. 로맨틱 러브는 '사랑의 터널' 같은 것이다. 그러나 어두운 터널 속에 갇혀 있기만 해서는 안 된다. 터널을 통과해 다른 출구로 나와야 우리가 직면하고 있는 역설을 해결할 수 있기에, 서양인들에게는 이 터널로 들어가는 과정이 필연적인 것처럼 보인다. 이 위대한 진화의 여정에 접촉하는 유일한 길은 사랑에 빠지는 것이다. 그래서 지금 이 역설의 십자가에 매달려 배우고 있는 것이다.

로맨틱 러브에 대한 이해를 시도함에 따라, 우리가 가지고 있는 환상을 극복하고 모순에 노출되면서 우리가 던져야 할 질문은, 로맨틱 러브를 찬양하는 것도 아니고 비난하는 것도 아니어야 한다. 머무르지 말되 그렇다고 버리지도 말아야 한다는 사실을 기억해야 한다. 우리의 과제는 로맨틱 러브를 의식화의 과정, 즉 의식을 확장하는 방편으로 삼아 정직하게 역설을 살아서 로맨틱 러브에 내포된 의미를 이해하는 것이다. 트리스탄이 그토록 추구하는 아름다운 이졸데가 속한 신적인 세계와, 트리스탄이 무조건 거부하는 흰 손의 이졸데가 사는 인간적인 세계, 이 두 세계를 모두 존중하는 방법을 배우는 것이다.

14. 지상의 이졸데

　트리스탄은 단 한 번도 아름다운 이졸데와 인간적인 관계를 맺은 적이 없다. 서로에게 헌신하면서 일상의 따뜻함과 안락함을 함께 누리는 관계를 맺어 본 적이 없다. 그렇지만 안타깝게도 두 사람 모두에게 이런 것들이 필요하다. 이들이 거쳐 간 수많은 드라마와 모험을 생각하다가 이런 현실이 뇌리를 스칠 때 우리는 경악하게 된다. 두 사람은 은밀히 만나려고 엄청난 위험을 감수한다. 결국 모로이스 숲으로 달아나지만 거기서도 척박한 자연과 염탐하는 적들을 피하기 위해 어려움을 겪어야 한다. 그렇지만 이 모든 어려움을 겪었음에도 불구하고, 이 둘은 천상적인 사랑에서 인간적인 사랑의 관계로 발전하는 전환을 이루어내지 못했다!

　로맨틱 러브의 커다란 역설 중 하나는, 영원히 '하나됨'을 추구하지만 연루된 두 사람은 결코 인간적인 관계를 맺지 못한다는 사실이다. 로맨틱한 단계를 유지하는 한 그렇다는 말이다. 로맨틱 러브의 드라마에는 숨 막히는 모험과 경이로움과 열렬한 사랑의 장면들이 연출되고 질투와 배신의 드라마도 전개된다. 그렇지만 서로를 사랑하기보다 사랑 자체를 사랑하는 한, 육체를 지닌 인간의 관계로는 절대 정착하지 못하는 듯하다.

이제 서서히 두 사람이 왜 이럴 수밖에 없는지에 관한 이해를 시도해 보자. 간단히 말하면 아름다운 이졸데는 아니마이다. 트리스탄이 이졸데에게서 추구하는 것은 신적인 사랑이다. 무의식적이긴 하지만 트리스탄은 내면세계로 향한 문을 찾고 있는 것이다. 트리스탄은 아름다운 이졸데와 평범한 인간의 관계를 맺을 수 없다. 아름다운 이졸데가 그의 아니마이기 때문에 그녀는 내면의 인간 즉 상징으로 체험해야 하는 존재이다.

아름다운 이졸데를 마크 왕에게 남기고 콘월을 떠날 때 트리스탄은 절망의 나락으로 떨어진다. 모든 남성이 연인과 헤어질 때 느끼는 것처럼, 트리스탄도 인간으로 체화한 아니마를 떠나는 것이라고 믿는다. 그의 자아적인 견해로 삶은 더 이상 의미가 없다. 그는 아름다운 이졸데에게서만 의미를 찾을 수 있다고 생각하기 때문이다.

이별은 두 사람을 살 수도 죽을 수도 없도록 만든다. 죽음과 함께 살기 때문이다. 트리스탄은 그의 슬픔을 바다와 섬들과 수많은 대륙을 떠돌며 달랜다.

그래서 여기 유명한 트리스탄의 물음이 등장한다. '언젠가 이 불행으로부터 나를 치유해 줄 누군가를 찾을 수는 있을지?'

비록 트리스탄의 자아는 자신의 상태를 죽음으로 간주하지만 운명은 그를 앞으로 나아가게 만든다! 칼학스 성에서 트리스탄을 기다리는 고요하고 겸손한 여성은 인간적 삶의 현현이다. 그녀가 바로 흰 손의 이졸데이다. 지상에 존재하는 트리스탄의 이졸데인 것이다.

트리스탄처럼 우리도 흰 손의 이졸데를 편견을 지닌 채 맞게 된다. 우리도 '단순한' 것은 그것이 무엇이든 그다지 좋게 보지 않기 때문이다. 우리에게 '단순하다'라는 말은 아둔하거나 머리가 나쁘다거나 어리석다는 의미가 된다. 단순함이 인간 삶에 반드시 필요한 한 가지임을 잊어버린 것이다. 단순함은 자연스럽고 작고 덜 극적인 것에서 의미와 기쁨을 찾는 예술이다. 최상의 경우 단순함은 본질적이고, 복잡한 삶의 혼란을 꿰뚫고 그 안에 담긴 실체를 볼 수 있는 의식이다. 그러나 우리 시대는 흰 손의 이졸데에 반하는 집단적 편견을 지니고 있다. 직접적이고 덜 복잡하고 단순한 인간관계가 우리에게 행복감을 안겨 준다 해도 우리는 이를 그대로 받아들이지 않는다. 이는 너무 '단순'해서 따분해 보이기 때문이다. 우리는 무엇인가 과장되고, 지나치게 긴장감과 압박감이 높은 복잡한 것만을 존중하도록 교육받았다.

트리스탄과 흰 손의 이졸데의 진정한 비극은 우리가 쉽게 간과하는 조용하고 수수한 곳에 숨어 있다. 인간은 누구나 죽기 때문에 트리스탄의 죽음만 가지고 진정한 비극이라고 말할 수는 없다. 트리스탄의 진짜 비극은 살아 있는 동안 삶을 거부함으로 인해 그에게는 삶도 사랑도 존재하지 않는다는 사실이다. 이것이 "트리스탄의 삶이 어떻게 '살아 있으되 죽은 것'으로 전락했느냐?"라고 질문할 때 얻게 되는 답이다. 이 신화의 진정한 비극은 트리스탄이 흰 손의 이졸데를 거절한 바로 그 순간 일어난다. 그녀를 거부함으로써 지상의 삶 자체를 거부하고 이와 연관된 인간의 사랑과 인간관계, 또 지상에서 누릴 수 있는 기쁨 전부를 거부한다.

어머니 젖과 함께 로맨스를 마시며 자라는 서양인들에게 흰 손의 이졸데는 엑스트라처럼 여겨진다. 대신 이들은 다른 드라마에 현혹되어 있는데, 트리스탄과 아름다운 이졸데 사이에서 진행되는 은밀한 만남과 이별, 음모와 비지상적 강렬함의 드라마이다. 그러나 만일 한 발만 물러서서 흰 손의 이졸데에게 눈을 돌려 가만히 그녀를 지켜본다면 캐헐딘이 하는 다음 말에 공감할 것이다. '…… 너는 단순하고 따뜻한 심장을 지닌 내 여동생 이졸데를 훨씬 더 깊은 애정으로 받아들이게

될 거야.'

흰 손의 이졸데는 내면의 여성과는 다른 면을 지니고 있다. 트리스탄이 내면의 여성에 집중하는 동안 만난 적이 없는 다른 측면을 체화한 여성이다. 이졸데의 '흰 손'은 다양한 상징적 의미를 지니는데, 우선 흰 손은 깨끗하고 섬세하다. 그렇지만 흰 손의 이졸데는 일상의 실질적인 일에도 능숙하다. 이 흰 손의 이졸데는 평범하고 인간적이고 지상적인 삶에서 기쁨을 느낀다. 트리스탄이 맨 처음 흰 손의 이졸데를 만난 곳은 성 안의 여인들의 방이었다. 그녀는 태피스트리tapestry를 짜고 있었는데 영국제 천에 금박을 수놓고 있었다. 흰 손의 이졸데는 왕실 혈통을 이어받은 여성이지만, 임신을 하고 아이를 키우며 요리를 하는 등 인간적 삶을 가능하게 하는 일상의 일들을 하면서 살아가는 모습도 쉽게 상상할 수 있다.

여기서는 이런 측면의 여성성을 '지상의 여성'이라 부르겠다. 왜냐하면 이 여성이 바로 남성으로 하여금 물질적인 세계와 관계를 맺도록 하고, 남성이 사람들과 일상의 삶을 나누게 하고, 그리고 필요와 헌신과 의무와 시간과 공간에 속하는 인간적인 영역에서 구체화된 존재이기 때문이다. '지상의 여성'은 인간적인 차원에서 남성을 사랑하고, 그가 인간적인 관계를 맺을 수 있도록 힘을 부여하는 존재이다.

그녀는 물질적인 세계와 물질적인 삶, 그리고 평범한 인간다움에 담긴 아름다움, 가치, 신성을 개개의 남성 내면에서 찾을 수 있게 하는 능력을 가지고 있다. 그녀가 바로 남성이 외적인 존재와 외부세계에서 맺는 관계를 관장하는 존재이다. 대조적으로 아니마는 내면의 영역에서 내면의 인간과의 관계를 관장한다. 로맨틱한 이상주의도 아니고, 내면의 신들을 외부의 인간에게 투사하는 것도 아닌 방식으로 사랑할 줄 알게 하는 것이 바로 지상의 여성이다. 그녀의 사랑은 육신을 지닌 남녀가 관계하는 인간적인 것으로써, 연인들로 하여금 인간적인 면과 일상적 삶을 확인하게 한다.

흰 손의 이졸데가 시사하는 면을 반추해 볼 때, 그녀가 관심을 갖는 오직 하나는 바로 관계이다. 이는 흰 손의 이졸데의 원칙이자 본질적인 에너지 체계이다. 트리스탄은 아름다운 이졸데에게 '우리는 함께 죽음의 잔을 마셨다.' 고 말한다. 그러나 흰 손의 이졸데는 죽음에 관심을 보이지 않는다. 그녀는 삶에 관심을 둔다. 자기가 그렇듯이 상대방도 자기를 사랑하고 돌보고 자양분을 얻을 수 있는, 지상에서 이룰 수 있는 평범한 인간의 사랑에 관심이 있다. 지상의 이졸데는 절대로 죽음의 땅에 존재하는 '마법의 과수원'으로 데려가 달라고 조르지 않는다. 오히려 그녀는 지상에서 함께하는 동안, 즉 칼학스에 사는 '바로 지금 이 자리'에서 트리스탄과 일생을 살아가기를 바라고, 트리스탄이 그녀를 사랑하기를 원한다.

흰 손의 이졸데와 아름다운 이졸데를 대비시켜 보면 지상의 여성을 이해하는 데 더욱 도움이 된다. 평범한 가정에서 한 남자의 아내로 자녀를 키우고, 냄비에서 끓는 수프를 저으며, 담요를 짜면서, 남편과 함께 늙어가는 모습을 아름다운 이졸데에게서는 상상조차 할 수 없다. 그녀는 엄청난 드라마, 위험천만한 밀회, 순간의 황홀경, 눈물겨운 이별, 혹은 요정이 사는 왕국의 여왕으로서는 상상이 가능하다. 그녀는 바다 건너 알려지지 않는 신비한 섬에서 탄생한 마법사 여왕의 딸이다. 그녀 또한 마법사이다. 여신이다. 반은 신이고 반은 인간이다. 그녀는 절대 잡히지 않고 언제나 교묘하게 달아나는 '먼 나라의 공주'임에 틀림없는 측면을 지닌 여성이다. 이런 면은 상징적인 세계와 상상의 차원에서만 경험할 수 있는 것이다. 따라서 아니마는 내적으로만 살아낼 수 있다. 그렇지 않고 외적으로 경험하려 든다면 문둥이들이 함께 사는 위험한 모로이스의 숲 같은 곳에서나 가능하다. 절대로 그녀를 한시적이고 평범하며 단순한 인간관계나 의무에 가두어 둘 수 없다.

반면 흰 손의 이졸데는 어떠한가? 그녀는 인간이다. 그녀는 태어날 때부터 '그 너머의 세계'의 존재인 마법사나 반 신으로 탄생한 게 아니다. 알려진 세계에서 인간인 부모 사이에서 태어났다. 평범한 환경에서 자라나 인간적인 삶을 준비해 왔다. 이 이졸데는 일상의 삶과 개인적인 관계에 적합한 측면의 여성이다.

아니마의 욕구는 항상 우리를 내면의 세계로 데려가, 가없고 무한한 무의식으로 인도하는 것이다. 무의식의 세계는 한계가 없다. 누군가에 대한 헌신도 없고 필요나 의무로 인해 제지되지도 않는다. 그러나 지상의 여성은 우리에게 유한하고 관계나 개인의 세계로 향하게 해 준다. 이곳에서는 헌신과 의무, 애정과 개인적 관계에 매달린다.

삶이 죽음을 향하자, 트리스탄이 한 번 더 새롭게 삶을 시작하려는 순간이 있다. 그가 흰 손의 이졸데에게 끌릴 때이다. 트리스탄은 살기를 원하고 다시 인간이 되기를 갈망한다. 죽음과 함께 살아간다는 이상한 맹세를 잊어버린다. 캐헐딘은 칼학스의 문을 열어 트리스탄을 진심으로 받아들이고 사랑한다. 트리스탄은 호의와 우정과 사랑 그리고 해야 할 고상한 일들을 발견한다.

'언젠가 이 불행으로부터 나를 치유해 줄 누군가를 찾을 수 있을지?' 여기 그를 사랑하는 아내가 있고, 아내는 그에게 동료애와 헌신, 살아 있다는 느낌과 에로틱한 사랑, 가정과 가족에 대한 인간적 결속을 안겨 줄 것이다. 그녀로 인해 형제와 아버지와 나라도 생길 것이다. 그런데 왜 그가 이 모든 것을 거부하는가?

이야기가 진행되면서, 트리스탄이 직접 우리의 '왜?'란 질문에 답을 해 준다. 트리스탄은 죽음의 침상에 누워 캐헐딘에게 녹색의 옥반지를 빼주고, 아름다운 이졸데를 데려와 달라며 콘월로의 여정을 다시 한 번 부탁한다. '여왕에게 꼭 와야만 한다고 전해 줘. 우리 둘은 함께 죽음의 잔을 마셨기 때문이야. 우리는 이 지상에서 단 하나의 사랑만을 하겠다고 맹세했어. 그녀에게 나의 맹세를 상기하라고 해. 난 그 맹세를 지켰어.'

로맨틱 러브 전체에 깔려 있는 비극이 바로 이 잘못된 판단을 토대로 한 이상적인 목표 설정과 그에 따르는 맹세이다. 트리스탄은 단 하나만의 사랑을 지키겠다고 맹세한다. 이미 언급했다시피 이 단 하나의 사랑은 신적인 사랑이고 우리 각자의 내면세계로 인도하는 사랑이다. 그러나 트리스탄이 오로지 아니마를 향한 신적인 사랑만을 하겠다고 맹세한 순간, 그는 인간의 사랑을 포기하고 인간관계도 거부하게 된다. 그러나 인간이 누릴 위대한 사랑은 하나가 아니라 둘이다. 인간이 영위해야 할 위대한 세계도 둘이다. 트리스탄이 섬겨야 할 이졸데는 바로 두 사람인 것이다. 로맨틱 러브의 커다란 오점 하나를 들자면, 하나를 추구하면서 다른 하나를 포기해야 하는 것이다. 트리스탄이 흰 손의 이졸데를 거절하는 정확한 의미가 바로 이것이다.

트리스탄이 흰 손의 이졸데를 거절할 때, 그의 모습에서 서양 남성들이 전형적으로 드러내는 태도를 엿볼 수 있다. 남성이 혼인에 대해 무의식적으로 생각하는 것 하나를 지적하자면, 혼인을 자기 내면에 있는 아니마와 관계를 맺는 시도로 이용하려 드는 것이다. 배우자를 자기 영혼의 이미지를 투사하는 대상으로 간주하면서 그녀를 여성 자체로, 육체와 복잡한 의식구조를 지닌 한 인간으로 진지하게 생각할 필요를 못 느낀다. 남성들은 언제나 아름다운 이졸데를 추구해야 되고, 반면에 흰 손의 이졸데는 거부해야 하는 듯이 믿는다. 늘 상대 여성에게 자신이 추구하는 신적인 세계를 투사하고, 개별적인 인간으로 그 여성과 관계를 맺어서는 안 되는 듯하다.

로맨틱 러브 자체에 내재된 역설적인 특질처럼, 이 사랑은 우리를 바보로 만든다. 더 이상 우리 현대인은 절이나 사원에서 명상을 하지 않으며, 그 대신 다른 사람과 '사랑에 빠진다.' 그런데 한 인간과 관계를 맺는 것과 그 인간을 자기 투사의 도구로 이용하는 것 사이의 차이를 이해하기가 결코 쉽지 않다. 그렇지만 이 둘의 차이는 실로 엄청나다.

트리스탄이 혼인을 하고 난 뒤 아내를 거부하는 장면에서 우리는 낭만주의의 커다란 결점을 발견할 수 있다. 그 결점은 부분적이라는 데 있다. 낭만주의는 서양인의 정신에서 편향성을 극복하고, 신 체험 즉 내면세계나 신비, 신적인 사랑을 회복하려 든다. 그러나 균형을 유지하려는 모든 집단적인 시도가 그러하듯 대극을 편파적으로 다룬다. 황홀한 신적 세계라는 한쪽 극은 수용해서 이상화하는 반면, 일상의 인간다움을 위한 다른 한쪽 극은 남겨두지 않는다. 로맨틱한 측면에서 보았을 때 의무와 엮임, 헌신과 한계성, 그리고 평범한 인간에게 초점을 맞추는 일상의 인간적 삶은 지나치게 땅적으로 여겨진다. 너무 진부하고 지저분하다.

트리스탄의 혼인은 이런 본능적이고 비자발적인 인간의 삶과 인간관계를 상징한다. 그의 본능은 땅으로 내려와 물질적이고 평범한 여성과 사랑하는 동반자의 사랑을 호소한다. 호엘 왕이 트리스탄에게 딸을 내어 준다. 트리스탄이 반사적으로 하는 답에는 삶에의 의지가 담겨 있다. '왕이시여, 그녀를 아내로 맞아들이겠나이다.' 흰 손의 이졸데는 트리스탄의 영혼이 아니다. 완전하지도 않고 하늘에서 내려온 존재도 아니다. 그러나 그녀는 인간적인 방식으로 아름답다. 그녀는 사랑스럽고 트리스탄과 관계를 맺을 수 있는 진짜 여성이다. 흰 손의 이졸데는 '저 너머의 세계'를 응시하고 있는 트리스탄의 환상이 아니다.

그렇지만 트리스탄은 흰 손의 이졸데와 형식상 혼인을 할 뿐 실상은 그녀를 거부한다. 혼인을 완전하게 만들기를 거절하는 것은, 트리스탄의 마음이 내적으로만 경험할 수 있는 환상과 열정적인 비전에만 가 있어 평범한 여성과의 인간관계는 거절한다는 뜻이 된다. 또 한편으로는 이것이 바로 로맨틱 사조가 대다수 현대의 혼인과 관계에 미치는 영향이다. 우리는 형식상 혼인을 하고 서약을 하지 내적으로는 서약을 하지 않는다. 대부분의 관계에 이러한 잠정적인 특질이 존재한다. 우리 개개인은 관계를 맺으면서 언약을 하는 동시에 그 언약에서 달아날 조항들을 은밀하게 적어 넣는다. 만일 열정적 비전을 타인에게 투사하고 있는 경우라면, 다른 손에는 육체적 존재로서의 상대 여성과 언약은 깨뜨릴 수 있는 여지를 거머쥐게 되는 것이다.

이것이 바로 이 신화가 우리 문화에 대해 정확하게 진단해주는 바이다. 로맨틱 러브를 통해 우리의 패턴을 명쾌하게 볼 수 있는데, 우리는 형식상 혼인을 하지만 실상은 그 혼인을 거부한다. 인간과의 맹세를 거절하는 것이다. 이러한 패턴은 사람들이 내면의 비전이나 내면의 이상, 즉 아니마·아니무스의 완전한 현현을 갈구하기 때문이다. 결국 신적인 사랑을 찾아 헤매는 데 혼신의 힘을 다한다. 내면의 임무에 대해서는 배우지 못했기 때문에, 내면의 이상이 투사되는 곳이면 어디든지 따라갈 기회를 놓치지 않는다. 낭만이라는 안개 속에 갇혀 우리는 이런 자세를 마치 고상하고 대단히 해방된 듯한 것으로 생각하지만 그저 실체를 잘못 이해하고 있을 뿐이다. 이는 인간적인 면을 근절하고, 실제인 흰 손의 이졸데에게 헌신하기를 거부하며 살아가는 방식에 지나지 않는다.

트리스탄의 진정한 비극은 인간의 따뜻함으로 둘러싸여 있고 삶의 결속을 맺을 수 있는 모든 것이 손안에 있는데도 이를 즐기지 못한다는 데 있다. 트리스탄은 애쓸 필요조차 없다. 그는 눈을 떠 자기 주변에 널린 풍요로움을 깨닫고 즐기면서 살기만 하면 된다. 그러나 로맨틱이라는 이상의 안개로 인해 인간세계가 훼손되었기에, 그가 그토록 뼈저리게 갈망하는 사랑을 스스로 차단하고 있다. 결국 트리스탄은 흰 손의 이졸데를 거부하고 죽음과의 서약을 갱신하는 선택을 한다.

현대인의 삶에서도 로맨틱 러브가 보여 주는 이러한 패턴이 끊임없이 되풀이된다. 누군가를 사귀거나 결혼 생활을 하면서 왠지 모르게 만족감을 느끼지 못한다. 삶이 의미로 가득 차지 않고 이전에 맛보았던 황홀경이나 타오르는 열정을 더는 느낄 수 없다. 자신이 신적인 사랑을 갈구하고 있다는 사실을 깨닫지 못한 채, 배우자나 상대 여성에게서 그 잘못을 찾으려 한다. 그러나 이는 상대 여성에게 덮어씌울 문제가 아니라 남성 자신의 해결할 문제이다. 내면세계의 아니마 체험은 남성 자신이 책임져야 하기 때문이다. 비록 상대 여성이 남성에게 인간으로서 줄 수 있는 모든 것을 제공할지라도 남성은 이 여성을 거절한다. 그러고는 아름다운 이졸데를 찾아 나선다. 항상 다른 곳으로 새로운 어떤 여성을 찾아 나서거나 미지의 모험을 하면, 아름다운 이졸데를 찾을 수 있을 것처럼 느낀다. 이 여성을 육체적으로 소유하고 삶의 의미나 충만감도 되찾기를 기대한다. 이렇게 인간의 사랑을 거부하는 것이다. 흰 손의 이졸데를 버려두고 '단 하나만의 사랑'에 대한 집단적 맹세에 다시 서약을 한다.

흰 손의 이졸데가 상징하는 소위 인간의 사랑은 말 그대로 '사랑에 빠지는' 경험과는 다르다. 남성을 위해 지상에 있는 여성을 인간의 방식으로 사랑한다는 의미는, 남성이 투사하는 이상화된 이미지를 사랑하는 것이 아니라 여성 그 자체를 사랑하는 것이다. 이는 남성이 실제 한 여성과 관계를 맺고 상대 여성에게 있는 그대로의 가치를 부여하는 것을 말한다. 그 여성을 알아 가고 그녀의 가치를 믿으며 그 여성의 신성함을 받아들이는 것이다. 이는 상대 여성을 완전히 받아들인다는 뜻이다. 이 말은 여성의 그림자뿐 아니라 여성의 불완전함과 여성을 평범하게 만드는 모든 것을 포함한 여성 전체를 받아들인다는 의미이다. 이는 사랑에 빠지는 것과는 완전히 다르다. 사랑에 빠질 때는 상대 여성을 향하는 것이 아니라 남성의 이상인 아니마를 향한다. 남성 내면에 존재하는 자신의 꿈, 환상, 희망, 기대, 열정을 외부 여성에게 부가하는 것이다.

이 점이 트리스탄과 아름다운 이졸데 사이의 '사랑'이 왜 이다지도 자기중심적인지를 설명해 준다. 트리스탄은 아름다운 이졸데가 고통스럽길 바라고 불행한 그의 삶에 동참하기를 원한다. 트리스탄의 사랑이 진정으로 아름다운 이졸데를 향한 것이 아니라 자기 자신을 향해 있기 때문이다! 트리스탄의 관심은 오로지 아름다운 이졸데를 향한 자기 투사와 자기 열정에 집중되어 있을 뿐이다. 이 열정에 관해 트리스탄은 사랑의 묘약을 비난하지만, 사실은 아름다운 이졸데에게 되돌아오는 여행을 열심히 반복하면서 삶의 자양분을 얻고 있는 것이다.

트리스탄과 비슷하게, 아름다운 이졸데도 상대방의 행복이나 안녕에는 관심이 없어 보인다. 아름다운 이졸데는 트리스탄에게 언제나 자신이 최우선인지, 오직 자신에게만 충실한지, 자신을 '마법의 과수원'으로 데려갈 드라마를 잊지 않고 있는지에만 관심이 있다. 둘 다 상대방의 행복과 안녕보다는 오로지 둘 사이의 열정이 식지 않도록 하고, 언젠가 둘이 함께 마법의 장소로 가는 데에만 관심이 있다. 사실 이 둘은 열렬한 드라마가 유지되도록 서로를 이용하는 것에 초점을 맞추고 있다. 마지막에 가서는 결국 서로 상대를 이용하여 지상의 삶에서 완전히 해방되고 '위대한 가수가 영원히 노래를 하는 곳'으로 달아나는 것만이 유일한 관심사로 드러난다. 이 둘은 서로를 사랑하는 것이 아니라 각자가 추구하는 강렬하고 열정적인 경험을 위한 방편으로 상대를 이용할 뿐이다.

우리가 인정을 하든 하지 않든, 로맨틱 러브는 바로 이런 것이다. 트리스탄과 아름다운 이졸데가 드러내는 자기중심주의는 상대를 이용해서 자신을 위한 열정을 채운다. 이 사실은 너무 유치하고 어리석고 노골적이어서 다른 오해의 여지없이 명백하다. 그러나 우리 각자의 로맨틱 러브 버전에서는 자기본위가 아주 미묘하게 드러나서 거의 눈치를 챌 수 없다. 쉽게 말해, 자기 자신의 전율이나 충만감을 위해서, 혹은 자신의 꿈의 실현이나 자기 환상을 충족하기 위해서 또는 사랑받고 싶은 필요나 완전한 사랑에 대한 이상을 위해서, 그리고 자기 삶의 안정감이나 재미를 위해서 사랑을 갈구하는 데에는 어떤 석연치 않은 점이 있다. 그러나 이러한 현실이 로맨틱 러브에 빠져 있는 사람들의 뇌리에는 전혀 떠오르지 않을 수도 있다.

순수하게 누군가를 사랑한다는 것은 존재의 자발적인 행위이다. 우리로 하여금 자기 확신과 가치의 근거를 느끼게 해 주고, 상대를 있는 그대로 인정하게 만든다. 사랑에 빠져 있을 때 자기가 품고 있는 어떤 꿈을 상대방이 실현시켜 줄지, 상대방이 어떤 강렬하고 비상한 모험을 제공해 줄지 등에 대해 더 이상 질문하지 않는다.

트리스탄이 꼭 해야 되는 혼인은 두 번이다. 첫 번째는 자신의 영혼, 즉 아름다운 이졸데와 내면의 혼인을 하는 것이다. 이 혼인은 내면세계로의 여정과 영성수련, 내면작업, 그리고 내면세계의 신들·여신들과 함께하는 삶으로 이루어진다. 두 번째 혼인은 흰 손의 이졸데와 하는 것이다. 이 혼인은 다른 존재와의 화합을 뜻하며, 타인을 인간 그 자체로 받아들인다는 의미이다. 이것은 다른 인간관계에서도 마찬가지인데, 우정을 가꾸어 나가는 것처럼 타인을 있는 그대로 수용하는 관계를 말한다.

이 두 번의 혼인은 인간이 결속되는 두 가지의 특질을 반영하는 것으로도 이해할 수 있다. 곧 하나는 인간과의 결합을, 다른 하나는 신과의 결합을 의미한다. 이 두 결합의 특질을 나타내는 중요한 서양의 상징이 바로 그리스도이다. 그리스도교의 육화 교리는 이 결합의 실체를 상징적으로 완전하게 표현하고 있다. 교리에 따르면, 신이 물질적인 세계로 와서 스스로를 구

속한다! 신이 인간이 되었다! 이 신앙의 상징적 의미는 실로 엄청나다. 지상에서 경험하는 물질세계, 육체적인 몸, 그리고 일상의 삶 또한 성스럽다. 이는 우리 인간은 인간 자체에 내재적인 가치를 지니고 있다는 뜻이다. 인간은 단지 이 땅에 더욱 완전한 세계에 대한 환상을 성찰하기 위해서 왔거나, 각자의 아니마를 투사하려고 온 것이 아니다. 또 다른 세계의 비유를 살아가기 위해서 온 것도 아니다. 물질적 세계, 세속의 세계, 일상의 세계는 자체의 아름다움과 타당성과 법칙이 있다.

선불교에는 '땅-이것이 도이다!' 라는 말이 있다. 깨달음의 길, 영혼의 길은 이 땅을 부인한 채 구름 사이를 통과하는 것이 아니다. 일상의 임무들 안에서 그리고 평범한 사람들과 맺는 관계 안의 단순함에서 찾을 수 있는 것이다. 이 모든 것이 그리스도 육화의 상징적인 실체 안에 표현되어 있다.

육화는 두 가지 특질의 역설을 말해 준다. 육화는 신적인 사랑과 인간적 사랑이 인간이라는 하나의 용기 안에 뒤섞여 있는 것이다. 육화는 신이 인간이 되었다는 말이고, 또 육화한 신 그리스도는 온전히 인간이자 동시에 온전히 신이라는 의미이다. 이 이미지에는 모든 인간의 이중적인 특질이 투영된다. 신적인 사랑과 인간적인 사랑, 이 두 가지의 사랑이 모두 정당한 권리를 요구하므로 우리는 이 둘 사이의 조화를 이루어야만 한다. 육화는 신적인 세계와 인간의 세계가 인간 개개인 안에 공존한다는 사실을 드러낸다. 이는 곧 우리가 의식적으로 이 두 특질을 조화롭게 할 때 자기self 실현이 된다는 의미이다.

육화에 관한 우리의 견해가 문자 상으로나 역사적으로 어떤 것이든 간에, 신이 인간이 된 놀라운 이미지를 서구인의 무의식에 있는 심오한 원형적 모델로 바라볼 필요가 있다. 우리가 의식을 하든 못 하든 관계없이, 육화의 원형은 우리 각자의 내면에 작용하고 있는 화합의 원칙이자 심리학적 실체이다.

육화는 화합과 통합을 상징하고, 사랑의 묘약은 혼동과 혼란을 상징한다. 우리의 이중적인 특질을 의식적으로 받아들인다면 우리는 초월적인 통합을 이루게 될 것이고, 만일 그저 되는대로 받아들인다면 사랑의 묘약에 취해 혼미한 상태로 살게 될 것이다. 서양의 심리학적 역사가 바로 이것이다. 육화를 더 이상 상징적인 실체로 진지하게 받아들이지 않음으로써, 인간의 이중적 특질이라는 진실이 지하세계, 무의식의 세계로 들어가 버렸다. 신의 사랑과, 신과 인간의 사랑이 지니는 온전한 역설이 무의식적으로 사랑의 묘약을 통해 길을 찾은 것이다. 그래서 오늘날 투사의 그릇 안에서 끓고 있는 로맨틱 러브라는 수프를 우리가 먹고 있는 것이다.

이미 로맨틱 러브의 문화적 뿌리 중 하나가 알비젠시안 이단으로, 12세기 서유럽에 존재했던 마니키안 이중성이라고 배웠다. 이 종교는 실체에서 신적인 절반은 절대 선이고 나머지 절반인 인간적인 삶은 절대 악이라고 가르친다. 알비젠시안들에게 유일한 선은 영성적인 영역에서만 존재하므로 '천

상'에서만 찾을 수 있다. 육체적인 인간 존재나 평범한 인간의
삶, 성과 성적인 사랑 등의 물질적 세계 전체는 악으로 간주되
고, 이미 부패했고 어둠의 구렁텅이라고 인식된다. 이 신학적
인 표현을 트리스탄은 로맨스의 언어를 빌려 다음과 같이 말
한다. '단 하나만의 사랑을 섬기기로 한 나의 맹세를 상기하
라.' 알비젠시안 이중성, 그리스도교의 이원론, 로맨틱한 이
상주의, 이 모두가 신적인 사랑만을 섬겨야 된다고 가르치는
것이다. 즉, 일상의 인간 존재는 사랑할 가치가 없다. 따라서
초인적이고 우주적이고 신적인 바깥 세계의 강렬함을 투영하
는 것들이나 우리의 이상들만 사랑할 가치가 있게 된다.

로맨스에 대한 숭배는 우리에게 평범한 인간으로서는 충
분하지 않다고 가르친다. 그래서 신이나 여신, 할리우드 스타,
환상 같은 여성이나 남성, 미의 여왕 등을 좇게 만든다. 우리
가 이런 가치관에 사로잡혀 있는 한 자신의 아니마를 제외하
고는 그 누구도 받아들이기 어렵다. 이런 남성은 자신의 꿈인
아름다운 이졸데를 투영하는 여성하고만 관계를 맺는다.

흰 손의 이졸데 이야기는 트리스탄이 상실한 기회의 이야
기이다. 삶에는 두 가지 사랑이 있고 두 가지 다른 관계가 존
재한다는 사실을 발견할 기회를 트리스탄은 놓쳤다. 하나는
자기 내면세계에 존재하는 아니마이고, 다른 하나는 물리적인
외부세계에서 만나는 여성이다. 이 둘은 서로 다르지만 각자
자신의 타당성을 지닌다. 만일 트리스탄에게 다시 한 번 기회

가 주어진다면 그는 흰 손의 이졸데를 거절하지 않고 그녀를 통해 무엇인가를 배울 수 있어야 한다. 트리스탄은 삶의 의미는 내면의 이상을 추구하는 데서만 찾아지는 것이 아니라는 사실을, 그리고 칼학스의 성에 사는 육체를 지닌 여성에게서도 찾을 수 있다는 중요한 사실을 배우게 될 것이다.

15. 고통과 죽음

이 세상 모든 아픔 중 나의 아픔은 특별해.

내게 기쁨을 안겨다 주고,

아픔 가운데 환호성을 지르게 해.

이 아픔은 내가 바라던 것,

이 아픔은 내가 건강하다는 표식!

내 안에 일어나는 불평을 나는 알지 못했어.

아픔은 나의 의지로 찾아 온 것이기에

나의 바람이

내 아픔으로 되었다네.

그렇지만 나의 바람 속에서

넘치는 기쁨을 맛보았어.

내 기꺼이 고통을 받아들였지.

그래서

내 아픔에는 기쁨이 넘쳐난다네.

나는 기쁘게 앓고 있다네.

– 〈크레티안 드 트로이스Chrétien de Troyes〉 –

이 시는 음유시인들의 시대에 탄생한 가장 위대한 시 가운데 하나이다. 여기에 쓰인 단어들을 보라. 이것이 초기 로맨틱 문학에서 맨 먼저 기록된 위대한 '로망스'의 표현이다. 로맨스와 고통 사이에 존재하는 이상야릇하고 이해하기 어려운 관계를 얼마나 완벽하게 그려내는가! 사랑에 빠져 본 사람이라면 누구나 알듯이 로맨스와 고통은 불가분의 관계에 있는 듯하다. 하지만 우리는 마치 고통을 피할 수 있기라도 하듯, 때로는 고통이 사라졌다고 상상하기도 하지만, 고통은 항상 가장 예기치 못하는 곳에서 우리를 기다리고 있다. 열정passion이란 단어는 원래 '고통을 받다'라는 뜻이다.

로맨스 안에는 이미 고통이 설계되어 있지만, 우리 선조들은 우리와는 달리 로맨스를 실질적인 영성수련으로 간주했다. 남녀를 불구하고 로맨스를 원할 때, 육체를 지닌 인간은 절대 도달할 수 없는 이상적인 완전함을 추구하도록 가르쳤다. 필연적으로 쓰라린 실망으로 끝날 수밖에 없는, 불가능한 기대의 쳇바퀴를 끊임없이 돌리도록 만들었던 것이다. 그러나 이것이 전부가 아니다. 우리가 무의식적으로는 고통을 원한다는 말이 사실이다! 트리스탄처럼 우리도 불가능한 여정을 무의식적으로 한다. 이루어질 수 없는 사람과의 관계를 시도하고, 절대 도달할 수 없는 관계에 대한 기대를 안고 산다. 마치 로맨틱한 경험을 하려면 고통은 불가피하다는 듯, 고통 없는 로맨스는 가능하지 않다는 듯 고통을 뒤좇는다. 이러한 것이 무의식적으로 고통을 즐기는 것이 아닌가! '고통이 나를 즐겁게 해. 나는 고통을 찬미해.' 로맨스에 대한 간절함으로 인해 엑스타시보다 더 커다란 고통을 받게 된다 할지라도 우리는 로맨스 안의 엄청난 기쁨을 좇아 기꺼이 고통을 감내하려 한다. 고통 속에 너무 큰 기쁨이 들어 있어서 기꺼이 아픔을 받아들이려 한다.

우리 선조들이 남긴 로맨스와 연시들을 보면 배울 것이 많다. 선조들은 우리가 직면하기를 꺼리는 진실에 대해 오히려 진솔하게 이야기하고 있기 때문이다. 열린 마음으로 조상들이 남긴 로맨스와 연시를 읽어 그 안에 담긴 진실이 무엇인지 배울 수 있다면, 우리 내면에서 어떤 힘이 작동하고 있는지 이해할 수도 있다. 트리스탄과 이졸데로부터 로미오와 줄리엣 그리고 현대의 로맨스에 이르기까지, 로맨틱 문학은 전부 죽음과 고통으로 점철되어 있다. 로맨스의 본래 특질은, 상식적으로 가능하지 않을 정도로 감당하기 어려운 장애물과 생의 역경을 체험하기를 요구하는 듯하다. 로미오와 줄리엣처럼 원형적인 연인들이 지상에서는 자기들의 로맨스를 추구할 수 없다는 사실을 발견하고 함께 죽음의 길을 선택한다.

너무나 강렬해서 지상에서의 불완전한 삶을 받아들이기보다는 다른 세계에 대한 희망을 품은 채 죽음을 택하게 만드는 이 강력한 이상주의가 도대체 무엇일까? 트리스탄과 이졸데가 겪는 고통과 죽음의 여정을 지켜보면서 우리의 뇌리에 스치는 질문이 바로 이것이다.

혼례를 치른 날 밤, 트리스탄 손가락에서 녹색 옥반지가 벗겨져 궁전 바닥에 떨어지면서 쨍그랑 소리를 낸다. 이 순간이 트리스탄의 삶에서 마지막 전환점이다. 트리스탄은 아름다운 이졸데로 대변되는 내면세계의 이상에 진실하기 위해 아내를 거부하겠다는 결심을 한다. 곁에 있는 아내는 또 얼마나 가엾게 되는가? 아내의 믿음과 단순한 사랑은 어찌해야 하나? 트리스탄이 울부짖는다. '얼마나 사악한 순간에 두 이졸데가 만나는가! 나는 둘 다에게 신의를 저버렸어!'

이 순간, 트리스탄의 심장 반쪽에 달린 쇠문에 빗장이 채워진다. 트리스탄은 아내를 거부하리라 결심하는데, 이는 곧 삶 자체를 거부한다는 뜻이다. 이때부터 숨을 거두는 마지막 순간까지 트리스탄은 죽음을 기다린다. 끝내 죽음만이 그를 온전하게 하리라 생각한다. 아름다운 이졸데로 체화된 그의 이상, 그의 꿈, 그의 완전함에 대한 비전, 그리고 그의 영혼이 죽음으로써 통합될 것이라 굳게 믿고 있기에……

흰 손의 이졸데를 거부함으로써 트리스탄은 지상의 모든 사랑을 거부한다. 오직 신적인 사랑을 갈구하면서 아름다운 이졸데 여왕에게서 자신의 영혼을 찾는다. 이렇게 타오르는 열망에도 불구하고 트리스탄과 아름다운 이졸데는 서로 상대방에게서 자신의 영혼을 찾지 못한다. 서로를 향한 둘의 갈망은 반대편에 있는 무덤에까지 도달하지만, 결국 남은 것은 신적인 영역에 대한 뼈아픈 성찰뿐이다.

트리스탄은 이중으로 불행하다. 두 이졸데를 모두 잃었기 때문이다. 트리스탄은 아내와 지상에서 누릴 수 있는 삶의 즐거움을 상실했다. 아름다운 이졸데와 육체적인 관계 맺기를 거부함으로써 그녀와의 관계도 잃었다. 트리스탄은 아름다운 이졸데를 자신에게 필요한 방식으로는 소유할 수 없었다. 자연히 트리스탄은 내면의 삶을 상실하게 되었다. 그래서 되찾을 길 없어 보이는 이 세계에 대한 절망으로부터 벗어나려고 한다. 이럴 때는 죽음만이 유일한 길이라고 생각한다. 그리고 하늘에서 아름다운 이졸데를 영원히 만날 수 있기를 기원한다.

이제 죽음이 아주 가까이 다가왔다. 연인이 커다란 소나무 아래에서 자기들의 로맨틱한 비전 속에서 살아갈 수 있는 완전한 장소를 갈구할 때부터 이미 신의 부르심을 받았다. 트리스탄이 '그 너머의 세계'를 이야기할 때 우리는 그의 음성에서 절박함을 들을 수 있었다.

"그러나 여인이여! 우리 두 사람, 언젠가는 아직 아무도 되돌아온 적이 없는 그 행복의 땅으로 함께 가게 될 거예요. 그곳에는 하얀 대리석으로 지은 성이 있고, 수 천 개의 창문에는 촛불이 타오르고 있어요. 성당에서는 끝없이 이어지는 영원의 노래가 울려 퍼지고……."

트리스탄이 바보인 체 가장하고 왕 앞에 서서 여왕을 요구하면서, 여왕을 어디로 데려갈지 말하는 동안에도 같은 내용이 들어 있다.

"오! 아주 높은 곳이요. 구름과 하늘 사이에 있는 곳, 유리로 된 아름다운 밀실로요. 햇빛은 통과를 해도 바람은 방해를 하지 않는 곳이요. 거기 크리스털 방으로 여왕을 모서 놓고 장미와 아침을 방 안 가득 들여놓겠소!'

이 아름다운 땅이 도대체 어디에 있는가? 이곳에 이르는 길은 어떻게 찾을 수 있을까? 트리스탄은 죽음의 어두움으로 이곳에 도달하려는 계획을 꾸민다. 마지막으로 여왕을 떠나면서 약속을 한다. 이 약속은 죽음에 대한 예약이다. 자신의 의도가 묻어나는 말을 중얼거리는데, "나의 죽음이 가까이 와 있어요. 당신과 멀리 떨어져서는 난 오직 죽음만 기다린다오."

아름다운 이졸데가 답한다.

"오, 그대여. 당신의 두 팔로 나를 꼭 안아 주세요, 내 심장이 터져 버리도록. 마침내 내 영혼이 자유로워지면, 오래 전 당신이 내게 말했던 그 행복의 장소로 나를 데려다 주세요. 아직 아무도 되돌아온 적이 없는, 위대한 시인이 영원의 노래를 하는 그곳으로……."

트리스탄이 화답한다.

"여왕이여! 내가 반드시 행복한 삶의 궁전으로 당신을 데려갈 거요."

"그 시간이 가까워졌어요. 모든 준비가 끝나면 당신을 부르겠소. 그러면 내게 달려와 주겠는지요?"

마침내 창끝에 묻은 독이 온몸으로 퍼질 때, 트리스탄은 캐헐딘의 손에 녹색 옥반지를 건네준다. '여왕에게 꼭 와야만 한다고 전해 줘. 우리 둘은 함께 죽음의 잔을 마셨기 때문이야.' 라는 메시지와 함께.

진정으로 이 둘은 죽음의 잔을 함께 마셨다. 생의 마지막에 이르자 죽음은 오래 기다려온 삶의 목표처럼 느껴진다. 이들이 불완전한 지상의 삶에 대해 느끼는 절망을 참아낼 수 있도록 해 주는 것은 다가올 세상에 대한 완전함과 아름다움과 행복뿐이다. 그러나 대관절 하얀 대리석 성에, 온 방 안이 장미로로 가득 채워진, '행복한 삶의 궁전'이 있는 영광의 땅이 어디에 있다는 말인가?

이런 완전함과 아름다움의 영역은 내면세계에만 존재할 수 있다. 본능적으로 우리는 이 세계를 알고 있고, 이 연인들의 말에 공명하는 부분을 가지고 있다. 이들의 목마름에 공감하는 파문이 우리 각자의 영혼에서도 인다. 이곳은 모든 옛 이야기가 시작되는 옛날 옛날에의 세계이고, 우리 영혼은 은밀하게 신과 여신 들을 만나는 상상의 세계이다. 그렇지만 영혼의 세계, 내면의 세계는 왜 죽음으로 상징되는 것일까? 왜 죽음의 길만이 이곳으로 인도한다고 트리스탄과 아름다운 이졸데는 믿는 것일까?

선사시대부터 인간은 죽음으로써 시공간적으로 제한된 물질세계에서 벗어나, 무한하고 측량할 길 없는 영원한 영의 세계인 우주의 공간으로 들어간다고 믿어 왔다. 아직까지도 우리에게는 무의식적으로 물질적인 세계로부터 해방된다는 표현이 남아 있다. 이것은 무엇인가 선명히 잡히지 않는 어떤 상징이다. 이는 자아ego의 아주 작은 세계와 협소한 견해에서 자유로워져서, 정신psyche의 무한히 넓은 내면의 우주로 해방된다는 뜻이다. 문자 그대로의 해석을 벗어나면 죽음은 끝이 아니라 심오한 변화와 전환transformation의 상징이다.

'죽음의 땅'은 영혼의 세계, 내면의 세계이다. 무의식적인 깊이로 경험할 때, 죽음이 상징하는 가장 심오한 의미는 전환이다. 죽음은 정신의 영역으로 나아가는 자아의 전환이며, 영혼을 만나서 더욱 무한한 우주의 광활함을 살아가기 위해 협소한 자아의 왕국을 포기하는 데 동의하는 것이다.

이것을 이해하면 온전히 새로운 전망이 열린다. 우리에게 요구되는 것은 전환이지 죽음이 아니다! 이것이 바로 위대한 로맨스 이야기에서 거듭거듭 등장하는 '죽음'이라는 상징의 참 의미이다. 또 로맨스에서 초래되는 갈등과, 믿음에 대한 혼돈과, 끔찍한 고통에 대한 해결책도 바로 이러한 전환이다. 진정으로 유일한 해결책은 의식의 변화와 가치의 전환인 것이다.

이를 이해하고 수용한다 할지라도, 전환의 경험에는 진정한 '죽음'이 기다리고 있다. 이는 '자아ego의 죽음'을 말하는 것이다. '자아의 죽음'이란 마치 자아가 증발해 버려 사라지기라도 한다는 뜻이 아니다. 기존에 익숙하던 자기 세계를 희생한다는 뜻이고, 케케묵은 견해와 오래된 삶의 태도를 희생한다는 말이다. 삶에 대한 새로운 가치가 탄생하고 새로운 통합이 이루어질 때, 낡은 자아의 세계는 파괴되어야 하는 것이다. 자아의 입장에서는 이를 '죽음'으로밖에는 여길 수 없다!

자아가 이 죽음을 단지 위협으로만 받아들인다면 변화에 저항하고 맞서 싸우게 된다. 로맨틱 러브에서도 자아가 위협받을 때는 저항하고 투쟁한다. 진정한 계시의 경험을 위해서 로맨틱 러브를 통해 낡은 가치의 전환이 필요하다는 사실을 수용하는 경우조차도, 이는 여전히 위협적으로 다가온다. 해

묵은 태도를 고수하면서 상대에게도 똑같은 낡은 방식을 요구하고, 같은 차원의 로맨스 판타지를 경험해 보려 애쓴다. 자신이 변화하고, 기존의 견해들에 질문을 하고, 자신의 패턴을 바꾼다는 것은 극단적인 비극처럼 느껴진다. 그렇지만 우리를 기다리는 죽음은 '자아의 죽음'이며, 전환에는 반드시 죽음이 내포되어 있다.

트리스탄의 시대에는 상징을 문자 그대로 해석했다. 이들은 죽어서 몸을 떠난 후에야 영과 영혼의 세계를 찾을 수 있다고 믿었다. 그러나 다른 한 가지 측면에서는 이들이 우리 현대인들보다 훨씬 지혜롭다. 바로 로맨틱 러브를 통해 추구하고자 하는 바에 대해서는 우리보다 이들이 훨씬 더 직접적이고 의식적이었다. 카탈과 음유시인들은 자신들이 찾는 것은 전환이라고 분명히 말했다. 그리고 오로지 열정적인 사랑과 죽음을 통해서 그 전환을 시도하려 했다. 그것은 육체의 노예상태에서부터 자신을 해방시킬 수 있는 유일한 길이 죽음이었기 때문이다. 그리고 신성한 세계를 맛볼 수 있는 초자연적인 강렬함에 담긴 엑스타시와 고통을 향한 열정이 있었기 때문이다. 이들은 지상에서 미리 황홀한 신의 세계를 경험하는 것이라고 여겼다. 따라서 이들에게는 로맨틱 러브가 바로 통과의례였던 것이다. 인간은 궁극적인 열정에 대한 기대로, 연인과의 사랑을 택했다. 그리고 이 사랑을 영성적인 것이라고 믿었다. 이 방법을 통해야만 우리가 사는 세계와 '이제껏 아무도 되돌아오지 않은 그곳'을 분리시키는 인간적인 삶을 불태워 버릴 수 있다고 믿었기 때문이다.

우리 현대인들은 이들처럼 직접적이지는 않다. 그리고 추구하는 바에 대해서도 무의식적이다. 그렇지만 선조들과 한 가지 동일한 믿음이 우리에게 계승되어 내려오고 있다. 우리는 일생을 거룩하기만 한 삶, 즉 우리 각자의 삶에 의미와 온전함을 가져다주는 비전을 간직한 채 삶의 여정을 걷고 있다. 영혼을 갈망하고 신의 세계를 동경한다. 그렇지만 이런 세계를 내적인 경험으로, 상징적인 차원으로 체험하는 방법을 모르고 있다. 로맨틱 러브에 빠져 있는 남녀처럼 무의식적이고 충동적으로 상대에 대해 타오르는 열정이나 사랑에 빠져, 우리를 지배하고 소유하는 어떠한 힘에 자신을 내맡긴 채 해결 방법을 찾으려고 발버둥친다. 이 체험은 엑스타시이고 고통이고 일종의 죽음이다. 죽어서나 가능할 것으로 갈망하던 일이고, 산상에서 변모한 그리스도의 맛을 보는 체험이다. 이는 곧 죽음이요, 부활인 것이다. 죽어서의 삶보다 더 큰 그 무엇으로 이 세상에서 되살아나는 것이다. 열정이 식지 않아 투사가 계속되는 한, 우리가 맛보는 것은 이 느낌이다. 우리가 로맨스의 형태로 그토록 갈구해 오던 것의 정체가 바로 이것이다.

트리스탄은 내면세계로 접촉할 수 있는 길이 두 가지라고 믿었다. 먼저, 아름다운 이졸데와의 열정에서 느껴지는 고통과 엑스타시를 통하는 길이다. 그 다음으로는, 문자 그대로의 죽음, 즉 이 물리적인 세계를 떠나는 것이다. 현대인들에게는 선택의 기회가 더욱 좁아졌다. 우리는 대다수 로맨틱 러브라는 오직 한 길을 통해야만 내면세계에 도달할 수 있다고 생각한다. 이 길에 관해 우리는 로맨틱한 열정을 품고 있는 것이다. 왜일까?

부분적으로는, 서구의 이원론에 의해 삶이 지상의 물질적인 삶과 천상의 영적인 삶으로 나뉘어져 있기 때문이다. 트리스탄이 카탈리즘과 중세 그리스도교 둘 다에서 받은 가르침은, 지상의 삶은 아무것도 아니라는 것이고, 영적인 삶은 죽어서 천국에서만 찾을 수 있다는 것이다. 우리 마음 안에서도 영성적인 삶은 늘 '그 어딘가에' 혹은 '저 너머에' 존재한다는 무의식적인 생각을 찾을 수 있다. 언제나 내가 있는 이곳이 아니라 다른 어느 곳이고, 내 자신의 삶 속이 아니라 어딘가 다른 사람에게서이다. 서양인들은 지상에서 일상의 삶을 살아가는 동안에 신과 영성적인 삶을 경험할 수 있다는 사실을 믿지 않는다. 그러나 인간이 살아야 하는 세계는 두 세계이다. 우리 각자의 내면세계가 그 하나이고, 다른 하나는 바깥의 일상 세계이다. 그러나 이런 깨달음을 얻기가 쉽지 않기에, 우리 자신의 내면세계는 배제해 버리고 바깥의 어떤 것이나 다른 누군가에 의해서만 신적인 세계가 체현되리라고 믿고 있다.

로맨틱 러브를 통해서 내면세계를 추구하는 또 다른 이유는 서양인들이 내면세계를 믿지 않기 때문이다. 자연히 삶에서 우리가 외면하는 부분은 무의식에 남게 되고, 이 부분을 외부의 물질세계에 투사한다. 물질적인 세계가 아닌 내면세계란 현대인에게는 결코 이해하기 쉽지 않은 개념이다. 우리는 내면의 실체에 관해 이야기하고 영혼과 영에 대해서도 언급한다. 그러나 진심으로 이를 믿지는 않는다. 지난 수십 년간 우리 문화가 이전의 어떤 시대보다 더 물질적이고, 문자 그대로의 사실주의에만 매달려 있는 동안 내면의 삶이나 상징과의 접촉은 잃어버렸다. 이 부분에 관한한 우리의 진화는 사실상 퇴보했다.

트리스탄의 시대에는 대다수 사람들이 영과 영혼을 준準실체라고 간주했다. 물질적인 몸보다 조금 미세한 것이라고 생각했다. 그러므로 육체적인 몸이나 장소에서 영과 영혼이 거주하는 곳을 찾아야 했다. 소위 ‘중간 상태’니 ‘천국’이니 하는 것이 바로 이런 자리였다. 이들은 ‘천국’을 존재의 상태라기보다는 말 그대로 물질계의 어딘가에 있는 구체적인 장소로 생각했다. 그래서 실제 우주에서 천국의 자리를 찾느라 수세기를 허비했다.

트리스탄의 시대로부터 수세기가 지난 갈릴레오의 시대에조차 천문학 전문가들은 대단히 위태로웠다. 사람들이 신들의 세계가 별들과 행성 사이 ‘그 너머 어딘가’에 있다고 믿었기 때문이다. 갈릴레오는 자신이 발명한 망원경을 통해서 이런 견해와 모순이 되는 무엇인가를 보았기 때문에 이단으로 간주되었다.

우리도 이로부터 크게 진화하지는 못했다. 우리에게는 로맨스가 종교이다. 우리는 신들의 세계에, 육체가 있는 존재인 우리가 사랑에 빠진 상대방을 배치했다. 그러나 각자가 가진 망원경으로 내면 상담을 한 모든 심리학자들은, 신성한 신들의 세계는 로맨스를 통해 찾을 수 있는 게 아니라고 단언함으로써 사람들의 분노를 불러일으켰다. 그리고 이단자로 간주되거나 흥을 깨는 사람 정도로 치부되었다.

이제 우리는 고통과 죽음을 해독하는 비밀암호를 찾았다. 비로소 우리가 로맨틱 러브를 통해 갈구하는 '죽음'은 전환임을 알기 시작했다. 낡은 세계가 끝나고 그 즉시 새로운 삶을 안겨 주는 불에 노출된다. 로맨스의 고통은 궁극적으로는 신비주의나 종교체험에서 받는 고통과 차이가 없다. 이는 한정된 자기 세계나 좁은 물질적인 세계의 한계를 극복하고, 신적인 세계로 다시 태어나는 사람이면 누구나 겪는 고통이다.

왜 우리는 이루어질 수 없는 사랑 이야기들을 이다지도 좋아하는가? 우리 안의 횃불을 갈망하고, 내면에서 타오르고 있는 불에 대한 깨달음이 강해지기를 바라기 때문이다. 고통과 이해는 밀접한 관련이 있다. 죽음과 자기 깨달음도 연결되어 있다. 유럽의 낭만주의는 고통 받는 사람, 특히 사랑에 빠져 고통을 받는 사람과 비교할 수 있는데, 사랑에 따르는 고통은 특별히 선택받은 형태의 이해이다. (드 루즈몽de Rougemont, 《서양 세계의 사랑Love in the Western World》 pp. 51-52)

의식의 여정에서 고통은 불가피하다. 우리가 추구하는 전환을 위해서는 반드시 치러야 하는 대가이다. 우리는 고통에서 결코 달아날 수 없는데, 아무리 달아나려 발버둥쳐도 절대 성공하지 못한다. 이중으로 불행할 뿐이다. 어떤 식이든 대가는 치르지만 전환은 이루어 내지 못하기 때문이다. 의식을 확대하는 작업에는 잔인하지만 변치 않는 법칙이 하나 있다. 그것은 우리가 의식적이고 자발적으로 고통을 수용할 때에만 전환이 이루어진다는 사실이다. 고통을 피해 보려는 시도는 끝없이 되풀이되는 업의 쳇바퀴를 돌리기만 할 뿐 아무 것도 창조하지 못한다.

그렇지만 왜 고통을 겪어야만 하는가? 우리는 무의식적으로 고통을 갈구하는 것은 아닐까? 그 이유는 '우리는 불을 원하기 때문이다. 내면의 불에 대한 각성이 커지길 갈망하기 때문이다.'

고통을 어떻게 받아들이느냐에 관해서는 우리에게 선택권이 주어진다. 대다수 사람들은 무의식적으로 고통을 겪는다. 이런 고통은 아픔만 안겨 줄 뿐 그 어디로도 우리를 데려다 주지 않는다. 로맨스가 종종 의미 없는 고통의 쳇바퀴처럼 보이는 이유 또한 같다. 우리가 사랑에 빠졌을 때, 그 사랑의 완전한 느낌에다 내면에 품고 있는 이상을 짜 맞춰보지만 대개는 쓰디쓴 실망으로 끝난다. 이로 인해 고통을 받는다. 이럴 때 자연히 투사를 하게 되는데, 언제나 불가능에 가까운, 이상에 적합한 그 누군가를 찾게 된다. 그 누군가가 마술처럼 우리에게 전환을 선사할 것이라고 믿는다. 그리고는 우리가 찾는 신적인 세계를 그 누군가로부터 발견하지 못하면 뒤따라오는 엄청난 고통을 겪고 절망의 나락으로 떨어진다.

그러나 만일 우리가 의식적이고 자발적으로 고통을 수용한다면 돌아오는 무엇인가가 있다. 이 길이 진정한 전환으로 연결되는 길이다. 의식적으로 고통을 감내한다는 말은 '자아의 죽음'을 겪어낸다는 뜻이다. 자기가 상대에게 투사하는 부분을 자발적으로 거두어들여, 상대방을 통해 '신적인 세계'를 찾으려던 노력을 멈추는 것이다. 대신, 심리학적이고 종교적인 행위로 자신의 내면세계를 발견해야 한다. 이는 자기 자신의 온전성을 발견할 책임, 즉 무의식에 내재된 잠재력을 찾아낼 책임을 진다는 뜻이다. 기존의 자기 삶의 패턴에 질문을 하고 기꺼이 변화를 수용하는 것이다. 이는 겪고 싶지 않던 갈등 상황을 직면하고, 자기 자신에 대해 질문하고, 자기 안의 표리부동함을 드러내는 것이다. 이것은 분명 힘든 일이다.

그렇지만 이렇게 의식적으로 고통을 받아들일 때에만 온전함을 향한 여정으로 나아간다. 로맨스를 신적인 세계로 향하는 여정으로 승화시키는 것이다. 이 세계를 찾으려고 육체적인 죽음을 맞을 필요가 없다는 것도 알게 된다. 그렇지만 상징적으로 죽어야 한다는 사실을 깨닫는다. 고통은 상징적으로 죽음이다.

마침내, 이 지상에서 육체적인 삶을 영위하는 동안에도 신적인 세계를 살 수 있다는 놀라운 사실이 드러난다. 우리 각자의 내면 깊은 곳에 '하얀 대리석 성'을 짓고 수천 개나 되는 창문마다 촛불을 환히 밝힌다. 성당에서는 멈추지 않는 노래 소리가 울려 퍼진다. 이 경이로운 궁전을 찾기 위해서는 다른 사람을 향해서도, 반대편 무덤을 갈망해서도 안 된다. 오로지 각자의 내면으로 향해야 한다.

역설적으로 들리겠지만, 우리가 올바르게 죽는다면 새로운 삶으로 향한 발견의 여정이 주어질 것이다. 죽음은 삶의 다른 한 면이라는 점이 분명해진다. 로맨스의 한가운데서 우리를 기다리고 있는 죽음은 우리 삶을 파괴하는 것이 아니다. 내면세계를 향한 꽃을 피워 내는 것이다.

16. 이졸데—마야 : 환상의 춤

최상의 경우 로맨틱 러브는 이중의 계시로 이어지는 숭고한 여정일 수 있다. 우리가 문자 그대로의 사실주의와 물질주의를 극복하고 상징적인 삶을 만나도록 도와 준다. 그러나 최악의 경우는 삶을 허비하게 하고 사랑을 왜곡하게 만든다.

로맨틱 러브의 이 양극단을 바르게 살면 삶에 도움이 되지만, 잘못 살면 삶이 파괴된다. 이런 점은 아니마의 양면을 반영하는 것이기도 하다. 아니마는 내면세계의 여왕인 아름다운 이졸데로서 남성이 가장 심오한 내면의 자신을 찾는 데 인도자가 될 수 있다. 반면, 환상의 여신 마야Maya로도 둔갑할 수도 있다. 긍정적일 때 아니마는 삶의 의미를 찾는 데 조력하지만, 부정적일 때는 일상의 삶을 갈기갈기 찢어 모든 실체를 현혹시킬 수 있다. 그래서 영원히 환상의 춤을 탐닉하도록 만드는데, 우리는 지금까지 트리스탄과 이졸데 신화에서 이러한 아니마와의 춤을 관람했다. 실은 우리도 모두 이 춤사위에 익숙하다.

심리학자 칼 융이 아니마로서 아름다운 이졸데의 두 얼굴에 관해 언급한 부분을 상기할 때이다.

아니마를 본래의 제 모습으로 돌아가게 만드는 길은 투사를 철회하는 길이다. 아니마는 고유한 제자리가 있는 원형적 이미지로 각자의 여정에 영향을 미친다. 자아와 세상 사이에 개입해서 영원히 변화하는 샥티Shakti*처럼 작용하는데, 환상의 베일을 짜서 존재existence라는 환상의 춤을 춘다. 그렇지만 아니마는 자아와 무의식 사이에서 기능하여, 모든 신들과 준 신적인 인물들의 매트릭스가 된다. 성배의 전령으로부터 성인에 이르기까지, 그리고 이단의 여신에서 동정녀 마리아에 이르기까지 신들과 신적인 존재들의 기반 역할을 한다.
(융, 《Psychology of the Transference》 Par. 504)

아니마는 자아와 무의식 사이에서 우리 영혼으로 하여금 신을 향하도록 길을 열어 준다. 아니마가 우리에게 영성적인 삶을 가능하게 해 주는 것이다. 반면, 다른 사람들과 관계를 맺는 등 개인적인 차원으로만 아니마와의 관계를 맺음으로써

---

* 힘, 능력을 뜻하는 최고의 여신이며 시바신의 배우자. 힌두교에 등장하는 대부분의 여신들은 샥티의 다양한 화신이라고 여긴다.

아니마는 타인에 대한 환상을 만들어 낸다. 아니마가 마야의 주술을 거는 것이다.

힌두 신화에서 마야는 환상의 춤을 추는 여신이다. 인성과 실체 사이에 미세한 천을 짜서 드리워 놓아 사물의 본모습을 보지 못하도록 우리의 시야를 왜곡한다. 혹자는 우리가 요가를 하는 목적을 이 '마야의 베일을 꿰뚫어 보기 위한 것'이라고 말한다.

신화의 결말에 다다르자 트리스탄의 눈앞에 베일이 드리워진다. 마야의 주술에 걸린 것이다. 트리스탄에게 영감을 주는 존재가 더 이상은 아름다운 이졸데가 아니라 마야이다. 마야의 여신은 트리스탄에게 영원히 깨지 않는 꿈을 꾸게 만든다. 트리스탄의 발은 더 이상 땅을 딛지 않는다. 한숨을 내쉬고, 무엇인가를 갈구하고, 환각상태에 빠져 있다. 사실 트리스탄은 미쳐서 콘월과 칼학스 사이를 끝없이 배회하는 것이다. 자기가 품고 있는 아름다운 이졸데의 이미지를 제외하고는 아무런 감동도, 아무런 관심도 없다. 아름다운 이졸데 이미지에 강박적으로 사로잡혀 있지만 더 이상 아름다운 이졸데가 트리스탄의 삶에 도움이 되지 못한다. 트리스탄은 이제는 아무 곳에도 도달할 수 없다. 환상의 숲에서 길을 잃은 것이다. 이 상태는 트리스탄이 자신의 내면세계로 가까이 가도록 놓아두질 않는다. 게다가 아내나 친구뿐 아니라 물질적인 삶이 있는 외부세계와도 단절된다. 생의 마지막 날들을 트리스탄은 마야라는 꿈 속을 헤매면서, 혼자의 귀에만 들리는 음악에 맞춰 자신의 눈에만 보이는 자리에서 어지럽게 춤을 추고 있다.

마야는 환상이다. 실체의 왜곡이자 실체의 상실이다. 신화는 로맨틱 러브로 인해 환상의 늪에서 허우적거릴 수 있다고 일러 준다. 어느 날 이 환상에서 깨어나면 남성은 자기가 사랑에 빠진 여성이 자기 문제를 해결해 줄 수도 없고 하지도 않을 것이란 사실을 알게 된다. 아무리 애를 써도 자기의 삶을 더없이 행복하게 만들어 주지 않을 것이라는 자각에 이른다. 아내의 경우라면, 어느 날 환상에서 깨어나서 자기가 혼인했다고 생각했던 그 남자가 전혀 다른 사람이라는 사실을 깨닫게 된다. 더 심한 경우는 자기 남편이 세상의 다른 남자들과 매한가지로 사려 깊지도 섬세하지도 않다는 사실을 깨닫게 된다. 이렇게 말하는 아내는 지금까지 남편을 제대로 본 적이 없었다. 그저 자신의 환상을 보아 왔던 것이다. 그렇다면 이런 환상은 대체 어디에서 오는 걸까?

일부 그리스도교인(Ghosist, 영지주의자—편집자 주)들도 마찬가지지만 수많은 힌두교도들은 우리를 둘러싸고 있는 물리적인 세계가 환상의 세계이며, 오직 영적인 세계만이 진짜라고 믿는다. 이와 달리 대다수 서양인들은 영적인 세계가 환상이고 물질적인 세계만이 진짜라고 믿는다. 그렇지만 환상은 실은 영적인 정신의 내면세계도 물리적인 물질의 바깥세계도 아니다. 환상은 내면과 외부 사이의 왜곡된 관계이다. 환상의 물

길을 타고 끊임없이 흘러나오는 내면세계의 이미지를 우리가
외부세계나 외부세계에 사는 사람들에게 포개어 놓음으로써
환상이 탄생한다. 우리는 색안경을 통해 채색되고 왜곡된 이
미지로 물질세계를 바라본다. 이에 관해 바오로 성인은 '우리
가 지금은 거울에 비추어 보듯이 희미하게 보지만……'(고린토
13:12)이라고 표현했다.

물리적인 세계는 진짜이고 사실이다. 내면의 세계 역시 진
짜이고 사실이다. 우리가 이 둘을 뒤죽박죽 혼돈할 때, 즉 내
면세계의 상징을 이해할 수 없을 때, 우리는 외부세계의 타인
을 통해 그것을 찾으려 한다. 이럴 때 환상의 세계가 만들어지
는 것이다. 환상의 세계란 투사된 세계이다. 이는 내면세계와
외부세계 둘 다를 왜곡하여 두 세계 모두를 있는 그대로 보지
못하게 만든다.

궁극적인 평화와 온전함을 체험하려 할 때, 우리는 환상을
내면에서 성취할 수 있는 어떤 것에 대한 간접적인 표현이라
고 이해할 필요가 있다. 그렇지만 대개의 경우, 남성은 자기
안의 천국에 관한 이미지를 상대 여성에게 투사하고는 무의식
적으로 상대 여성이 그 이미지를 충족시켜 주기를 요구한다.
또 여성이 어떤 물질적인 실체로 그 이미지를 가져와 자기에
게 보여 주기를 바란다. 이 즉시 남성은 환상을 만든다. '거울
에 비추어 보듯 희미하게' 세상을 보는 것이다. 더 이상 아내
를 아내 자체로 보지 않고 남성의 내적인 비전으로 본다. 자연

히 내면과 외면, 이 두 세계가 뒤섞인다. 이는 결국 두 세계 모두를 존중하지 않는 삶이다.

이로써 아니마가 마야로 된다. 이는 아니마 자체에 어떤 잘못이 있는 것이 아니라 남성이 아니마를 대하는 자세에 잘못이 있기 때문이다. 여기서 아니마는 남성의 영혼이란 사실을 기억하자. 영혼은 연애편지나 쓰기 위해 발명된 개념이 아니다. 우리 각자의 영혼은 특별한 기능을 지니고 있는 아주 특별한 부분이다. 영혼은 심리적인 장기이다. 이 장기는 인간이 만들어내는 심리학적, 물질적인 부분을 신비롭고 경이롭게 결합해서 생명을 부여하는 기능을 한다.

어떤 의미에서 인간의 영혼은 우주의 다른 측면을 이해할 수 있게 해 준다. 그리고 영혼은 본래의 목적대로만 기능할 수 있고, 우리를 무한의 세계로만 인도한다. 만일 우리가 유한한 세계에 영혼을 가두려 한다면 영혼은 계속해서 우리로 하여금 무한을 향하게 만든다. 따라서 우리가 영혼을 개인의 상황에만 묶어 두려 들면 영혼은 우리를 끊임없이 초개인적이고 초자아적인 세계로 이끌어 낸다. 아름다운 이졸데가 마야로 전락하는 이유가 바로 여기에 있다. 영혼에 무엇인가 독이 들어 있는 것이 아니라 너무나 좋은 것이고 불변하는 것이어서, 우리 존재를 무한의 세계와 공명하는 다른 측면으로 이끌어 내기 때문이다.

우리가 개인적인 차원에만 머물러 있을 때에도 영혼은 꾸준히 자기가 해야 할 바를 행함으로써, 우리의 개인적인 상황을 원형적 차원으로 심화·확대해 준다. 유한한 상황을 무한하게 만드는 것이 영혼이다. 영혼은 개인의 경험을 거대한 원형적인 주제나 영원한 질문들, 그리고 성스러운 탐색과 십자군 전쟁으로 전환시킨다. 그러나 우리는 반대로 영혼을 각종의 유한한 인간 상황에 적용하려 드는 경우들을 보게 된다. '지나치게 과장한다blowing it all out of proportion.' '사소한 일로 소동을 피운다making a federal case of it.' '침소봉대한다making a mountain out of a molehill.' 라는 표현처럼, 우리는 지극히 지상적인 방식으로 '팽창inflation'을 이야기한다. 우리가 영혼을 배제하고 있기 때문에 이렇게 유한한 상황을 부풀리게 되는 것이다. 또한 우리에게서 배제된 영혼은 그 특질에 따라 이러한 상황을 무한으로 만들어 버린다. 그래서 아름다운 이졸데가 마야로 변하고, 아니마는 마야를 창출하는 경솔한 존재로 전락하는 것이다.

아니마는 우리 삶에 판타지적인 측면을 창조하는 특질이 있다. 상징적인 차원에서 아니마의 판타지를 경험할 때, 아니마는 거대하고 무한한 우주적인 장면을 연출한다. 이런 장면들이 개인적인 차원에 제한되어 있는 우리를 승화시켜 보편적이고 영원한 세계로 초대한다. 우리는 우리 삶을, 그리고 우리 자신을 다른 시각으로 바라보게 된다. 영속적인 시간의 흐름 속에서 우리 자신을 바라보게 되고, 우리 각자의 삶을 지금까지 있어 왔던, 그리고 앞으로 있게 될 것들의 개인적인 발현으로 보게 된다.

영혼은 늘 보편적인 것에 대한 깨달음을 새롭게 하려고 애쓰는 측면의 '나'이다. 개인적인 문제 너머에 있는, 삶에서 훨씬 더 커다란 동기를 찾으려는 나 자신의 일부이다. 그리고 누구에게나 일반적인 각자의 삶을 초월하도록 새롭게 자각하는 측면의 '우리'이기도 하다. 해바라기가 오롯이 빛을 따르듯, 우리 영혼도 오롯이 신을 향한다. 영혼은 개인적인 존재 너머에 있는 원형들과, 내면의 신들과, 주요한 동기들만을 바라본다. 이것이 바로 '개인의 삶에 아니마가 왜 이렇게 커다란 영향을 미치는가.' 라는 질문에 대한 답이다. 아니마는 각자의 일상사에는 별 관심이 없다. 은행 잔고는 남아 있는지, 사람들과의 관계는 명쾌한지, 꽃밭 손질은 했는지 등에는 관심을 두지 않는다. 영혼은 우주의 구좌에 관심을 가지며 천칭자리의 저울의 균형을 맞추려 든다. 이곳의 유일한 관심거리는 우리 각자의 내면의 전일성이다. 아니마의 가치는 인간적인 가치에 있지 않고 우주적인 가치에 있다. 아니마는 우리 각자가 우리 안에 잠재된 모든 거룩한 주체를 살려내고, 경험하는가에 유일한 관심을 두고 있다.

각자의 영혼은 집단 무의식에 있는 모든 위대한 원형적인 역할들을 살고, 또 그 존재이기를 원한다. 배반하는 자와 배반을 당하는 자, 사랑하는 자와 사랑을 받는 자, 가학자와 피학

자, 명예로운 자와 비열한 자, 정복자와 피정복자, 전사와 성
직자, 슬픔의 인간과 새롭게 태어나는 인간, 이 모두를 포함하
는 존재이다.

남성이 유한한 결혼 생활에서 한 여성을 통해 자신의 영혼
을 살리려 할 때, 남성의 영혼은 혼인에 대한 남성의 생각을
부풀려 왜곡시킨다. 남성의 영혼은 무한으로 확장된 관계로
이 남성을 이끌어 가기 위해, 여성과의 관계를 통해 사랑과 죽
음, 낙원의 상실 같은 상징들을 경험하게 만든다. 그리하여 혼
인이라는 인간의 드라마를 더욱 거대하고 힘찬 원형적 드라마
로 확대한다. 남성의 내면에서는 늘 판타지 차원의 이러한 드
라마가 전개된다. 만일 남성이 이 드라마를 내면세계에서만
전개되도록 하는 법을 배워서 드라마의 상징을 이해하고 상징
적으로 체험한다면, 이 남성은 바른 방식으로 자기 영혼과 살
아갈 수 있다. 무한을 향해 있는 내면의 삶으로 영혼을 체험하
면서, 유한하고 한정된 세계에서 아내와의 관계를 유지할 수
있다.

명상이나 꿈 작업dream work 혹은 적극적 명상active imagina-
tion*을 통해 남성은 자신의 영혼을 카멜롯으로 떠나보내고,
기사들과의 모험에 동참할 수 있다. 성배를 찾으러 가고, 용이
나 몰홀트와 싸울 수도 있다. 도중에 처녀들을 구하고 병든 사

---

* 융이 고안한 깨어서 꿈꿀 수 있는 연상법으로, 깨어 있는 상태에서 무의식적인 내
  용에 노출되는 방법.

람을 치유하고 자신의 상처를 돌보는 법도 배울 수 있다. 배신을 하고 배신을 당할 수도 있고, 죄를 짓고 죄의 사함을 받고, 복수도 할 것이다. 집단 무의식에 있는 모든 원형을 살아야 하지만 반드시 상징으로 경험해야 한다. 무한한 세계는 상징이라는 그릇에 담아야 하는데, 이 그릇은 삶에 금이 가게도 하지 않고, 삶을 파괴하지도 않은 채, 넉넉히 보듬어 안을 수 있다.

꿈과 상상력을 통해 무한의 세계로 향한 영혼의 상징적 여정을 한 사람은 유한한 세계로 되돌아오는 길도 찾아낼 수 있다. 유한한 세상으로 돌아오면, 가정이나 아내 그리고 인간관계가 눈에 들어올 것이다. 이 세계에서 발생하는 일상의 한계나 문제들을 다룰 수도 있다. 이런 남성은 자기 내면의 문제로 인해 화가 나 있을 때도 아내와 다투지 않는 법을 배우게 될 것이다. 자기 영혼이 내면세계의 악당들과 전투를 하게 만들 때도 자기 아내와 싸움을 하지 않는 법을 배우게 될 것이다. 이런 남성은 자신의 판타지를 자기 내면의 사건으로 바라보는 법을 배우고, 판타지를 내적인 차원에서 경험하는 길도 익히게 될 것이다.

아니마를 혼인에 개입시키는 남성은 혼인을 자신의 판타지와 착각한다. 혼인을 무의식 내에 있는 비인격적인 힘들이 날뛰는 장으로 생각해서, 일련의 원형적인 장면들을 연출하는 장소로 만들 수 있다. 만일 아내가 남성의 이런 판타지에 개입하지 않는다면, 남성은 이내 아내가 이 거대한 극에 출연하는 배우가 아님을 깨닫게 된다. 이 판타지는 남성의 내면세계에서 쉼 없이 펼쳐지는 우주적인 드라마일 뿐이다.

관계의 기능이 있는 아니마가 사실은 관계 자체와는 거리가 멀다. 아니마가 인간관계에 도움이 되는 것으로 간주할 수 있었다는 점이 오히려 이상하게 보인다. 고전적으로 아니마가 제 모습을 드러낸 각각의 경우들을 살펴보면 아니마는 인간이 아니거나 반만 인간이다. 실제 아니마는 각자의 인간적인 상황에서 멀어지도록 영향을 미친다. 아니마는 무드나 왜곡이나 환상을 초래하기 때문에 인간관계에서는 동일한 무드나 판타지를 공유하는 사람들과의 관계에만 도움이 된다. 우리가 관계를 맺으려고 하면 아니마는 멀찍이 물러난다! 사람들 사이의 감정을 아니마보다 더 저해하는 것은 없다…….

조지George와 메리Mary의 관계는 조지와 메리의 독특한 특질에 달렸다. 그들의 관계는 감정을 드러내는 과정을 반영하고, 이는 두 사람만의 고유한 관계를 형성한다. 만일 아니마가 이들의 관계에 결정적 영향을 미친다면, 이 두 사람의 관계의 영향력이 줄어들고, 이들 사이에 작용하는 원형적 판타지가 훨씬 깊은 영향을 미친다. 이렇게 되면 이들은 무의식의 판타지인 연인, 싸움꾼, 짝패 등을 연기하는 집단적 배우로 둔갑한다…….

…… 아니마는 인간의 감정을 깊게 하는 것이 아니라 감정

에서 멀어지게 만든다. 무의식과 의식을 연관짓는 기능으로써 아니마는 의식적인 감정을 차단하고, 이를 무의식적으로 만들어 인간을 비인간적으로 만든다. 아니마는 인간세계보다는 다른 데에 관심이 있다. (힐만Hillman,《Anima》pp. 111-112)

사랑에 빠지는 남성은 그 즉시 사랑을 넘어 자신의 영혼을 숭배하기 시작한다. 그러면 아니마는 남성의 관계를 엄청나게 부풀린다. 이럴 때 사랑은 단순히 사랑 자체가 아니라 신성한 황홀경으로 바뀐다. 사랑하는 사람과 평화로운 행복에 머무는 것이 연출되는 것이 아니라 천상적인 지복이 된다. 그러나 이때, 만일 영혼이 원형의 부정적인 측면으로 눈을 돌리면, 갑자기 싸움이나 이별의 무드로 돌변한다. 이 경우 아주 사소한 일들이 극적인 배신으로 여겨지고 상대를 바라보는 시선은 격렬한 분노나 시기심으로 채워진다. 일상의 사건이 거대한 드라마의 일부로 변한다. 아니마는 인간으로 하여금 유한하고 평범한 세계를 넘어서게 하고, 우주적인 드라마에 동참하게 만든다.

이상하게도 이 드라마는 자신과 사랑하는 사람 사이에서만 일어나는 일인데도, 이 경험이 인간을 가장 고유하고 개인적으로 느끼게 한다. 사실 이 지점에서는 자기 개성을 상실하게 되어 연인은 각자 자신의 정체성을 잃게 된다. 이들은 트리스탄과 아름다운 이졸데가 되고 로미오와 줄리엣이 된다. 결정된 대본에 따라 이미 알려져 있는 집단적인 연극을 하는 배우들이 된다. 이는 정확히 자기 자신이기를 멈추고 보편적인 드라마의 배우가 되는 것이다. 그래서 이 체험은 이토록 강렬하고 너무나 특별하고 놀라운 체험이 되는가 보다.

이 경험은 제우스에게 신의 핵심적인 힘을 보여 달라고 요청하는 세멜레Semele처럼 인간관계 자체를 불태워 버린다. 아니마, 아니무스를 투사하는 초인적이고 신적인 힘에 굴복할 때는 모든 것이 화염에 휩싸인다. 흔히 사람들은 관계 때문에 '탈대로 다 타버렸다'는 표현을 쓴다. 사실 이 표현 그대로이다. 로맨틱 러브에 빠졌을 때 엑스타시와의 분투, 이별과 재회의 강렬함 때문에 완전히 소진되어 끝에는 아무것도 남지 않는다. 인간적인 차원에서 누군가를 만나고 삶의 동반자로 사랑하는 것과는 달리, 생기도 호의도 애정도 그 아무것도 남지 않는다.

환상의 춤에 사로잡혔다는 사실을 깨닫는 순간, 대다수 사람들이 비참함을 느낀다는 것은 놀라운 일만은 아니다. 로맨틱 러브란 그저 다람쥐처럼 쳇바퀴를 돌리는 일이라서, 이는 의미도 없는 수치스러운 행위라고 결론을 내리고 아예 사랑하기를 포기하기도 한다. 그러나 이 춤을 멈추는 데 더 나은 방법이 있다. 환상이라는 가면 뒤에 숨은 진실을 발견함으로써 이 춤에서 졸업을 하는 것이다.

이 시점에 이르면 트리스탄과 아름다운 이졸데가 탄 배와 사랑의 묘약으로 되돌아가게 된다. 신의 광휘가 우리에게 돌아오긴 했는데 그것이 종교적인 생활을 통해서가 아니라, 사랑과 투사와 환상을 통해서 돌아왔는지 다시 한 번 묻게 된다. 그 답은 충격적이다. 우리에게 종교적인 삶이 존재하지 않기 때문이다. 우리에게는 교회가 있고 도그마와 교리가 있다. 각종 견해들과 그룹도 있고 회합도 있다. 그렇지만 종교적인 삶은 없다. 우리가 영혼이나 내면의 삶에는 거의 관심을 기울이지 않았기 때문이다.

트리스탄의 모습에서 우리의 자화상을 찾을 수 있다. 트리스탄은 아름다운 이졸데의 이끌림에 따라 영적인 삶을 살지 못한다. 아름다운 이졸데를 의식적으로 추구하지 않는다. 트리스탄은 자발적으로 영혼에 대한 관심을 갖지도 않는다. 그러나 트리스탄의 의지에 반해서, 사랑의 묘약과 그에 따르는 환상의 춤을 통해 트리스탄의 영혼이 그 자신을 찾아온다. 우리 현대인들도 영혼에 주의를 기울이지 않은 채 살아간다. 의식적이고 자발적으로 우리가 영혼과 신을 추구하지 않지만, 영혼이 우리를 찾아와 투사나 환상을 통해 우리에게 올가미를 씌운다. 그러면 우리는 사랑의 묘약을 마시고 아름다운 이졸데만을 뚫어지게 응시하는 트리스탄이 된다. 그러나 여기서 트리스탄은 아름다운 이졸데를 보는 게 아니라 마야를 본다. 느끼지도 못하고 아무 지식도 없이 발이 움직이고 춤에 빨려 들어간다.

우리가 사랑의 환상에서 발을 빼내어 진화를 하려고 한다면, 한 가지 의지를 요하는 직접적인 행동을 해야 한다. 단순히 영웅적 기상으로 투사를 포기하겠다고 굳게 결심하는 방식은 통하지 않는다. 삶의 다른 차원에 아니마를 위한 자리를 확고하게 만들 때, 결혼과 두 사람의 관계와 개인의 삶에서 아니마를 자유롭게 할 수 있다.

서양인들에게 요청되는 내면작업은 각자의 종교성을 확인하는 것이라고 말할 수 있다. 이 말은 꿈이나 상상력 그리고 판타지에서 흘러나오는 이미지나 감정들이 신의 영역에서 오는 것이며, 이는 물리적이고 개인적인 삶과는 다른 나름의 고유한 질서를 가지고 있다는 의미이다. 그리고 물리적이고 개인적인 세계처럼 내면세계도 동등한 실체이며 물리적인 세계와 똑같은 중요성을 지닌다는 사실을 확신해야 한다는 뜻이다. 이런 이미지들을 진지하게 수용하고 성찰한다면, 자신 안에 있는 대단히 중요한 힘, 즉 자신의 영혼이 상징의 형태로 보내 주는 영적인 영역의 거주자들을 이해하게 된다.

이런 작업은 전통적인 종교 활동에 참여하거나, 명상이나 요가, 혹은 꿈 작업이나 융의 적극적 명상 또는 판타지를 다룸으로써 가능하다. 이는 매일 매일의 내면작업을 요구하는데, 다르게 말하면 일상에서의 영혼의 삶을 요청하는 것이다.

만일 이런 작업을 한다면, 내면세계와 외부세계의 차이를 알기 시작할 것이다. 상징적으로 살아야 할지, 물리적으로 살아야 할지 그 차이도 배우게 될 것이다. 투사를 하더라도 투사한 것으로 무엇을 해야 할지 알게 된다. 더 이상 투사에 압도당하거나 투사로 인한 판단을 내리지 않게 된다. 물론 삶의 고통에서 자유로울 수는 없다. 그러나 고통 뒤에 무엇인가를 얻게 된다. 이는 헛된 춤을 되풀이하는 것이 아니라 진화하고 변화한다는 뜻이다. 마침내 주어진 영혼과 영혼의 산물인 상징을 통해 삶을 무한의 세계로 확장시킴으로써 점차 덜 개인적이고 덜 유한한 삶을 만든다. 더 이상 영혼이 사랑이나 결혼 등의 관계를 부풀리고 덫을 씌워 무한한 세계로 우리를 납치할 필요도 없어진다.

이것이 인간이 거쳐야만 하는 분화이고 진화이고 의식화이다. 마야의 춤은 서서히 사그라지고 춤의 가면 뒤에 있는 상징적인 삶을 살게 된다. 마야가 그 베일을 들어올려 시야가 밝아 온다. 영원한 영혼을 지닌 유한한 인간으로 살아가는 법을 배우게 된다.

V 부

마무리

"하얀 숨을 내쉬며 나는 걷는다네, 노래를 하며 나는 걷는다네."
건강하고 온전한 삶에 이른다는 것은 한 인간이 태어날 때 부여 받은 모든 잠재적 가능성이 완전히 꽃핀 상태가 되는 것이다. 마치 꼬리를 활짝 펴고 우아한 자태를 뽐내는 공작새의 모습처럼 삶의 아름다움과 충만함과 기쁨을 마음껏 노래하며 살아간다.

17. 하얀 들소 영의 여인

트리스탄과 이졸데 이야기가 뛰어난 이유는 '현재의 우리'를 정확하게 이야기해 주기 때문이다. 이 신화는 우리 문화 전체뿐 아니라 개개인에게 어떤 일이 일어났는지까지 놀랍도록 자세하게 반영해 준다. 맑은 거울처럼 우리의 자세와 행동을 있는 그대로 비추어 주고, 우리 내면에서 심리학적인 힘이 어떻게 작용하는지를 드러내 준다.

이 신화는 우리가 처한 상황에 대해 말해 줌으로써, 우리가 다루어야 할 과제가 남아 있음을 제시한다. 그러나 우리가 이 상황을 극복하기 위해서 무엇을 해야 하는지에 대해서는 이야기하지 않고 있다.

신화가 우리를 반추해 볼 수 있게 해 주듯이 우리가 지닌 문제에 대한 처방도 신화나 꿈이 내려주어야 할 것이다. 이제부터는 우리가 직면한 딜레마에 답을 제시해 주는 듯한 다른 두 가지의 신화를 살펴보겠다.

첫 번째는 미국 인디언 수우 국Oglala Sioux*의 '하얀 들소 영의 여인' 신화이다. 이 이야기는 위대한 메디신 맨medicine man** 블랙 엘크Black Elk가 들려주었다. 수우 국에게 맨 처음으로 성스러운 '메디신 파이프medicine pipe'를 가져다 준 신성한 여인에 관한 이야기이다.

옛날 옛날에 정찰병 두 명이 들소를 찾아 나섰다. 높은 언덕으로 올라가자 멀리 북쪽 방향에서 무엇인가가 눈에 들어왔다. 가까이 오길 기다리다, "여자다!" 하는 환호성이 터져 나왔다. 정말 여자였다. 정찰병 중 어리석은 자가 나쁜 생각을 입 밖에 낸다. 다른 정찰병이 충고한다. "신성한 여인이야. 나쁜 생각일랑 아예 지워 버려."

여인이 가까이 다가왔다. 긴 머리에 젊고 아름다운 여인이었다. 흰 수사슴 가죽으로 만든 고운 드레스를 입고 있었다. 이 여인은 두 남자가 무슨 생각을 하는지 꿰뚫어 보고 있다. 꾀꼬리 같은 목소리로 여인이 말한다. "내가 누군지 모르지? 하지만 지금 마음에 떠오르는 대로 내게로 와." 어리석은 정찰병이 그녀에게 다가가자 갑자기 흰 구름이 몰려와 이들을

---

* 종족대신 국가라 번역하는 이유는 인디언들의 주장에 따른 것이다. 이들은 인디언 국Nation이라 부르며 자체 여권도 발급한다.
** 인디언의 영적 지도자이자 치유자 역할을 하는데, 그 기능에 있어서는 샤먼이나 무당과 유사하나, 북미 인디언들은 메디신 맨이라고 부른다.

뒤덮어 버린다. 잠시 뒤 아름다운 여인이 구름 밖으로 나왔고 바람이 구름을 쓸어 간다. 정찰병의 몸은 구더기로 뒤덮였고 뼈만 앙상하게 남았다.

여인이 현명한 정찰병에게 말한다. "마을로 돌아가 사람들에게 전해라. 내가 갈 테니 마을 한가운데 커다란 티피Tepee*를 지으라고 해." 겁에 질린 정찰병이 서둘러 집으로 돌아가 마을 사람들에게 여인의 말을 전하자, 마을 사람들은 당장 시키는 대로 따른다. 그리고는 티피 둘레에 서서 이 신성한 여인이 오기를 기다린다. 얼마 지나지 않아 너무도 아름답고 매혹적인 여인이 노래를 부르며 다가온다. 여인은 티피 안으로 들어서며 노래를 부른다.

하얀 숨을 내쉬며 나는 걷는다네.

With visible breath I am walking.

노래를 하며 나는 걷는다네.

A voice I am sending as I walk.

신성하게 나는 걷는다네.

In a sacred manner I walk.

보이는 길로 나는 걷는다네.

With visible tracks I am walking.

---

* 아메리카인디언의 원뿔형 천막

신성하게 나는 걷는다네.
In a sacred manner I walk.

노래를 부르는 그녀의 입에서는 향긋한 흰 구름이 흘러나온다. 그러고 나서 그녀가 추장에게 무엇인가를 주는데, 그것이 파이프다. 파이프 옆면에는 인류를 낳고 먹이는 땅을 상징하는 들소 새끼가, 둥치에는 하늘과 열두 달을 상징하는 독수리 깃털 열두 개가 달려 있다. 이 깃털은 절대 끊어지지 않는 풀로 단단히 묶여 있다. "보아라!" 그녀가 말한다. "이로써 너희는 번성해서 영예로운 국가가 될 것이고 좋은 일만 생길 것이다. 선한 이들만 이 파이프를 돌보게 하고, 악한 이들은 보지도 못하게 하여라." 이야기를 마치자 그녀는 다시 노래를 부르며 티피 밖으로 나선다. 사람들이 지켜보는 눈앞에서 그녀는 갑자기 하얀 들소로 변해 흰 콧김을 내뿜으면서 뛰어 사라진다.

이것이 수우 국이 전하는 이야기이나, 실제 이런 일이 있었는지 아닌지는 모르지만, 곰곰이 생각해 보면 사실일 수 있다는 걸 알게 된다. (블랙 엘크Black Elk, in Neihardt, 《Black Elk Speaks》 pp. 3-4)

이 이야기는 우리가 말하려는 핵심을 신화적인 언어로 표현해 준다. 현명한 정찰병과 어리석은 정찰병 사이의 극적인 대비를 통해 우리는 아니마에 대해 취할 수 있는 남자들의 두 가지 다른 태도와 그 결과를 볼 수 있다. 아니마와의 만남을 피할 수는 없다. 사냥터에서 늘 하던 일을 하고 있을 때 예기치 않게도 '다른 세계'에서 방문객이 찾아오기 때문이다. 우리가 아니마를 만나고 안 만나고의 선택을 할 수는 없지만, 그녀를 어떻게 다루냐에 따라서 우리는 축복을 받을 수도 있고 파멸을 맞을 수도 있다.

아니마는 신성한 여인—여신이다. 예를 갖추어 그녀를 대하느냐 아니냐에 따라 그 결과는 엄청나게 다르다. 우리가 투사하는 이 내면의 여성은, 하얀 들소 여인처럼 다른 세계의 존재이고 인간이 아니라 '여신Spirit Woman'이다. 현명한 정찰병처럼 '신성한 여인이야. 나쁜 생각일랑 아예 지워 버려.'라며 신성하게 대하면 그녀는 메디신 파이프를 선물로 준다. 하늘과 열두 달을 가져오고 다른 세계를 알 수 있는 방법도 가져다 준다.

어리석은 정찰병처럼 아니마를 외부의 누군가에게 투사해서 물리적인 존재로 만들려 들면 그녀의 신성함은 사라진다. 그녀가 주는 선물을 받을 기회를 놓치는 것이다. 아니마의 잔인한 면은 우리가 어리석든 현명하든, 우리가 원하는 방식으로 접근하도록 그냥 내버려 둔다는 점이다. 그녀는 말한다. '내가 누군지 모르지? 하지만 지금 마음에 떠오르는 대로 내게로 와.' 하지만 그대로 했을 때 그 대가는 끔찍하다! 그녀를 신성한 존재로, 내면세계의 영적인 존재로 다루지 못할 때 치르게 되는 대가는 단순히 '다른 세계'를 상실하는 것만이 아니라 인간적인 삶도 파괴되는 것이다. 이것이 바로 그녀 발아래 먼지 바닥에 누워 있는, 구더기에 먹히고 뼈만 앙상하게 남은 어리석은 정찰병의 이미지가 뜻하는 바이다.

반면 아니마를 내면세계에 존재하는 신성함으로 접근할 때는 얼마나 많은 축복을 그녀에게서 받을 수 있는지 보라! 그녀의 선물은 우리를 신성한 세계로 초대하고, 삶에 신성함을 회복시켜 준다.

우리는 삶의 대부분을 갈망하고 탐색하는 데 써 버린다. 무엇을 위한 갈망과 탐색인지는 우리 자신도 모른다. 우리가 가진 수많은 표면상의 '목표들'과 우리가 원한다고 믿는 무수한 것들은, 실은 본래의 욕망을 감추는 가면들이다. 이 가면들은 우리가 진정으로 목말라하는 삶의 가치와 특질이 상징적으로 표현된 것이지 물리적인 것이 아니라는 것이다. 단순히 물질적인 것들이나 육체를 지닌 인간으로 축소할 수 있는 것도 아니다. 우리가 표면적으로 추구하는 것들의 본질은 사랑, 진실, 정직, 충성, 목표 같은 심리학적 특질의 상징인 것이다. 이는 숭고하고 고귀하며 헌신할 가치가 있다고 느끼는 그 무엇들이다. 그러나 우리는 이를 자동차나 사람 혹은 더 나은 직장 등 물질적인 무엇으로 축소하려 든다. 하지만 그렇게는 되지 않는다. 우리가 무엇인지도 모르고 찾고 있는 것은 사실은 신성한 것이기 때문이다. 이는 절대 다른 무엇으로 축소될 수 없다.

어떤 의미에서 신성함은 감정feeling이다. 특별히 삶의 가장 중심heart에 가 닿는 감정이다. 위대하고 고귀한 것이 무엇인지 알아보고, 우리 삶에 의미를 부여하고, 삶이라는 개인적인 여정을 더 큰 관점에서 바라보게 해 주는 그런 감정이다. 신성함은 경외감이기도 하다. 우리가 신성하다고 말하는 것은 궁극적인 의미로 우주와 연결된다. 이러한 견지에서 우리는 각자의 개인적인 노력과 삶이 의미가 있는지 가늠하게 된다.

남성의 심리는 내면의 여성을 통해서 신성함을 발견하고, 신성한 느낌을 받는다. 삶의 신성함, 하늘과 열두 달의 비전을 가져다주는 것은 하얀 들소 영의 여인이다.

하얀 숨을 내쉬며 나는 걷는다네.
With visible breath I am walking.
노래를 하며 나는 걷는다네.
A voice I am sending as I walk.
신성하게 나는 걷는다네.
In a sacred manner I walk.
보이는 길로 나는 걷는다네.
With visible tracks I am walking.
신성하게 나는 걷는다네.
In a sacred manner I walk.

존재라는 강물로 내면에 있는 모든 개울들이 흘러들 듯, 우리가 본능적으로 '신성'하다고 느끼는 가치들도 아니마의 이미지로 모여든다. 그럼으로써 우리는 아니마를 통해서 신성한 가치들을 인식하게 된다. 아니마는 융이 말하듯 '그리스도교 이전의 여신들the pagan goddess'에서 성모에 이르기까지, 또 성배의 전령들에서 성인에 이르기까지, 그리고 모든 신과 신에 준하는 존재들의 매트릭스이다.

그러나 우리가 먼저 직접적이고 의식적으로 삶의 신성한 면들을 찾아 나서지는 않는 것 같다. 두 정찰병의 모습처럼 우리는 익숙한 사냥터에서 기존에 알고 있던 세상을 습관적으로 배회한다. 그러다 어느 날 전혀 예기치 않게 지금까지는 모르고 있었던 내면의 존재와 맞닥뜨리게 된다. 아니마는 아주 먼 곳으로부터 흰 사슴가죽 옷을 입고 등장한다. 그녀의 입에서 흘러나오는 것은 무엇이든 아름다운 노랫가락이 된다. 이럴 때 우리는 혼돈에 빠진다. 아니마는 여인의 이미지로 등장하고 남성은 어떻게든 이 여인과 관계 맺기를 고대한다. 그러나 이때 남성들은 아니마가 물리적인 여인이 아닐뿐더러 너무나 강렬해서 오히려 물리적 접촉을 시도하지 않는 편이 낫다는 것은 상상조차 할 수 없다. 아니마가 형이상학적인 힘이라는 것은 더더욱 믿기 어렵다.

이것이 바로 신성이 그 모습을 인간에게 드러내는 방식이다. 신성이 '사람'이 되어 일관된 목소리로 말을 하는 방법인 것이다. 아니마는 바로 이런 존재이다.

신성이 이런 아니마의 방식으로 그 모습을 드러내지 않는다면 그저 '삶의 저 너머' 혹은 '나에게 있는 다른 측면' 정도로 모호하게만 느껴져 우리가 신성을 맛보거나 이해하려 들지 못할 것이다. 신성한 존재의 추구는 우리가 갈망하는 꿈의 모험, 우리가 대부분 맛볼 수 있는 승리감, 회랑을 걷다가도 만나게 되는 환한 빛을 발하는 듯한 남녀, 우리의 마음속 이야기 왕국 등을 통해 명백해진다. 어떤 이유도 생각도 감정도 느낄 겨를 없이 이 존재는 우리를 삶의 다른 편으로 이끌어 간다. 그곳에서 모든 이미지는 특별한 의미나 경험을 약속해 주는 듯하고 전일성에 대한 감각을 자극한다.

이 모든 것이 우리 내면에 있는 한 존재로 수렴하고 집중한다. 두 정찰병에게 하얀 들소 영의 여인은 자아의 비전 바깥에 있는, 자아의 견해나 '실체'에 대한 개념을 넘어선, 더 넓은 세계에서 온 이방인으로 다가온다. 이 존재의 실체는 너무 거대하고 우리의 삶을 확장하고 의미를 부여해 줄 잠재력으로 가득 차 있어서 우리의 무의식이 '이건 신성한 것이야. 신성하게 다뤄야 해.' 라는 속삭임을 듣게 된다.

하얀 들소 영의 여인은 '하얀 숨을 내쉬며 나는 걷는다네. 노래를 하며 나는 걷는다네.' 라고 읊조린다.

숨breath은 삶과 영spirit에 대한 고대의 상징이다. 고대인들에게 숨결은 신의 본질이었다. 조물주가 콧구멍으로 숨을 불어넣어 줌으로써 인간은 이 지상에 머무는 짧은 시간 동안 자신의 몸에 존재하는 신성한 에너지 즉 생명의 숨결을 지니게 된다. 하얀 들소 영의 여인이 걸을 때 숨결이 보이는 것 역시 우리가 삶에서 '영적인 면'이라 부르는 것을 가시화하여 우리가 의식화할 수 있도록 해 주는 것이다. 그녀는 비가시적인 것을 가시적으로 만들기 때문이다.

하얀 들소 영의 여인을 우리의 영혼으로 바라볼 때, 영혼 자체인 여인이 우리로 하여금 의식적으로 또 가까이서 직접적으로 '신성함'을 체험하게 해 주는 힘을 지닌 존재가 되어 준다. 그녀는 '드러나는 길로 나는 걷는다네.' 라고 노래한다. 그녀는 물리적인 존재는 아니다. 그러나 그녀는 프시케이고 성령Pneuma이다. 바람같이 가벼운 존재이지만 그 자취는 분명 찾아볼 수 있다. 그녀는 확실히 존재하기 때문이다. 그녀는 또 상징을 부여하는 힘을 지니므로 그녀를 표현할 때 이론적이고 추상적이며, 감상적이고 수사적인 단계를 넘어서게 해 준다. '신성함'을 '지금 바로 이 자리'에서, 마치 우리에게 친숙한 물리적인 세계와 같이, 느끼고 만지고 체험하게 해 준다. 상징적인 체험을 통해 즉각적이고 손에 잡히는 방식으로 영적인 세계를 감지할 수 있는 것이다. 따라서 하얀 들소 영의 여인은 우리에게 심리학적인 신념을 부여하는 힘을 지니고 있다.

…… 정신에서 발생하게 되는 믿음은 영혼이라는 실체 안에서 드러나게 된다. 정신은 주로 이미지로 구성되어 있기 때문에 이미지는 언제나 정신이라고 말할 수 있고, 이 믿음은 그 자체로 이미지에 대한 믿음으로 명시된다……. 심리학적 믿음은 이미지에 대한 사랑에서 비롯되는데, 이는 주로 판타지나 성찰, 시적 영감이나 상상력으로 우리 내면에서 흘러나온다. 이런 이미지들이 활성화되면, 자기의 개인적인 삶을 넘어서는 심오한 의미를 지니는 내적 실체가 존재한다는 믿음, 또 존재 그 자체에 대한 믿음이 증가하게 된다.

심리학적인 믿음은 이미지에 대한 자아의 신뢰에 반영되고, 이는 이미지를 그 자체의 어두움으로 인도한다.(힐만 Hillman, 《Revisioning Psychology》 p. 50)

아주 심오한 차원에서는 심리적인 믿음과 영성적인 믿음이 서로 교차한다는 사실을 알 수 있다. 초기 그리스도교인들은 '믿음은 우리가 갈구하는 그 어떤 것으로, 비가시적인 세계에 대한 증명'이라고 이해했다. 우리는 믿음이 영혼에서 의식으로 흘러나오는 어마어마한 경험numinous*의 상징임을 알았다. 이 상징들은 우리가 갈망하던 어떤 것, 꿈꾸던 그 무엇, 그리고 물질적인 한계를 넘어 우리 내면에 살아 있는 그 어떤

---

* 인간이 신 앞에 섰을 때 느끼는, 압도하는 외경심과 전율, 두려움의 느낌을 묘사하는 루돌프 오토Rudolf Otto의 표현.

것으로 인식된다.

물리적인 세계에서는 보이지 않던 실체를 의식적으로 이끌어내는 존재가 바로 아니마, 즉 하얀 들소 영의 여인이다. 로맨틱한 사랑을 통해 우리가 갈구하는 것이 결국은 삶의 영적인 측면이다. 우리는 흔히 섹스나 물질을 소유함으로써 또는 약물이나 타인을 통해서 영적인 면을 찾는다. 그러나 우리가 찾는 영적인 삶은 그런 곳에는 없다. 영적인 세계는 오로지 영혼을 통해서만 그 모습을 드러내기 때문이다.

메디신 파이프는 '저 너머의 세상'을 접촉하게 만드는 힘을 가지고 있다. 이 힘은 우리가 상징을 의식적으로 다룸으로써 존재하는데, 마치 신성한 메디신 파이프에서 나오는 연기를 마시듯 힘의 인식은 원형적 세계에 존재하는 신들을 수용하는 상징적 경험에 달려 있다.

열두 개의 독수리 깃털은 하늘과 하늘에 있는 열두 개의 달을 상징한다. 이는 영과 물질 그리고 신성함과 일상이 만나는 비전, 즉 삶의 전체성을 이해하는 힘을 뜻한다. 숫자 12는 상징적인 숫자 3과 4로 이루어졌는데, 앞에서 우리는 이미 숫자 3과 4의 상징에 관해 다룬 바 있다. 3은 한정되고 유한한 물리적인 세계와 이 세계의 질서 그리고 실질적인 일상의 존재를 상징하는 반면, 4는 무한한 영혼의 차원을 상징한다. 이 단계에서 4는 무한한 원형의 영역과 우주의 온전함에 대한 비전으로 의식이 확장된다. 그러므로 숫자 12는 하늘과 땅, '그 너머의 세계'와 일상의 세계, 영적인 세계와 물리적인 세계의 결합을 의미한다. 이런 개념은 그리스도교의 만다라에서도 찾아볼 수 있는데 그리스도를 중심으로 열두 제자가 만드는 완벽한 원의 상징이 바로 그것이다. 이는 태양력의 열두 달과 은하계에서 공전 주기를 구분하는 황도 십이궁의 열두 별자리를 뜻하기도 한다.

메디신 파이프의 다른 쪽에는 새끼 들소가 새겨져 있다. 대지와 지상에서의 인간적인 삶을 통해서도, 하얀 들소 영의 여인에게 현명하게 접근할 때와 마찬가지로 신성과의 통합에 이를 수 있다는 뜻이다.

현명한 정찰병에게서 배울 수 있는 대단히 중요한 교훈을 찾는다면, '신성함'은 내면세계에 존재하는 어떤 힘 그 자체로뿐만 아니라, 그 힘을 대하는 우리의 자세와도 직결된다는 점이다. '신성함'이란 그 자체로는 물론, 우리가 그 '신성함'으로 무엇을 하느냐에 따라서도 그 강렬함의 정도를 다르게 경험하게 된다. 곧 '신성한' 체험은 먼저 우리가 '신성하다'는 것을 어떻게 인식하느냐와 '신성하다'는 것을 어떻게 다루느냐에 따라 달라지는 것이다. 하얀 들소 영의 여인이 지닌 위대한 힘을 사람들이 볼 수 있었던 것은 현명한 정찰병이 그녀가 신성한 존재임을 알아보고 그녀에게 합당한 예를 표했기 때문이다.

아니마가 선물을 주기 위해서는 누군가의 자아에 의존할 수밖에 없으므로, 선물을 받으려는 사람은 자아의 눈을 떠서 그녀의 신성함을 알아볼 수 있어야 한다. 현명한 정찰병이 다른 정찰병처럼 행동했더라면 한 사람이 아니라 두 사람의 뼈가 먼지에 쌓여 나뒹굴었을 것이다. 또 '그 너머의 세계'가 이들 종족에게 모습을 드러내지도 않았을 것이고, 마을 한가운데 커다란 티피가 세워지지도 않았을 것이다. 천둥 나라Thunder Nation를 부르고 도움을 청할 메디신 파이프도 없었을 것이다.

심리학적으로는 '신성함'의 특질을 두 방향으로 흐르는 에너지의 흐름이라고 말할 수 있다. 하나는 내면세계가 그 모습을 인간의 자아에 드러내는 계시의 형태로, 다른 하나는 인간 자아가 내면의 원형적인 세계를 경외하는 형태로 일어난다. 즉 내면으로부터 저절로 경외심이 흘러나오고, 자아가 흠숭할 때에라야 '신성함'을 느낄 수 있다.

바로 여기에 놀랍고 경탄할 만한 사실이 하나 숨어 있다. 흔히 들어 왔듯이, 우주의 진화는 신과 인류 사이의 파트너십에 의한 것이라는 사실이다. '신성함'은 언제나 그 누구보다도 더 가까운 곳에 있다. 그렇지만 우리가 눈을 뜨고 경외감으로 인해 저절로 고개가 숙여질 때라야, 우리 삶을 의미와 선함으로 채워 주는 힘을 경험할 수 있다. 이는 신비 중의 신비이다. 모든 존재들을 원래의 그 모습 그대로, 존재 자체의 신성함을 되찾게 하는 힘은 오직 우리의 의식, 즉 신성함을 인식하는 우리의 행위에 달려 있다는 것이다.

절대 다수의 우리 인간들은 어리석은 정찰병처럼 행동한다. 우리의 문화는 어린 시절부터 세상에 신성한 것은 존재하지 않는다고 말한다. 경외심을 불러일으키는 것은 없으며, 존재하는 모든 것을 물질적인 소유의 개념으로 바라보거나 성적인 행위 정도로 격하시키도록 가르친다. 현명한 정찰병은 자기가 마주하고 있는 존재가 지금까지의 경험 바깥에 있는 것임을, 평상시 하듯이 자아의 방식으로 잔재주를 피워 다룰 수 있는 존재가 아니라는 사실을 안다. 신성함을 느낀 정찰병은 경건한 자세로 그녀의 시중을 든다. 어리석은 정찰병에게 '신성한 여인이야. 나쁜 생각일랑 아예 지워 버려.' 라는 경고도 한다.

그렇다면 '나쁜 생각일랑 아예 지워 버려.' 라는 표현의 참 의미는 무엇일까? 무엇이 '나쁜 마음'일까? 분명 성적인 뜻은 아니다. 북미 인디언들은 우리처럼 청교도적인 전통을 가지고 있지 않기 때문이다. 이들은 육체적인 것과 성적인 것을 부인하지 않으므로, 이 보다는 훨씬 미묘한 문제를 말하고 있다. 어리석은 정찰병은 성적인 면을 추구한다. 영혼의 여인 즉 여신을 육체적인 존재로 만들어 신체 접촉을 통해 그녀와 관계를 맺으려 든다. 심리학적인 용어로 어리석은 정찰병은 자기 내면의 여성을 외부의 존재에 투사해서 그녀를 육신을 가진 여성으로 만들려 하는 것이다. 그러나 이런 행동의 결과는 끔찍하다. 자애로운 들소 여신 대신 죽음의 여신 칼리Kali*를 만나게 된다. 여신은 그를 뼈만 앙상하게 만들어 먼지로 흩날려 버린다.

심리학적으로 신성모독이라는 것이 있다면, 어리석은 정찰병의 태도는 신성한 존재를 다른 무엇으로 전락시키는 것이 될 것이다. 즉 자아에 득이 되도록 신성한 존재를 이용하려 드는 것이다. 심리학적으로 죄는 성적이고 몸적으로 부도덕한 것을 말하는 게 아니다. 존재를 본래의 그 모습대로 바라보지 않고, 그대로 부르지 않고, 그대로 대하지 않고, 마치 다른 어떤 존재인 양 대하는 것이다. 이는 의식에 반하는 죄이며, 의식적인 삶을 살기를 거부하는 것이다. 어리석은 정찰병의 '나쁜 마음'이란 그가 영적이고 신성하며 초개인적인 것을, 마치 육적이고 성적이며 개인적인 것으로 다루려 한 데 있다. 하얀 들소 영의 여인을 자아 세계의 예속물로 축소시키고 싶어 한 것이다.

그녀는 '마을로 돌아가 사람들에게 전해라. 내가 갈 테니 마을 한가운데 커다란 티피를 지으라고 해.' 라고 지시한다.

영토 한가운데 커다란 티피를 세운다는 의미는 삶의 중심에 아니마를 위한 자리, 즉 '신성함'을 위한 자리를 마련하라

＊ 힌두의 여신으로 일반적으로는 파괴적인 이미지로 알려져 있다. 본문에서도 유사한 맥락으로 사용된다. 그러나 실제로는 훨씬 복잡한 여신으로 근원적으로 모든 것의 원천이며, 궁극적인 실체, 혹은 우주의 어머니 여신이다.

는 뜻이다. 이는 무의식과 우리 정신을 탐험하는 데 에너지와 시간을 투자하라는 의미이다. 자아의 세계에만 머물러 있지 말고, 우리가 누구인지 또 우리 존재가 과연 무엇인지 발견하라는 뜻이다. 신성한 세계가 존재한다는 사실을 인정하려 할 때, 서양인들에게 맨 먼저 요청되는 일이 바로 이것이다. 자신이 꿈꾸고 있는 '완벽한' 여인, '완벽한' 삶의 방식, '완벽한' 관계에 대한 판타지를 넘어서, 현상학적으로 표출되는 세상 그 너머의 무엇인가를 찾고 있다는 사실을 인식하고, 갈구하는 것이 바로 신성한 세계라는 것을 인정해야 한다. 상징과 판타지의 형태로 흘러나오는 이 이미지들을 내면의 실체로 받아들이고, 이를 체험하기 위한 시간과 정성을 기울여야 한다. 이것이 바로 하얀 들소 영의 여인을 본래의 모습인 여신으로 받아들이고, 그녀를 위한 자리를 부족 한가운데 마련한다는 뜻이다.

그녀는 하얀 숨결visible breath을 내뿜으며 가시적인 길 visible track로 성스럽게 걸어온다. 그녀가 머물 신성한 자리를 마련하고 눈을 떠 그녀가 누구인지 본래의 모습으로 바라볼 때, 그녀가 우리를 찾아온다. 그러나 진정으로 그녀가 머무르는 자리는 그녀에 대한 우리의 태도나 외경심에 따라 마련되는 것이다. 우리가 마련하는 자리는 내면세계에 존재한다. 그녀와 함께하는 길은 내면세계에서일 수밖에 없다.

18. 성모 마리아의 종에 관한 꿈

어떤 꿈은 꿈꾼 사람 개인만을 위해 꾸어진 것이 아니다. 꿈에 담긴 우주 보편적인 함의를 보면, 인류 전체를 위해 집단 무의식이 메시지를 전하는 신비로운 음성이라는 사실을 알 수 있다. 아래에 소개하는 꿈은 현대를 살아가는 30대 초반의 한 남성이 꾼 것이다. 현대인들이 어떻게 아니마와 로맨틱 러브라는 힘겨운 과제를 다룰 수 있을지 이 꿈에서 그 실마리를 찾을 수 있다.

나는 성모 마리아가 소유했던 종을 지고 간다. 수세기 전에 이 종이 발견되면 안치하려고 지어 놓은 대성당으로 가는 중이다. 종 모양은 이미 알려져 있었기에, 제대 위에 미리 종을 설치하기에 딱 맞도록 자리가 마련되어 있다. 그곳에는 성직자 한 사람이 종이 도착되면 받아서 안치하기 위해 기다리고 있는데, 수세기 동안 이 임무를 수행하기 위해 성직자가 항상 대기하고 있었다. 나는 긴 복도를 따라 대성당 안으로 걸어 들어간다. 거기에서 기다리고 있는 신부에게 종을 건넨다. 우리 둘은 함께 종을 들어올려 미리 마련된 고리에 종을 건다. 종이 그 자리에 꼭 들어맞는다.

성모의 종이 도착하면 신부는 대성당의 서쪽 끝에 있는 종루에 올라가 큰 종들을 쳐서 성모 마리아의 종이 그리스도교로 되돌아 왔음을 알려야 한다고 배웠다. 그 큰 종들은 수세기 동안 단 한 번도 울린 적이 없다. 오직 성모 마리아의 종이 돌아오는 날만 기다리고 있었던 것이다. 신부가 성당 끝에 있는 종을 치러 나간 사이, 나는 제대 옆에 있는 벤치에 앉는다.

이제 난 뭘 해야 하지? 가만히 기다리다 성모의 종을 찾아 온 사람이라는 온갖 명성과 유명세를 누릴까? 아니면 조용히 빠져 나가 아무 일도 없었다는 듯 살아갈까? 너무 흥분한 나머지 그 신부는 내 얼굴을 보지도 않았으니 그냥 이름 없이 살 수 있을 것 같은데…… 나는 후자 쪽을 택한다.

대성당의 종들이 일제히 울리기 시작한다. 사람들이 성당으로 몰려드는 것을 지켜보면서 나는 조용히 성당 옆문으로 빠져 나와 고독한 여정을 시작한다.

여기 우리가 하던 질문에 대한 답이 아름답고 힘찬 상징

언어로 주어진다. 현대인이 처한 문제에 대한 해답이 아주 깊은 무의식으로부터 주어졌다. 우리 현대인이 답을 찾는 문제들은 영혼을 어떻게 다루어야 할지에 관한 것이다. 영혼과 로맨틱 러브를 어떻게 분간할 것인가? 흰 손의 이졸데와의 관계를 망치지 않으면서 아름다운 이졸데와 살 수 있는 길은 없을까? 어떻게 하면 자신의 삶 속에 아니마를 위한 자리를 마련하면서 동시에 다른 여성들과 관계를 맺을 때 자신의 아니마와 혼동하지 않을 수 있을까? 외부 여성들의 명예를 손상하지 않으면서 자신의 영혼을 존중할 길이 있을까?

이에 관한 답을 '대성당', 즉 심오한 종교 생활의 위대한 상징들 안에서 찾는다는 게 놀랄 일은 아닌 듯하다. 우리는 사랑의 묘약을 맛보았고, 수천 개의 창문마다 음유시인들이 노래하고 있는 대리석 성을 보았고, 영토의 한가운데 세워진 커다란 티피도 보았다. 이제 대성당이 등장했다. 지금까지의 의식탐구 여정에서 강력한 전환의 상징들을 대하면서, 여정의 초기에는 상상조차 불가능했던 것들의 모습이 뚜렷이 드러나기 시작한다. 로맨틱 러브에 관한 이해를 시도하려던 이 여정이 결국 우리 현대인이 멀어지려고만 해 온 종교적인 본성, 즉 우리 존재의 영적인 측면으로 인도된 것이다.

우리는 로맨틱 러브가 무의식 안에 있는 거대한 에너지 체계를 끌어낸다는 사실을 알게 되었다. 이 에너지는 너무나 거대해서 종교나 신비주의적인 언어로밖에는 표현할 길이 없다.

우리는 사랑하는 사람을 '흠모하고' '숭배한다'. 사랑에 빠졌을 때 우리는 '완전해진다'. '천국'에 다다랐고 죽음에까지 이른다. 신성godhead, 천상의 불, 영적인 깨달음, 삶의 의미, 자기에 대한 의식 탐색이 다 여기에 있다. 역사적으로 다른 문화 전통들과 달리, 서구에서는 이 거대한 힘이 종교나 신비주의 전통이 아니라 인간의 사랑을 향했다. 로맨틱 러브라는 통로를 따라 이 엄청난 힘이 우리 일상으로 유입되었던 것이다.

이제 이 엄청난 힘으로 무엇을 할 것인지 묻게 된다. 어떻게 하면 이 힘이 바로 흐르도록 길을 내주어 영성적으로나 관계 안에서 우리 삶을 풍요롭게 만들 것인가?

이 꿈이 선명하게 답하고 있다. '신성한 영역은 본래 자리인 대성당으로 되돌려주고, 인간적인 영역은 본래 자리인 일상의 단순함 속에서 살라.' 로맨틱 러브에서 우리의 영혼을 되찾아 와서 내면의 자리인 대성당으로 돌려주어야 하는 것이다.

대성당의 문 앞에 도달한 여행자의 모습은 긴 여정 동안 소진되고, 수세기 동안 지고 다닌 종의 무게로 인해 먼지를 뒤집어 쓴 채 기진맥진해 있다. 한 사람이 지고 다니기에 이 종은 너무 무겁다. 한 개인의 자아가 감당하기에는 너무 육중한 것이다. 그리고 세상에서 만난 여인과의 관계에 두기에도 너무 크다. 결혼 생활에 놓기에도 역시 너무 무거운 짐이다. 그 무게에 눌려 이미 수많은 결혼 생활이 꺾여 버렸다. 이 종을 간직할 만큼 크고 강한 구조물은 오직 하나밖에 없다. 그것이 대성당이다.

12세기에 트리스탄이 맨 먼저 성당에서 종을 갖고 나와, 사랑의 묘약을 마시고 그 에너지를 연인관계 안에서 보듬어 보려 분투했었다. 트리스탄처럼 현대의 서구인들도 온갖 안간힘을 쓰면서 이 종을 지고 가려고만 한다. 개인의 삶 속에 또 결혼 생활에, 그리고 세상에 구축한 자신만의 세계에 그 종을 간직하려 드는 것이다. 수백 년이 지난 지금, 우리는 이 종이 원래 신성에 속하던 것이라는 사실조차 망각했다. 이 종이 본래 누구에게 소속되었었는지 기억하지 못하는 동안, 인간은 신성한 것을 세속적인 것에, 그리고 정신을 자아에 희생시킨 것이다. 등은 부러질 지경이고 무게에 짓눌려 죽을 지경이다. 그 과중한 무게를 인간관계에 배치했기에 압도하는 부담으로 휘청거리지만 달리 어떻게 할지 방법을 모르고 있다. 대성당 자체를 망각한 것이다. 대성당이 어디에 있는지조차 모른다.

이 종이 바로 우리의 아니마 체험이다. 종소리가 바로 아니마의 노랫가락이다. '노래를 하며 나는 걷는다네.' 라는 하얀 들소 영의 여인의 음성이다. 대성당의 종처럼 아니마는 우리가 경청해야 할 노래를 들려준다. 아니마의 노래는 우리를 내면세계로 인도한다. 무의식에 있는 것들을 직접 체험하게 해 주고, 원형을 살아 있는 실체로 드러나게 해 주며, 무의식의 이미지를 우리 안에 살아 있는 힘으로 경험하게 해 주는 것이 바로 아니마이다.

종은 인간 정신의 서사적인 지식을 의미하는데, 마치 스페인계 사람들이 사용하는 표현인 서사적 모드elmodo lyrico와 같은 것이다. 이는 지적활동에서라기보다는 직접적인 체험을 통해 얻는 지식을 말한다. 종소리와 교회 음악은 서구인들을 단어나 추상적인 개념에 빠뜨리지 않으면서 유일하게 영을 노래하는 소리이다. 종소리는 마음을 관통해 부지불식간에 영혼을 진동하여 순수한 감정을 불러일으킨다.

종소리와 마찬가지로 아니마도 디오니소스적인Dionysian 영성체험*을 자극한다. 이럴 때 진실은 감각을 통해 전달된다. 무의식에서 흘러나오는 이미지를 느끼고 내면의 존재와 생생한 만남이 가능해진다. 종은 실제로 서양 종교에서 드물게 남아 있는 디오니소스적 잔재이다. 우리는 종소리를 통해 음악과 성가와 춤과 감정을 불러일으킴으로써, 죽음과 부활이라는 우주적인 드라마와 하나 되는 체험을 한다. 종소리는 하느님 앞에서 춤을 추었던 다비드 왕을 우리 안에서 다시 일깨운다.

이 종은 우리의 자아에 속하는 것이 아니라는 사실을 이 꿈이 분명하게 가르쳐 준다. 메디신 파이프와 마찬가지로 이 종은 내면의 왕국에 속한다. 언젠가는 대성당으로 되돌려주어

---

* 영성적 경험에 있어서 이성, 질서, 자제, 금기 등이 중요시 되기보다는 이에 대극이 되는 감성, 열정, 야성, 창조적 역동성 등이 강조되는 체험.

야 하는 이 종은 인류 전체에 속하는 것이고, 교회는 종을 지킬 임무가 있다. 상징적으로 보면, 종은 개인의 자아를 초월하여 영성적인 삶의 영역에 속한 것이다. 현대의 우리는 비록 종을 상실하기는 했지만 본래는 내면세계 안에 이 종을 경건하게 간직해야 하는 것이다. 이 종은 바로 우리의 영혼이고 우리의 정신이기 때문이다. 우리는 처음에는 무의식의 세계에서 길을 잃고 자아의 세계를 떠돌다가, 사랑의 묘약으로 인해 이 종을 사적인 인간관계에 투사했었다. 초개인적인 것을 개인적인 것으로 만들려 했었고, 무의식에 속한 것을 자아의 영토로 가져오려 했던 것이다. 하지만 이 힘은 자아가 취할 수 없는 것으로, 내면의 '대성당'으로 되돌려져야만 한다.

'대성당'으로 돌려주어야 한다는 말이 무슨 뜻인지 가늠하기 쉽지 않다. 물론 외부세계에 존재하는 집단적인 종교를 택하라는 뜻은 아니다. 그 진정한 의미는 외부세계에 속한 삶과 내면의 자신self에 속한 것을 구분하라는 것이다. 외적인 관계를 통해서 살던 것 대신, 고요하고 사적인 내면의 장소 즉 영혼의 단계에서만 존재하는 장소에서 살아가라는 뜻이다.

그런 장소 곧 '장미로 채워진 크리스털 방'이 우리 각자의 내면 깊은 곳에 있다. 이곳이 바로 떠돌고 있는 영혼의 귀환을 고대하며 노래 부르고 있는, 널리 진실을 고하는 종이 달려 있는 대성당이다. 아니마를 대성당으로 되돌려보내려면 남성은 그의 자아적인 삶에서 무엇인가를 희생해야만 한다. 이 말은 더 이상 남성의 영혼을 다른 여성에게 투사해서는 안 된다는 뜻이다. 이렇게 하면 바깥에서 만나는 사람은 자신에게 투사되던 짐을 덜게 되고, 아니마는 본래 영혼을 보듬으려고 지어진 강력한 내면의 건축물 안으로 되가져가게 된다.

우리는 종종 '자아의 죽음'을 맞아야 할 때, 또 우리가 살아오던 어떤 차원의 희생이 요구될 때, 이 순간의 두려움을 보상하는 꿈을 꾸게 된다. 꿈은 우리 내면에서 진행되고 있는 일에 대해 균형감각을 회복하게 도와주고, 우리가 하고 있는 엄청난 일의 아름다움과 영광을 맞을 용기를 북돋워 준다.

아니마를 '대성당'으로 돌려보내는 것은 희생적인 행위이다. 남성이면 누구나 다른 여성을 통해 자기 아니마를 살려내려고 할 수 있다. 따라서 이를 포기하려면 의식 차원에서의 희생이 요청되며, 의식의 진화 과정에서 다음 단계로 넘어가기 위해서는 그 전 단계에 머물러 있으려 하는 자아의 존재 자체를 완전히 포기해야만 한다. 자아의 입장으로 볼 때 이 순간은 죽음과 같다. 투사를 통해 상대 여성에게서 자신의 아니마를 살리던 것을 포기하면, 상대 여성과의 관계에서 느끼던 인위적인 강렬함의 대부분을 사라지게 한다. 결과적으로 관계가 훨씬 평범하고 고요하게 변화한다.

남성의 영혼을 '대성당'에 돌려준 채 외부의 여성과 관계를 유지한다는 것은, 남녀 관계에서 한 차원을 완전히 제거하여 그 차원을 내면세계에 배치한다는 뜻이다. 외부 존재와의 관계를 통해서가 아니라 자기 혼자만의 세계에서 살아가는 차원을 말한다. 남성의 자아가 느끼기에 이런 경험은, 자신의 인간적인 관계를 약화시키고 스스로를 기만하는 것처럼 느껴질 수 있다. 처음에는 관계에서 스릴과 흥분과 재미와 열렬함이 반으로 줄어드는 느낌일 것이다. 그러나 시간이 지날수록 자신의 영혼적인 삶은 외부에서 맺는 관계의 영역에 속한 것이 아니므로, 바깥에서 맺는 인간관계와 상관없이도 내면의 삶이 훨씬 풍부해진다는 사실을 깨닫게 된다. 하지만 이에 도달하기까지 한동안은 참담한 기분이 든다.

대성당으로 종을 지고 온 사람이 느끼는 심정이 바로 이럴 것이다. 종을 되돌려줄 때 자신의 개인적인 자아를 일부 포기하는 기분이 들 것이다. 여신에게 손을 대지 말라는 경고를 들었을 때 어리석은 인디언 정찰병이 느낀 감정 또한 이러했을 것이다. 자신이 원하는 무엇인가를, 자아 수준에서 자신을 들뜨게 만들고 전율케 하는 그 무엇인가를 포기해야 하는 느낌일 것이다.

대성당으로 신성한 종이 돌아오자, 드디어 만방으로 종소리가 울려 퍼진다. 이 커다란 종소리가 상징하는 바는 이런 희생의 이면에 기다리고 있는 영광과 아름다움을 의미하는 것이다. 이 꿈을 통해 우리가 영혼을 본래의 자리로 되돌려놓는 것이 실제 우리가 그것을 잃어버리는 것은 아니라는 사실도 알려

준다. 왜냐하면 '대성당'은 우리 각자의 내면에 존재하는 우리 자신의 일부이기 때문이다. 자아의 측면에서 상실한 것처럼 보이는 것이 사실은 잃어버리는 것이 아니라 더 숭고한 수준의 다른 것, 즉 황홀하게 아름다운 종소리를 내는 우뚝 솟아 있는 대성당 이미지와 같은 어떤 다른 것으로 전환된 것이다.

실제로는 우리의 견고한 자아의 왕국은, 신비의 세계를 만나거나 대성당의 종소리를 들을 수 없도록 우리를 완전히 격리하지는 못했다. 우리가 이미 배웠듯이, 영혼은 자아라는 갑옷에 뚫려 있는 커다란 틈새를 통해 우리 삶 속으로 파고든다. 로맨틱 러브가 바로 그 틈새이다. 이것이 바로 로맨틱 러브가 어마어마한 경험과 치명적인 것들의 묘한 뒤섞임에도 불구하고, 왜 이토록 우리 문화에 강력한 힘을 발휘하는가에 대한 이유이기도 하다. 자연히 우리는 자아의 왕국에서 제외된 모든 것, 모든 무의식적인 것을 담는 용기로 로맨틱 러브를 택한다. 이곳에 어마어마한 경험, 불가해한 것, 경외감을 불러일으키는 그 모든 것을 다 집어 넣는다.

종 꿈을 꾼 사람이 이를 이해하게 되었고, 현명한 인디언 정찰병도 하얀 들소 영의 여인의 존재 앞에서 이 점을 이해했다. 이 둘은 자신이 다른 세계에 속하는 그 무엇인가의 앞에 서 있다는 것을 알았다. 자아의 욕심 채우기 위해 소유하려 들기보다는 이 존재를 위해 미리 마련된 자리, 즉 이것을 보듬기에 충분한 힘이 있는 자리로 돌려주어야 한다는 사실을 알았다.

만일 트리스탄이 이런 꿈을 꾸었고 그 의미를 이해했다면 트리스탄이 사랑의 묘약을 다르게 다루었을까? 아름다운 이졸데와의 관계가 달라질 수 있었을까? 아마도 꿈 꾼 사람처럼, 트리스탄도 조용히 이름조차 남기지 않은 채 옆문으로 빠져나와 그 자리를 떠날 수 있었을 것이다. 신성한 부분은 대성당에 남겨 두고, 인간적인 면은 인간적 차원에서 다루어 이 둘을 혼동하지는 않았을 것이다. 이 꿈은 신성한 부분과 평범하고 인간적이고 개인적인 부분, 이 둘을 구분하는 법을 배우라는 가르침을 주기 때문이다.

지금까지는 우리가 상징적인 차원에서 아니마 문제를 다루었다. 그렇다면 실제 삶에서는 아니마를 어떻게 대할 것인가? 어떻게 이 종을 대성당으로 가져다 줄 것인가? 원하든 원하지 않든 언제나 발견하게 되는 자신의 신성하고 압도적인 부분을 위해 우리는 새로운 집을 지어야 하는가?

융 박사는 내담자에게 가능하면 빨리 자기 선조들이 믿어 온 종교로 되돌아가라고 권했다. 가톨릭은 고해성사나 미사로, 유대인은 회당으로, 이슬람은 모스크로 돌려보냈다. 돌아갈 여지가 남아 있다면 이 방법이 신성한 부분을 대성당으로 돌려주는 가장 손쉽고도 직접적인 길이다. 하지만 수많은 사람들에게는 이런 선택의 기회조차 없다. 문화적으로 전승되어 온 종교 의식이나 상징들이 더 이상 생명력을 지니고 있지 못하기 때문이다.

돌아갈 곳을 잃은 사람들의 수가 점차 늘어가는 듯한데 이들을 위해서는 다른 길이 있다. '대성당'이라고 말할 수 있는 궁극적인 교회나 회당이나 성전은 우리 각자의 내면에 있다는 사실을 이해하는 것이다. 여기서 요구되는 것은 바깥 세계에서 접할 수 있는 집단적 종교가 아니라 정신에서 표출되는 신성한 세계에 대한 내적인 체험이다. 이런 사람들에게 영성 생활이나 대성당은, 일상에서 혼자서 하는 고독한 명상이나 상징적인 의례, 적극적 명상을 통해서, 또는 판타지를 통해 흘러나오는 이미지들과의 상호작용이나, 꿈에 등장하는 내면세계의 '등장인물'들과 올바른 방식으로 직면함으로써 발견될 수 있다.

이렇게 하는 것이 상징적으로 사는 삶이다. 자발적이고 의식적으로, 경외심을 갖고 마치 중세 신비가들이 관상기도에 힘을 쏟거나 힌두교도가 시바신의 비전에 몰입하거나, 선불교도들이 좌선에 기울이는 정도의 헌신과 집중으로, 우리 각자는 모든 종교가 움터 나온, 꿈과 비전이 탄생하는 근원적인 토양으로 되돌아가는 길을 찾을 수 있다. 교의나 교리 이전에 천사와 씨름하던 야곱이 있었다. 바오로 사도는 다마스쿠스로 가는 길에서 예수의 비전을 본다. 싯달타는 우주와의 일체감에 사로잡혀 보리수나무 아래 앉아 있었다.

성전은 우리 내면에 있다. 하지만 이 길은 훨씬 어렵고 더욱 고독하게 보인다. 소중한 짐을 대성당에 남겨 둔 채 옆문으로 빠져 나와 먼지 덮인 길 위로 익명의 여정을 하는 꿈 속의 남자가 된 듯하다.

아마도 이 꿈에서 가장 감동적이고 힘 있는 사건이 이 대목이다. 현대의 트리스탄은 종을 신성한 자리에 되돌려주기로 결심했을 뿐만 아니라, 종을 개인적으로 소유했을 때 얻을 수 있는 명예와 유명세와 극적인 드라마와 자아적인 중요성을 포기하는 결정을 한 것이다. 아무도 모르게 옆문으로 빠져 나오는 행위는 진정한 자아의 희생을 뜻한다. 진정한 전환이 일어나는 순간이다. 예기치 않게도, 이 행위에서 로맨틱 러브의 뿌리 중 하나인 '겸손'의 이슈가 등장한다. 자아 세계와 개인의 관계를 부풀리고 과장해서 극적인 힘의 체계로 만들기를 기꺼이 포기하는 자아의 겸손이다. 신성한 부분을 대성당으로 되돌리는 데는 이렇게 심오한 단계의 겸손이 요청된다.

트리스탄도 이 남자가 한 것과 하나도 다르지 않게 했을 수도 있다. 서양의 남성들은 사랑의 묘약을 마실 수밖에 없었다. 이 길이 자신이 알고 있는 유일한 방법이었고, 아니마와 신들과 여신들께 나아가는 길을 찾아야만 했기 때문이다. 하지만 수세기가 지난 지금 이 남성은 여전히 모로이스 숲을 헤맨다. 아주 멀리 표류했고, 셀 수도 없이 많은 길 위로 그 무거운 짐을 지고 다녔다. 사랑에 빠졌고 사랑이 깨지는 걸 경험했다. 배신하고 배신도 당했다. 흰 손의 이졸데와 결혼을 했지만 외롭게 혼자 멀리 떠돌기도 했다. 언제나 무거운 종을 짊어지고 언제나 사랑을 통해 아름다운 이졸데를 찾으려 했고, 만나는 사람에게서 그녀의 이미지를 더듬어 보려 했다. 이제는 지난 세월과 경험을 통해 그리고 이 꿈을 통해 배울 때이다.

만일 트리스탄이 오늘날의 이 꿈을 통해 교훈을 얻는다면, 아름다운 이졸데를 자기 내면세계의 여왕으로 모시고, 신들과 여신들이 현존하는 내면세계로 인도해 주는 영혼으로 간주할 것이다. 이제는 여왕을 내면의 성전으로 모셔가 황금으로 만든 옥좌에 앉힐 때이다. 그 자리가 수세기를 기다렸던 아름다운 이졸데의 바른 자리이다. 이제는 트리스탄이 아름다운 이졸데를 현대의 여인들에게서 또 외부 환경에서 찾아보려는 시도를 중단할 때이다. 그런 다음에 트리스탄은 대성당의 옆문으로 빠져 나와 조용히 칼학스의 성으로 향해야 한다. 거기에는 아내, 흰 손의 이졸데가 기다리고 있다. 아내의 방으로 들어가 그녀의 손을 잡는 순간 트리스탄은 커다란 신비를 맛볼 것이다. 거대한 '대성당'의 옥좌에 앉힌 아름다운 이졸데가 그의 내면세계에서 적절한 형태와 합당한 차원으로 회복되고, 이 단순한 지상의 여인인 브리타니의 공주 역시 신성하며, 자기가 서 있는 바로 이 방이 신성한 자리라는 신비를 깨닫게 될 것이다.

19. 인간적인 사랑에 대하여

되풀이되는 로맨스와 로맨스의 끝에 다다르게 된 막다른 지점에서 지친 우리는 '사랑'이 존재하기나 하는지 의심이 들수 있다. 하지만, 그래도 사랑은 존재한다. 그러나 사랑이 무엇인지 직시하고 우리 삶 속에서 사랑을 위한 자리를 마련하려면 우리의 자세에 커다란 변화가 요청된다.

누군가를 사랑하는 것은 인간 본성의 절대적인 실체 중 하나이다. 영혼, 즉 프시케가 그리스의 신이었던 것처럼 사랑도 그리스에서는 신이었다. 사랑의 신의 이름은 에로스Eros다. 그리스 사람들은 사랑이 집단 무의식의 원형이므로 영원하고 보편적인 것이라고 이해했다.

사랑이란 원형은 나름의 성격과 특질과 개성을 지니고 있다. 다른 신들처럼 사랑도 무의식 안에서 독자적인 존재로 행동한다. 사랑은 자아가 탄생하기 그 전부터 존재했고, 사랑과 자아는 뚜렷이 구별된다. 그리고 자아가 소멸하더라도 사랑은 존재할 것이다. 사랑은 우리 각자 안에 살아 있는 그 무엇 혹은 '그 누구'이다. 사랑은 내면에서부터 작동하는 힘으로, 우리의 자아가 자아를 초월하여 바라볼 수 있게 해 줄 뿐 아니라 타인을 이용의 대상이 아닌 가치 있고 소중한 존재 자체로 바라보게 해 준다.

그래서 "나는 사랑한다."라고 말할 때 실은 사랑을 하는 것이 내가 아니라 사랑이 나를 통해 작동하는 것이다. 사랑은 우리가 어떤 행동을 하는가보다는 우리는 누구인가와 더 관련된 문제이다. 사랑은 어떤 행위가 아니라 존재의 상태이기 때문이다. 사랑은 상대방과 관계성과 유대감을 느끼는 상태로, 자신의 의도나 노력과 무관하게 일어난다. 우리 안에서, 그리고 우리를 통해서 저절로 일어나는 상대와 동일시되는 상태이다.

이 존재의 상태는 우리가 하는 일이나 우리가 사람들을 대하는 방법을 통해 드러나게 되지만, 그렇다고 결코 일련의 '행위들'만으로 축소될 수는 없다. 때때로 셰익스피어 작품에 등장하는 코넬리아Cordelia가 말한, '사랑하라, 그리고 침묵하라.'는 조언을 따를 때, 사랑이라는 신성한 연금술이 훨씬 잘 진행된다.

사랑이 어떠해야 한다고 생각하든, 또 우리가 사랑에 대해 어떤 생각을 가지고 있든 상관없이 사랑은 존재한다. 우리가 사랑을 조작하고 '사랑'이란 이름으로 이기적인 행동들을 정당화할지라도, 여전히 변하지 않는 성질이 사랑에는 존재한다. 사랑은 자아가 원하는 것과 다르고, 우리가 속한 문화가 가르치는 것과도 다르다. 우리가 기대하는 감상적인 거품이나 과장된 엑스타시와도 다르다. 하지만 사랑은 실재한다. 우리 각자의 자아가 요구하는 것이 아닌 나는 누구인가, 어떤 사람인가를 보여 준다.

이런 것을 인식하지 못한다면 우리가 가지고 있는 자기기만을 정직하게 바라볼 수 없다. 때로 우리는 "내 미망을 보게 하지 마라. 그게 사라지면 남는 건 아무것도 없을 테니."라고 말한다. 이런 표현을 보면 우리는 사랑을 '사람이 만들어 낸 것'으로 생각하는 것 같다. 마치 우리 마음이 만들어 낸 산물처럼 여기는 듯하다. 로맨틱 러브가 우리가 생각했던 것과 다르다 하더라도, 우리 각자의 내면에는 타고난 인간적인 사랑이 존재한다. 그리고 이 사랑은 우리의 투사나 망상, 겉치레가 모두 사라진 후에도 우리와 함께 있을 것이다.

로맨스에 대한 과장과 흥분으로 인해 인간적인 사랑은 너무나도 주목을 받지 못하고 있다. 따라서 사랑을 제대로 바라보기가 어렵다. 사랑을 추구할 때도 무엇을 찾아야 하는지 모른다. 그렇지만 사랑의 성격이나 태도를 배운다면 우리 내면에 존재하고 있는 사랑을 인식하게 된다. 우리의 감정 안에 그리고 다른 사람을 향해 저절로 흐르는 따뜻함 속에, 또 두드러지지는 않지만 서로와 관계를 맺는 사소한 일상의 행위들 안에서 드러나게 된다.

우리 각자의 내면에 있는 사랑은 상대를 있는 그대로 긍정하고 소중히 여기도록 만드는 힘이다. 인간적인 사랑은 상대를 있는 그대로 받아들이고 그 사람에게 우리가 바라거나 투사하는 모습대로 되라고 요구하지 않는다. 사랑은 우리가 보지 못하던 상대의 아름다움과 가치와 품성을 보게 해 주는 내면의 신이다. 우리는 사랑을 통해 한 사람을 총체적이고 개인적인 자신으로 바라보게 된다. 그건 우리가 그 사람의 긍정적인 면뿐 아니라 부정적인 면도, 감탄할 만한 좋은 성질과 더불어 결점들도 받아들이도록 해 준다. 누군가를 투사가 아니라 진정으로 사랑할 때 그 사람의 그림자도 사랑하게 된다. 상대의 총체성을 받아들이는 것이다.

인간적인 사랑은 한 남자가 한 여자 안에 있는 고유한 가치들을 보게 만든다. 남자는 여자를 자신의 자아를 위해 이용하기보다 존중하고 도와준다. 사랑이 이끄는 바를 따를 때는 상대의 필요나 행복에 관심을 기울이지, 자기 자신의 필요나 변덕에 집착하지 않게 된다.

사랑으로 인해 우리가 중시하는 것들이 바뀌게 된다. 사랑은 이 우주에서 상대방이 자기 자신보다 더 큰 가치를 지니게 만든다. 사랑하는 상대가 온전하고 충만하게 삶을 살고 생의 기쁨을 누리는 것이 자신의 욕구보다 더 중요해진다.

사랑은 또 무의식의 세계로부터 자아를 변화하게 만드는 심리학적인 힘 중의 하나이다. 사랑은 자아의 계획과 자아가 구축한 안전한 테두리 너머에 존재하는 다른 세계를 일깨워 주는 힘이다. 사랑을 통해 자아는 인류 전체와, 영혼과, 나아가 내면세계의 모든 신들과 관계 맺게 된다.

사랑의 바로 이 고유한 특질로 인해서, 사랑은 자아중심주의의 정반대 편에 위치한다. 그러나 우리는 사랑이라는 단어를 너무 막연하게 사용한다. 다른 사람의 관심이나 힘, 안정감이나 흥밋거리를 원할 때, 또 그 요구를 그럴싸하게 포장하기 위해 이 단어를 이용한다. 그러나 우리 각자의 필요나 욕망, 혹은 자신의 꿈을 위해, 혹은 타인의 권력을 탐할 때, 이런 것은 사랑이 아니다. 사랑은 우리 각자 자아의 욕망이나 실력 행사와는 확연하게 구분된다. 오히려 사랑은 선함과 가치와 주변 사람들의 필요를 먼저 보게 한다.

그 본질에 있어서 사랑은 타인의 가치를 바르게 감지하고 인정하게 만든다. 사랑하는 남성은 어떻게 상대 여성을 존중하고 봉사할 수 있을지를 자문하게 되고, 사랑하는 여성 또한 마찬가지이다.

사랑의 원형적인 본성을 바오로 성인보다 더 잘 표현한 사람은 없을 듯하다.

사랑은 오래 참고 온유하며, 사랑은 시기하지 않으며, 사랑은 자랑하지 않으며, 교만하지 아니하며⋯⋯. 사랑은 자기의 유익을 구하지 않으며, 성내지 않으며, 악한 것을 생각하지 않으며⋯⋯. 모든 것을 참으며, 모든 것을 믿으며, 모든 것을 바라며, 모든 것을 견디느니라.

사랑은 언제까지든 스러지지 아니하나, 예언도 사라지고, 방언도 그치고, 지식도 없어지리라.

여기에 자아적인 사랑과 본질적인 사랑의 차이가 짧고 감동적으로 표현되어 있다. 자아는 자기 자신만 신경 쓴다. 하지만 '사랑은 오래 참고 온유하다.' 자아는 언제나 시기하고 절대적인 통제나 힘이라는 망상에 빠진다. 하지만 '사랑은 자랑하지 않으며 교만하지 않다.' 자아는 배신을 한다. 하지만 '사랑은 언제까지든 마르지 않는다.' 자아는 어떻게 하면 자기 자신과 자기의 욕구만 충족하는지를 안다. 하지만 '사랑은 자기만의 유익을 구하지 않는다.' 사랑은 삶의 모든 것을 긍정하여 '모든 것을 참으며 모든 것을 믿으며 모든 것을 바란다.'

이것이 바로 우리가 로맨틱 러브를 예외로 다루는 이유이다. 그리고 이것이 인간적인 사랑과 로맨틱 러브 사이의 주된 차이점이다. 로맨스는 본성상 자아본위egotism로 타락할 수밖에 없다. 로맨스는 다른 사람을 위한 사랑이 아니기 때문이다. 로맨스는 늘 우리 자신이 투사하는 것, 우리 자신의 기대와 환상을 향해 있기 때문이다. 이는 결국 다른 사람을 향한 사랑이 아니라 우리 자신을 향한 사랑이다.

관계가 투사로 이루어질 때 인간적인 사랑이 부족할 수밖에 없다는 것은 자명해졌을 것이다. 개인적으로 상대가 누군지도 잘 모르면서 상대가 자기 내면의 영혼에 존재하는 신이나 여신의 이미지를 되비추어주기 때문에 사랑에 빠져 있다면, 이는 어떤 의미에서는 상대방이 아니라 자기 자신과 사랑에 빠진 셈이다. 사랑에 빠져 있을 때 그 판타지가 아무리 매혹적이더라도 실은 아주 이기적인 마음 상태일 수 있다.

진짜 사랑은 상대가 인간적으로 어떤 사람인지를 제대로 보게 될 때, 그리고 그 사람을 좋아하고 돌보기 시작할 때에야 비로소 시작된다.

……진정한 사랑을 할 수 있다는 것은, 상대에 대한 현실적인 기대를 지닌 채 함께 성숙해감을 의미한다. 또 자기의 행복이나 불행에 대한 책임이 스스로에게 있음을 받아들인다는 의미이기도 하다. 동시에 상대가 자기를 행복하게 만들어 줄 것이라든가, 기분이 안 좋고 좌절감을 느낀다고, 그로 인해 상대를 비난하지 않는다는 것을 의미한다. (샌포드Sanford, 《보이지 않는 파트너들Invisible Partners》 pp. 19-20)

투사에 몰두해 있다는 말은 결국 우리 자신한테 몰입하고 있는 것이다. 우리가 투사한 것에 대해 느끼는 사랑이나 열정은 반사되는 것이다. 되돌아서 불가피하게 우리 자신을 향하게 된다.

여기서 다시 한 번 로맨틱 러브의 역설을 대면하게 된다. 역설은 우리가 우리 자신이 투사한 부분을 사랑해야 되고, 또 우리 자신도 사랑해야 한다는 점이다. 로맨스에서는 자신에 대한 사랑이 왜곡된다. 자아 중심적이어서 사랑의 본질은 상실되기 때문이다. 하지만 우리가 바른 차원으로 사랑을 추구한다면, 자기self 사랑 역시 진실하고 타당한 사랑이다. 이것이 바로 두 번째 거대한 에너지의 흐름인 인간적인 사랑이고, 로맨틱 러브라는 에로스의 원형적인 짝이다.

우리는 무의식적으로 투사를 하는데 이런 부분을 존중할 필요가 있다. 투사를 이해하고 낭만적인 이상이나 판타지를 존중할 때, 우리의 총체적인 자기total selves가 지닌 더 없이 소중한 차원들을 확인하게 된다. 다만 문제는 어떻게 하면 자아 중심주의에 빠져들지 않고 스스로를 사랑하느냐에 달렸다.

우리는 섬이라고 할 수 있는 의식과 다층적이고, 다중심적인 인간 정신의 지형 구조가 어떻게 생겼는지 배워감에 따라서, 총체적인 자기self의 중심은 자아ego에 있는 것이 아니라는 사실을 깨닫게 된다. 자기에 대한 사랑은 우리의 내면에 숨어 있는 다른 존재들을 추구하는 것이다. 사랑은 무의식에 있는 더 넓은 차원들을 갈망하는 것이고, 우리의 온 존재total being

에 있는 다양한 면들과 이들 각각의 견해나 가치나 필요에 스
스로를 기꺼이 열어 놓으려는 것이다.

이런 식으로 이해한다면 자기에 대한 사랑 또한 '신성한'
사랑이다. 사랑은 궁극적인 의미, 우리의 영혼, 그리고 신의
계시에 대한 우리 각자의 탐색이다. 이를 알렉산드리아의 클
레멘트는 이렇게 묘사한다.

따라서 보다시피 자기 자신을 아는 것은 모든 수련 중에서 가
장 위대한 수련이다. 왜냐하면 인간이 자기 자신을 알 때 비
로소 신을 알게 되기 때문이다.

우리가 사랑을 할 때 로맨틱 러브 자체에 문제점이 있는
것이 아니라, 그 사랑을 하는 방식에 문제가 있는 것이다. 상
대방에게 로맨틱 러브를 투사함으로써 무의식적으로 행동할
때에는 투사 뒤에 숨겨져 있는 실체는 보지 못한다. 결국 우리
가 갈구하는 것이 바로 우리 자신이라는 사실을 보지 못하는
것이다.

사랑을 로맨스의 늪에서 구해 내는 임무는 우리의 비전을
내면으로 돌리는 것에서부터 비롯된다. 내면세계에 대해 눈을
떠야 한다. 내면의 경험으로 '자기에 대한 사랑'을 어떻게 해
야 할지 배워야 한다. 그 다음에 눈을 바깥으로 돌려 주변 사

람들과의 관계를 바라보아야 한다. 우리는 이렇게 인간적인 사랑을 하는 법을 배워야 한다.

여러 해 전, 지혜로운 친구가 인간적인 사랑에 관해 이름을 지어 주었다. 그녀는 '오트밀을 젓는' 사랑이라고 이름 붙였다. 이 말이 맞다. 이 문구를 겸허하게 숙고해 보면 인간적인 사랑의 정수가 들어 있다. 그리고 인간적인 사랑과 로맨스 사이의 주된 차이도 엿볼 수 있다.

오트밀을 젓는 것은 신나거나 스릴 넘치는 일이 아니라 그저 소박한 행위이다. 하지만 이 표현에는 지상으로 내려온 사랑을 담고 있다. 평범한 매일의 일상을 함께 나누고, 단순하고 낭만적이지도 않은 일들 가운데에서 의미를 찾겠다는 뜻이다. 일을 해서 돈을 벌고, 예산 한도 내에서 지출을 하고, 쓰레기를 내다 놓고, 밤중에 우는 아이에게 젖병을 물리는 등의 일들 말이다. '오트밀을 젓는다' 는 표현은 단순하고 평범한 것에서 관계를 맺고 가치와 아름다움을 찾는다는 뜻이다. 바깥에서 우주적인 드라마나 흥밋거리 그리고 강렬함을 찾아 헤매지 않는다는 뜻이기도 하다. 불교의 선승들이 쌀겨를 벗기고, 간디가 물레를 돌리고, 바오로 사도가 텐트를 만드는 것처럼, 소박하고 평범한 일상에서 신성을 찾는다는 의미이다.

융이 감정은 작은 것들의 문제라고 한 적이 있다. 그리고 인간적인 사랑에서 이 말이 맞다는 걸 확인할 수 있다. 두 사람 사이의 진실한 관계는 둘이 함께 하는 작은 일들에서 경험할 수 있다. 낮의 분주함이 가라앉는 밤 시간의 고요한 대화, 다정다감한 이해의 말들, 일상의 접촉, 힘겨울 때 들려주는 격려의 말, 기대하지 않은 작은 선물, 즉흥적으로 우러나는 사랑의 표현 같은 것들이다.

한 쌍이 진실한 관계를 유지하고 있을 때, 이들은 인간적인 삶의 온전한 스펙트럼을 기꺼이 함께 누리려 한다. 이들은 전혀 재미있지 않고 어렵고 평범한 일들을 즐겁고 의미 있는 일로 바꾸어 나간다. 이에 반해 로맨틱 러브는 커플이 서로에 대해 '감정이 고조되어' 있을 때만, 돈이 있을 때만, 흥미가 있을 동안만 지속된다. 그러나 '오트밀을 젓는 것'은 두 사람 사이의 흥미진진한 판타지가 주는 들뜬 단계에서 내려와, 땅적이고 실용적인 친밀함으로 전환하는 것을 의미한다.

사랑은 자아가 지겨워할 만한 많은 일들에도 만족한다. 사랑은 상대의 기분과 불합리함을 기꺼이 받아들인다. 사랑은 흔쾌히 아침식사를 마련하고 가계부 잔고를 맞춘다. 사랑은 살면서 '오트밀' 같은 평범하고 진부한 일들을 기꺼이 하려 든다. 왜냐하면 사랑은 투사가 아니라 한 사람과 관계를 맺는 것이기 때문이다.

인간적인 사랑은 상대방을 독립된 개인으로 보고 상대와 개별적인 관계를 맺는 반면, 로맨틱 러브는 상대를 드라마에서 어떤 역을 맡은 사람으로 바라본다.

남성의 인간적인 사랑은 상대 여성이 완전하고 독립적인 삶을 살기를 바라고 진정으로 여성 자신이 되도록 격려한다. 반면 로맨틱 러브는 상대가 자신이 바라는 대로 되어 주기를 바람으로써 상대방이 자신의 아니마와 동일해지기를 기대한다. 남성이 로맨틱 러브의 주술 아래 있는 한, 상대 여성이 변하기만을 고대한다. 상대 여성이 자기가 투사하는 이상을 반영하는 동안에만 그녀를 받아들인다. 즉 로맨스는 있는 그대로의 상대로는 만족하지 못하게 만든다.

인간적인 사랑은 당연히 우정을 포함한다. 연인이나 혼인 관계에서 한 여자와 한 남자가 진정한 친구가 될 때 둘은 서로의 어려운 점과 약점을 알지만 그걸 비판하려 들지 않는다. 상대의 결점을 찾기보다는 상대를 돕는 데 더 관심을 기울이고 함께 있는 시간을 즐긴다.

진정한 친구는 캐헐딘 같다. 비판하기보다는 긍정하려 든다. 그렇다고 과보호 하려 들지도 않고 상대의 부족함도 마음에 두지 않는다. 어려울 때 서로 의지하고 삶의 진부하고 평범한 일들을 함께한다. 불가능한 잣대를 상대에게 들이대지 않고 완벽을 요구하지도 않는다. 온갖 요구들로 상대를 괴롭히기보다는 상대를 돕는다.

로맨틱 러브에는 우정이 없다. 로맨스와 우정은 완전히 상반된 에너지이다. 이들은 정반대의 동기를 가지며, 본질적으로 반대되는 현상이다. 흔히 '난 남편(혹은 아내)과는 친구가 되고 싶지 않아. 결혼 생활에서 로맨스가 사라질 테니.'라고 말한다. 우정이 인위적인 드라마나 강렬함을 앗아가는 것은 사실이다. 하지만 우정은 자기중심적인 태도와 불가능한 것에 대한 기대를 하지 않으며, 관계를 인간적이고 실질적으로 바꾼다.

남녀가 친구가 될 때, 이들은 연인이자 '이웃'이 된다. 이들의 관계는 그야말로 이제 '네 자신과 같이 네 이웃을 사랑하라.'는 그리스도의 가르침을 따른다. 로맨틱 러브에 드러나는 명백한 모순이라면 많은 커플이 자기 배우자보다 주변 친구들을 더 친절히 대하고, 더 배려하며, 더욱 너그러이 용서한다는 점이다! 친구들과 같이 있을 때는 매력적이고 도와주려 애쓰고 정중하게 행동한다. 하지만 집에 돌아가면 자신의 모든 분노와 적의, 변덕, 좌절감을 상대에게 쏟아 낸다. 자기 반려자보다는 친구들에게 더 잘하는 게 이상하지 않은가?

두 사람이 '사랑에 빠져' 있을 때 흔히 자기들은 '단순한 친구 이상'이란 말을 쓴다. 하지만 길게 보면 서로를 친구보다 못하게 취급한다. 사람들 대부분은 '사랑에 빠져' 있는 것이 '그냥 친구' 상태인 것보다 훨씬 더 친밀하고 더 '의미 있는' 관계라 믿는다. 그렇다면 왜 커플들이 친구에게라면 주저 없이 베풀 사랑과 친절과 선의를 자신의 파트너에게는 베풀려 들지 않을까? 친구에게는 우리가 하는 투사를 짊어져 달라고, 우리가 부리는 번덕의 희생양이 되어 달라고, 우리 자신을 행복하게 만들어 달라고, 삶을 완전하게 채워 달라고 요구하지 않는다. 그렇다면 커플끼리는 왜 그런 요구를 서로에게 하는 것인가? 로맨스 예찬론이 그렇게 가르치고 있기 때문이다. 로맨스는 '사랑에 빠진' 사람에게서 우리가 하는 모든 투사가 충족될 것이라고 말한다. 우리가 바라는 욕구가 채워지고 판타지가 실현될 것이라는 기대가 당연하다고 가르치기 때문이다. 힌두인들은 혼례식에서 신랑신부가 '당신은 나의 가장 친한 친구가 될 것입니다.' 라고 엄숙히 맹세한다. 서양의 커플들도 서로 친구가 되는 법을 배울 필요가 있다. 우정으로 함께하며 우정에서 드러나는 특질을 참조로, 사랑에서 초래되는 혼돈을 헤쳐 나가는 법을 배울 필요가 있다.

동양의 문화와 그들의 태도를 열린 마음으로 들여다보면 인간적인 사랑에 대해 많은 것을 배울 수 있다.

나는 인도와 일본에서 지내는 동안, 로맨스와는 상관이 없으면서도 따뜻하고 헌신적이며 영구적인 사랑에 기반을 둔 결혼 생활과 애정 관계를 목격할 수 있었다. 힌두인들은 거의 본능적으로 인간적인 사랑을 터득하고 있다. 개인적인 생각으로는 이들은 남녀 간의 관계를 맺는 방식으로 로맨틱 러브를 염두해 둔 적이 없기 때문에 그런 것 같다. 이들은 서구인들이 완전히 착각하고 있는 것들을 본연적으로 알고 있다. 이들은 아니마와 원형들과 신들을 어떻게 내면의 실재로 숭배해야 하는지 알고 있다. 로맨틱 러브의 신성한 체험을 개인적 관계나 혼인 관계와 구분하는 법을 알고 있다.

힌두인들은 내면세계를 상징적 시각으로 받아들인다. 사원 예술이나 우화적인 의례를 통해 내면의 원형들을 외부세계의 이미지나 상징으로 전환시킨다. 내면세계의 신들을 배우자에게 투사하지 않는다. 이들은 체화된 원형들을 다른 세계의 상징으로 간주하고, 배우자나 연인들은 인간 그 존재로 대한다. 그 결과 서로에게 감당할 수 없는 요구를 하지도 않고 서로를 실망시키지도 않는다.

힌두 남자라면 아내에게 아니마가 되어 다른 세계로 데려다 달라거나 자기 내면세계의 모든 강렬함과 완전함을 체현하라고 요구하지 않는다. 강렬한 종교 체험이 아직까지도 이들 문화의 일부여서 힌두인들은 결혼과 인간관계를 영혼과의 교감으로 대체할 필요가 없다. 이들은 신을 사원과 명상을 통해, 때로는 구루에게서 찾는다. 내면세계의 관계가 요구하는 역할을 외부세계의 관계를 통해 채우려 들지 않는다.

서양 사람들에게 힌두 방식은 처음에는 혼란스럽다. 열렬히 타오르지도 않는 힌두인의 사랑 방식이 서양인들의 낭만적인 취향에는 맞지 않는 것이다. 하지만 인내심을 가지고 자세히 살펴보면, 점차 서구식 편견에서 벗어나 로맨스만이 '진정한 사랑'인지 의문이 생긴다. 그리고 힌두 혼인에는 잔잔하지만 지속적인 사랑과 깊은 애정이 있다는 것이 눈에 들어온다. 이들의 사랑은 또 대단히 안정적이다. 서양의 커플들처럼 '사랑에 빠졌다' 와 '사랑에서 헤어 나왔다' 사이를 오가며 극적인 요동을 치지 않는다.

전통적인 힌두 혼인에서 남편이 아내에게 헌신하는 것은 '사랑에 빠지는' 것과는 상관이 없다. 처음부터 '사랑에 빠진' 적이 없기 때문에 '사랑에서 빠져 나오는' 일도 없다. 아내와의 관계에서는 그대로 아내를 사랑하지, 자신의 이상을 아내에게 투사하여 사랑에 빠지지 않는다. 이런 관계는 어느 날 갑자기 '더 이상 사랑하지 않는다.' 라거나 다른 여자를 만나 투사가 옮겨갔다는 식으로 무너지지 않는다. 남편이 자신의 투사에 혼신을 다하는 게 아니라 한 여자와 가정에 헌신하기 때문이다.

우리는 스스로 '단순한' 힌두인들보다는 서양 남자들이 좀 더 세련됐다고 생각한다. 하지만 힌두인과 비교해 볼 때 보통의 서양 남자는 코뚜레에 코가 꿰인 소 같다. 자신이 투사한 이미지를 따라 이 여자 저 여자를 따라다니지만 누구와도 제대로 된 관계를 맺거나 관계에 전념하지 못한다. 인간의 감정과 사랑 그리고 관계의 영역에서는 힌두인들의 의식이 훨씬 더 분화되고 미묘하며 정교하다. 이런 문제에 관한 한 힌두 문화가 서양보다 우월하다.

내가 관찰한 힌두 문화 중 특히 인상적이고 놀라웠던 점은 힌두 아이들이 너무나 밝고 행복하고 심리적으로 건강하다는

것이다. 이 아이들은 신경증적이지 않다. 대다수 서구 아이들
처럼 내면이 갈기갈기 분열되어 있지도 않다. 이 아이들은 끝
없는 애정 공세와, 부모들 사이에 중단되지 않고 흐르는 애정
을 느끼면서 평화로이 자란다. 평온한 가정이 주는 안정감을
감지하며 자란다. 부모가 어느 정도나 결혼 생활에 헌신하여
가정이 제대로 유지될지 염려하는 것도, 별거나 이혼 같은 이
야기가 떠도는 것도 들어 보지 못했다.

　우리의 시계를 거꾸로 돌릴 수는 없다. 그렇다고 힌두인의
길을 따를 수도 없다. 서구 사회의 딜레마를 다른 문화나 다른
삶의 태도를 흉내 내는 방법으로는 더더욱 해결할 수 없다. 서
양이 아닌 동양의 정신을 가진 척할 수도 없다. 단지 우리의
상처와 무의식을 스스로 다루어야만 한다. 서구인은 자신의
영혼을 치유할 약을 찾아야 한다. 우리는 사랑의 묘약을 마시
고 낭만의 시대로 뛰어들었다. 여기서 빠져 나오는 유일한 길
은 앞으로 바로 나아가는 길이다. 돌아갈 수도 없고 꾸물거려
서도 안 된다.
　서양인은 동양문화를 통해서 밖에서 서양을 들여다볼 수
있다. 서양인이 가지고 있는 전제나 신념에서 벗어나, 새로운
관점으로 스스로를 관찰할 수 있다. 서양 문화의 도그마에서
자유로워져 지금까지와는 다른 태도로 사랑에 접근하는 법을
배울 수 있다.

인간관계는 우정이나 헌신과 분리될 수 없다는 것을 배울 수 있다. 사랑의 핵심은 나의 행복을 위해 타인을 이용하는 것이 아니라 사랑하는 사람에게 봉사하고 긍정하는 것임을 배울 수 있다. 그리고 우리가 가장 원하는 것은 놀랍게도 사랑을 받는 것보다 사랑을 하는 것임을 발견할 수 있다.

옮긴이의 글

로맨틱 러브 : 순수한 기쁨과 충만감으로 거듭나는 삶으로의 초대

사랑에 빠졌을 때의 들뜸, 천진함과 순수함을 가장 잘 그려내는 이미지가 프란치스코 성인의 일화인 것 같다. 일생의 연인 클라라를 만나러 가는 어느 날, 너무 기쁘고 행복해서 노정에 있는 물 고인 웅덩이 마다 폴짝폴짝 뛰어들었다고 한다. 이때의 발걸음은 나비처럼 가볍고 마음은 풍선처럼 부풀어 올랐을 것이다.

사랑은 우리의 일상을 정제하여 본연의 순수함과 다시 만나게 하는 예술이다. 이다지도 로맨틱 러브를 이상화하는 것도 바로 이런 순수에의 열정 때문이 아닐까?

그러나 실상 〈불멸의 연인〉 〈로미오와 줄리엣〉 〈잉글리쉬 페이션트〉 〈메디슨 카운티의 다리〉 등 로맨틱 러브를 다루는 영화나 이야기를 보면 그 신비적인 황홀경 속에 죽음과 닿아 있는 쓰디쓴 고통이 수반되어 있다. 대다수 이야기는 참혹한 비극으로 끝난다. 그러나 우리가 상상하는 로맨스의 꿈에는 이런 잔혹한 이별이나 쓰라린 아픔은 포함되어 있지 않다.

저자 로버트 A. 존슨은 현대의 신화 중 단일한 것으로 로맨틱 러브만 한 에너지를 품고 있는 것이 없다고 통찰한다. 우리가 흔히 보는 영화와 드라마와 스토리 들은 로맨스로 도배가 됐다. 이렇게 지치지 않고 거듭 로맨스가 반복 재탕되는 이유는 무엇일까? 비록 깊고 짙은 화흔을 남기지만 서로를 불태우는 열렬함이 우리를 매료하는 것일까? 비극이어서 더욱 안타까운 흥분을 유발하는 것일까? 로맨틱 러브는 앞으로도 지금만큼 동력으로 인류에게 영향을 미치게 될까? 저자는 로맨틱 러브의 원형인 〈트리스탄과 이졸데〉 신화를 통하여 각자 이런 질문들을 탐색하도록 안내하면서, 우선 로맨틱 러브에 관한 우리의 편견과 오해에 의식의 빛을 비추어 준다. 그 다음 로맨틱 러브를 향한 우리의 열정을 꿰뚫어 그 안에 잠재되어 있는 진화사적인 의미를 찾아낸다.

로맨틱 러브 : 환상과 기대의 칵테일

온 감각, 온 존재로 누군가와 사랑에 빠졌을 때, 황홀감에 전율한다. 헤어나지 못하는 그 엄청난 마력의 순간을 우리는 사랑에 '빠진다' 라고 묘사한다. 무엇에 빠져 있다는 말은 심리학적으로 자아의 통제가 불가능한 무의식 상태라는 뜻을 내포한다. 로맨틱 러브를 향해 표출되는 대중적인 열기와 대조적으로, 실제로 우리는 대단히 무의식적이며 엄청난 환상의 늪에 빠져 허우적거린다.

가장 빈번한 오해는 '로맨틱 러브만이 유일하고 진실한 사랑이고, 따라서 로맨스는 운명적이다.' 라는 믿음이다. 로맨틱 러브를 주제로 하는 대중의 문화는 우리에게 이런 착각을 심어주기에 충분해 보인다. 그러나 〈트리스탄과 이졸데〉 신화에서 사랑의 묘약은 삼 년간만 그 영향력을 미친다. 지속적으로 격정과 황홀경에 만취해서는 살 수가 없다. 아마 그 상태가 계속 유지된다면 사랑에 감전사할 것이다.

저자는 로맨틱 러브가 끝나는 순간이 상대를 진정으로 사랑하기 시작하는 바로 그때라고 말한다. 아울러 우리가 로맨틱 러브에 빠져 있을 수만은 없으며, 사랑의 연금술사가 되어 로맨스를 다른 차원의 사랑으로 전환하길 촉구한다.

현대인들과는 달리, 〈트리스탄과 이졸데〉 신화가 등장한 중세에는 로맨틱 러브를 영성적 수행의 한 형태로 간주했다. 로맨틱 러브의 환희와 갈망에는 분명 일상을 초월한 어떤 초

인간적이고 신적인 부분이 포함되어 있다. 이 책에서는 로맨틱 러브가 상대를 고유한 존재 그 자체로 사랑을 하는 것이 아니라 상대에게 자신의 영혼을 투사한다는 점을 분명히 한다. 완전함에 대한 자신의 비전을 상대에게 투사하여 자기 내면에 있는 신적인 상징으로 바라본다는 것이다.

이제는 로맨스의 늪에서 빠져나와 앞으로 나아가는 의식의 전환을 이룰 때이다. 이럴 때 로맨스에 대한 우리의 엄청난 열정은 진화의 동력이 된다. 팔백 년간 거듭된 어둡고 긴 무의식의 터널을 관통하여 더욱 열리고 고양된 의식으로 나아갈 과제가 우리 각자에게 주어졌다.

영혼을 향한 창

정신의 가장 신비한 기능 중 하나는 우리 각자가 내적인 통합의 길을 성실하게 수행하지 않을 때 스스로 길을 찾는다는 점이다. 로맨틱 러브의 균열을 따라 협소한 의식세계에 갇혀 부분적으로만 살아가는 우리에게 영혼이 파고들어 온전함에 대한 비전을 제시한다. 이는 현대인이 내면의 실체인 영과 영혼을 향한 자리를 마련하지 않기 때문에 일어나는 현상이다.

사랑에 빠졌을 때, 잃어버린 반쪽을 찾은 듯하다고 표현한다. 삶이 의미로 가득하고 충만하다고 말한다. 이는 굳게 닫혀 있던 자아 세계의 빗장이 열려 그 사이로 초자연적인 세계, 무의식의 세계가 유입되어 온전함을 체험하기 때문이다. 결국 로맨틱 러브는 자아보다 더 큰 온전한 세계에 대한 감각을 일깨워 삶의 의미를 찾도록 도와줄 것이다.

로맨틱 러브란 신을 향한 충동과 인간적인 사랑, 그리고 천상과 지상이 뒤엉킨 사랑의 칵테일이라고 했다. 더이상 로맨틱 러브에 빠져 있지 않기 위해 내딛는 첫걸음은 천상적인 것과 지상적인 것을 분리하여 각각 본래 자리를 찾아주는 것에서 시작된다. 내면에 존재하는 신적인 이미지를 내면세계로 돌려주어 내면에 영혼을 위한 자리를 마련해 줄 때, 외부세계에서 만나는 연인은 존재 그 자체로 만나 사랑할 수 있게 된다.

이 책은 로버트 존슨의 저서 《She : 신화로 읽는 여성성》과 《He : 신화로 읽는 남성성》에 이은 3부작 완결판이다. 우리 정신의 근원적인 토양인 신화를 통해 상징적인 의미를 길러 내는 작업은 한국 독자들에겐 익숙하지 않던 시도이다. 그럼에도 많은 사랑을 받았고 파장이 꾸준히 확산되어 간다. 이는 심오한 진리를 간결하고 단순한 이미지로 담아 내는 존슨의 직관과 지혜가 독자들의 영혼에 가닿기 때문일 것이다.

여기 존슨의 지혜서 한 권을 더 보탠다.

이 책들이 눈을 안으로 돌려 내면세계를 탐구하려는 독자들에게 영적 지도가 되어 주길 바란다. 아울러 영혼을 내면의 실체로 받아들일 뿐만 아니라 사물을 보는 시각으로 인식할 때, 우리 각자의 삶은 수직으로 확장된다. 그 깊은 심연에 숨어 있는 은총과 경이로움과 신비와 아름다움을 일깨울 때, 우리 모두는 프란체스코 성인처럼 순수한 기쁨으로 들뜬 내면의 어린이가 살아날 것이라 믿는다.

끝으로 존슨의 지혜를 접할 풍요로운 신화의 잔치마당을 열어 주신 동연출판사 김영호 사장님께 감사드린다.

여성성(아니마 Anima) / 남성성(아니무스 Animus)

여성성(아니마), 남성성(아니무스)은 개개인의 내면에 존재하는 반대되는 성의 이미지나 원리로 여성의 내면에는 남성성인 아니무스가, 남성의 내면에는 여성성인 아니마가 존재한다. 전인적인 인격이 되기 위해서는 여성성과 남성성이 균형 있게 발달해야 한다.

원형 Archetype

내면 심리에 깔려 있는 전형적인 인간 행위의 잠재력을 말한다. 광물의 결정이 만들어질 때 결정축이나 체계를 볼 수는 없어도 모양과 특성을 이루는 데 결정적 영향을 미치듯이, 인간의 행위도 어떤 기대된 패턴을 따르는데 이를 '원형'이라 부른다. 인간이 원형을 직접 알 수는 없으나 겉으로 드러나는 영향력을 통해 이해할 수 있으며, 흔히 그리스 신들의 이름을 붙이거나 성서의 인물의 이름을 따른다.

자아 Ego

융의 개념으로 자아는 인간의 의식이다. 마치 달이 지구로부터 분리되듯이 인간 발달 과정에 무의식으로부터 자아가 서서히 탄생한다. 아이의 성장 과정에서 주변 환경의 요구에 대한 응답으로 발전하다가 점차 독립 된다. 자아는 주체와 객체, 긍정적인 것과 부정적인 것 등을 구분, 분화, 성찰하는 기능을 한다.

페르조나 Persona

그리스 배우들이 쓰던 가면으로, 거짓 자신이라 할 수 있다. 페르조나는 자아와 외부세계 사이를 중재하고, 사회문화가 요구하는 것과 자아의 필요 사이에서 절충하는 역할을 한다.

무드 Mood

남성 심리의 특질로 남성이 자기 내면의 여성에 압도되어 감정의 기복이 지나치고 비이성적인 행동을 보이는 상태. 좋은 무드에 휩싸이면 극단적으로 활력이 넘치고, 나쁜 무드에 사로잡히면 기분이 저하되고 지나치게 감상적인데 이 둘 다 위험하다.

투사 projection

각자의 내면에 있는 무의식적인 요소를 외부의 다른 사람이나 사물에 옮겨놓아 자신을 거울처럼 비추어 보게 되는 심리학적 기제. 투사의 장점은 자기 내면의 무의식적인 요소를 보게 되는 점이고, 문제점은 자신의 일부를 타인이나 다른 사물에 투사하는 한 자신의 것으로 수용하기 어렵다는 점이다.

온전성/전일성 Wholeness

각자의 내면에 잠재된 가능성과 창의력을 온전히 개발한, 인간의 궁극적인 목표이자 도달하고자 하는 이상이다. 흔히 전일성을 우리 각자의 내면세계에서 그림자나 부정적인 생각이나 어두운 무드를 없애고 오로지 빛과 선과 아름다움만 존재하는 상태로 만드는 것이라 생각하지만 이는 가능하지 않을 뿐더러 엄청난 오해이다. 전일성이란 상호 모순되는 두 대극적인 요소가 갈등과 반목이 아닌 새로운 차원으로 통합을 이루어 공존하는 상태이며 이는 결코 쉽지 않은 여정이다. 그러나 수많은 보물을 찾을 수 있고 상상을 초월하는 보상이 주어지는 결코 끝나지 않을 아름답고 위대한 여정이다.

개성화 Individuation

개개인이 가지고 태어난 원형적 잠재력을 온전히 성취하는 것을 개성화라 한다. 다시말해 한 사람이 진정으로 자신이 누구인가를 발견하는 자기실현이다. 성경에서 고래의 뱃속으로 들어가는 이미지나 지하세계로의 여정 혹은 삶과 죽음의 드라마 등으로 표현된다. 개성화가 사람들의 삶을 진정으로 의미있게 만들어준다.

그림자 Shadow

모든 사람의 심리에 존재하는 원형적 측면으로 개인의 그림자와 집단적, 원형적 그림자로 구분된다. 개인의 그림자는 개인 심리에 존재하는 어두운 측면으로 유쾌하지 않고 받아들이기 어렵고 수치스러운 측면이다. 자신의 그림자를 직면하는 것은 고통스럽지만 자기 발전을 위해서는 필수불가결하다. 집단적 원형적 그림자에는 그 집단이 규정하는 공동의 적이나 악마 혹은 악의 이미지 등이 대표적인 것이다.

Understanding the Psychology of Romantic L

Understanding the Psychology of Romantic L

Understanding the Psychology of Romantic L

Understanding the Psychology of Romantic Lo